TIM PARKS

Der Gutachter

Buch

Der erfolgreiche Geologe Peter Nicholson erhält von seiner Firma den Auftrag, auf eine Insel im Mittelmeer zu reisen und ein Gutachten über das Gestein anzufertigen, aus dem Fassadenplatten für Hochhäuser hergestellt werden. Er läßt Frau und Kinder zu Hause und nimmt statt dessen seine Geliebte mit auf die Geschäftsreise. Kaum angekommen, lernt er allerdings eine mehr als verführerische Dolmetscherin kennen. Aber ihn bedrängt auch eine Frau, die Rechenschaft über den Tod ihres Mannes fordert – der mehr mit Peters Auftrag zu tun hat, als dieser zunächst ahnt. Ein dramatisches Spiel beginnt, in dem Peter nicht nur die Frauen zum Verhängnis werden, sondern auch die Steine ein bedrohliches Eigenleben entwickeln. Und während Peter einem Verbrechen auf die Spur kommt, wendet sich immer mehr gegen ihn: Fakten lösen sich in Luft auf, seine Auftraggeber werden Teil einer Verschwörung, und seine Familie verblaßt zur schemenhaften Adresse hinter einer Faxnummer...

Autor

Tim Parks, geboren 1954 in Manchester, begeistert mit seinen Romanen Kritiker wie Leser. Er gewann zahlreiche englische Literaturpreise, u. a. den begehrten *Somerset Maugham Award*.
Tim Parks lebt als Autor und Übersetzer in Verona.

Außerdem von Tim Parks bei Goldmann erschienen:

Italienische Verhältnisse (43142)
Roger zu lieben (42838)
Mimis Vermächtnis (42819)

TIM PARKS

Der Gutachter

Roman

Aus dem Englischen
von Günter Ohnemus

GOLDMANN

Die Originalausgabe erschien unter dem Titel »Shear«
bei William Heinemann, London

Die Übersetzung des Aischylos-Zitats ist der Übersetzung von Oskar Werner entnommen. (*Aischylos,* Tragödien, © 1988, Artemis Verlag, München und Zürich)

Der Übersetzer dankt Professor Bernd Lammerer vom Institut für Allgemeine und Angewandte Geologie der Ludwig-Maximilians-Universität München für seinen Rat und seine Hilfsbereitschaft.

Umwelthinweis:
Alle bedruckten Materialien dieses Taschenbuches
sind chlorfrei und umweltschonend.

Der Goldmann Verlag
ist ein Unternehmen der Verlagsgruppe Bertelsmann

Genehmigte Taschenbuchausgabe 3/97

Umschlaggestaltung: Design Team München
Umschlagmotiv: Bilderberg/nonstock
Satz: IBV Satz- und Datentechnik GmbH, Berlin
Druck: Elsnerdruck, Berlin
Verlagsnummer: 43177
JP · Herstellung: Sebastian Strohmaier
Made in Germany
ISBN 3-442-43177-8

1 3 5 7 9 10 8 6 4 2

»Auf buntgewirkter Schönheit, wenn man sterblich ist,
Zu schreiten – mir wär's niemals möglich ohne Furcht.«

Aischylos, Agamemnon, *923-4*

Tag zwei

In dieser Nacht träumte er, etwas Böses säße im Gestein. Solche Vorstellungen existieren in Träumen also immer noch, war sein erster Gedanke beim Aufwachen, und vorsichtig, weil er nicht stören wollte, stand er auf, um seinen Bericht zu schreiben, denn im Zimmer war es schon hell.

Uralte Vorstellungen, wenn auch nicht so alt wie das Gestein, mit dem er sie in Verbindung gebracht hatte. Die Männer hatten ihre Bohrlöcher gebohrt und das Nitropenta hineingegeben. Feiner Feldspatstaub hing in der Luft, weil die letzte Bohrstange noch heiß in die Halterung gesteckt worden war. Quarz glitzerte an den Stiefeln der Männer und wurde dann, während die Löcher gebohrt wurden, zu Schlamm. Das Wasser sprudelte heraus. Die Männer gingen in Deckung. Und dann, als eine Hand nach dem Auslöserschieber der Zündmaschine griff, spürte er plötzlich, daß etwas Böses im Gestein saß. Nicht daß das Material schlecht oder übermäßig gestört gewesen wäre. Aber er spürte etwas Böses. Es saß zwischen den Kristallen, und es war so gewaltig wie die Kräfte, die die Landschaft geformt hatten. Er spürte eine starke Beklemmung in der Brust, und er konnte nichts sagen. Er machte den Mund auf, aber er brachte keinen Laut heraus. Seine Finger verkrampften sich. Und er wachte schließlich, wie das in solchen Träumen immer ist, vom Knall der Explosion auf.

Auf einem Laptop, der auf einem dieser wackligen Schreibtische stand, wie man sie in solchen Hotels wohl immer findet, tippte er folgenden Text:

»Das fragliche Material läßt sich klassifizieren als spättektonisches Tiefengestein, das zur Gruppe der hellen, fein- und gleichkörnigen Monzogranite gehört. Was den Talava-Pluton betrifft, so deutet die Isochronie, die am Gesamtgestein mit der Rb/Sr-Methode bestimmt wurde auf ein Alter von 275 ± 4 Ma hin.«

Zweihundertfünfundsiebzig Millionen Jahre.

Er hörte auf zu tippen, schaute hoch und sah Margaret im stumpfen Glas des billigen Garderobenspiegels. Sie war zweiundzwanzig.

Dann schrieb er weiter:

»Trotz des nur kurzen Aufenthalts waren einige negative Aspekte der geologischen Situation im Steinbruch von Palinu nicht zu übersehen. Die verwitterte oberste Schicht des Materials ist bemerkenswert dick, 5 bis 8 Meter, und sie wird mit Hilfe von Sprengstoff beseitigt (siehe Tafel 3). In der darunterliegenden Masse...«

An Margaret hatte es kein verwittertes Material gegeben. Der Schreibende unterbrach seine Arbeit und dachte darüber nach. Es war eher so gewesen, daß sie – die Explosion, die sie für ihn war – die verwitterte Kruste wegsprengte, die ihn umgeben hatte und sie beide zu einem primitiven Magma zusammenschmolz. Er machte die Augen zu. Ein paar Minuten lang war er wie in Trance, außerhalb der Zeit. Dann wandte er sich wieder dem Display auf seinem Schreibtisch zu.

»In der darunterliegenden Masse finden sich viele Haupt- und Nebenbruchflächen (siehe Tafel 2), die sich gegenseitig durchdringen und zu schwerwiegenden Diskontinuitäten im Gestein führen.«

Es klopfte an der Tür.

Es klopfte noch einmal, und eine leise Stimme rief: »Mr. Nicholson. Mr. Nicholson, bitte.«

Es war eine Stimme, die ihm gleichzeitig bekannt und unbekannt war. Ein bestimmter Akzent. Schlief Margaret noch? Er ging an die Tür, sperrte auf und stand der Frau des Toten gegenüber.

»Mr. Nicholson, ich weiß, es ist noch früh, entschuldigen

Sie bitte, aber ich möchte mit Ihnen reden. Ich hab gedacht, wir könnten vielleicht zusammen frühstücken.«

Einen Augenblick lang spürte er dieselbe Stimmlähmung, die ihn schon im Traum überkommen hatte. Aber vor allem war er verärgert. Die Australierin trat von einem Fuß auf den anderen. Sie war kleiner als er. Nicht gerade schlank, aber auch nicht unbedingt pummelig.

»In zehn Minuten«, sagte er zu ihr und achtete darauf, daß sie nicht ins Zimmer schauen konnte.

Margaret schlief noch. Er setzte sich neben sie und zog das Bettuch ein Stück auf die Seite. Im Tageslicht hatte ihre Haut eine Farbe irgendwo zwischen Weiß und Rosa, vielleicht Kalium-Aluminium-Silikat, aber mit einem Perlschimmer. Das war genau richtig. Die perlmuttfarbene Margaret, kein Stein, aber sehr wertvoll. Und durch welche Verunreinigung war ihr Haar wohl so rot geworden? Eine tolle Verunreinigung! Er grinste, duschte sich schnell und legte einen Zettel auf den Schreibtisch: »Du brauchst jeden Zipfel Schlaf, den du kriegen kannst!«

Mrs. Owen entschuldigte sich. Sie hatte, wie schon letzten Nachmittag, ihre kleine Tochter dabei. Es tue ihr leid, daß sie so früh gekommen sei, aber sie habe Angst gehabt, er sei wie gestern vielleicht schon zur Arbeit gegangen. Und sie müsse ihn alleine sprechen.

»Sie sind gestern bei mir gewesen?« fragte er ein bißchen zu schnell. Dann schaute er durch das Fenster hier im ersten Stock auf den Platz hinunter: Pflastersteine aus Porphyr, in Schuppenbögen aneinandergereiht, Sockel und Türschwellen aus Travertin, die kleine Statue, vielleicht aus Marmor, das Brunnenbecken – und dazwischen überall die Menschen in ihren Autos. Sie hatten eine andere Dimension. Rechts verschwanden dünne Beine mit langen Schritten aus dem äußersten Winkel seines Gesichtsfeldes. Das Licht war so hell hier.

»Verstehen Sie, ich will herausbekommen, wer für den

Tod meines Mannes die Verantwortung trägt. Ich will, daß sie dafür bezahlen.«

Er schwankte zwischen dem Bedürfnis, freundlich und klug zu reagieren, und dem Wunsch, in sein Zimmer zurückzugehen und das zu tun, wofür vielleicht noch Zeit wäre, bevor die Arbeit begann. Dann sah er, daß das kleine Mädchen über die Mähne eines dieser kleinen Kunstoffponys strich, das genauso aussah wie das Plastikpony seiner Tochter. Und er sagte: »Einen Vorarbeiter in einem Steinbruch anzubrüllen, hilft nicht. Sie hätten dabei auch selber ums Leben kommen können. Ehrlich gesagt, ich weiß eigentlich nicht, warum Sie überhaupt hergekommen sind.«

»Der Stein wird nicht richtig abgebaut. Die machen das falsch«, sagte sie. Ihr Stimme klang ziemlich aggressiv.

»Wie meinen Sie das denn?«

»Der Sprengstoff.«

»Ungefähr neunzig Prozent aller Granitvorkommen auf der Welt werden mit Sprengstoff abgebaut.«

»Aber sie nehmen zuviel davon. Sie sind unvorsichtig, weil sie mehr Umsatz machen wollen. Das hab ich in einem Bericht gelesen.«

»Es gibt zweifellos einige Probleme«, räumte er ein.

Der Kellner kam an und blieb an ihren Tisch stehen. Keiner von ihnen beiden sprach seine Sprache. Sie waren in vieler Hinsicht wie Partikel eines weit entfernten Deckgebirges, die hierher verschlagen worden waren und nicht leicht assimiliert werden konnten. Oder nicht bei dieser Temperatur. Die Mutter überzeugte das Mädchen davon, daß man am frühen Vormittag noch kein Eis aß. Kuchen – cake – war anscheinend ein international einigermaßen verständliches Wort. Mit Kaffee gab es überhaupt keine Probleme.

Dann sagte Mrs. Owen, sie glaube an Gott. Sie glaube, daß es Recht und Unrecht gäbe und daß die Menschen das begreifen und für ihre Taten einstehen müßten. Richtig? Sonst sei mit dieser Zivilisation etwas nicht in Ordnung. Sonst sei alles bloß eine Frage des Geldverdienens.

Er schaute verlegen zu, wie sie in ihrer Handtasche herumkramte. Wie alle Frauen das tun. Wie ein Tier, das ein Loch gräbt. Sie holte ein Foto heraus, eine ganz alltägliche Nahaufnahme, auf der ein vierzigjähriger Mann einfach nur in die Kamera lächelte. An einem Schneidezahn war ein Stück abgebrochen. Aber sonst war an dem Bild nichts Ungewöhnliches. Genauso mußte jemand auf einem solchen Foto aussehen. Er befürchtete allerdings, das Mädchen könnte vielleicht erschrecken. Aber sie ließ jetzt mit gesunder Unbekümmertheit ihr Pony in der Sahne auf ihrem Kuchen herumwühlen.

»Er hat gegen die mangelnden Sicherheitsmaßnahmen protestiert. Ihm hat das Tempo angst gemacht, mit dem seine Leute arbeiten sollten. Er hat gesagt, daß etwas mit dem Gestein nicht in Ordnung war. Er hat Berichte gefunden. Und dann bekomme ich eines Morgens diesen Anruf, und sie sagen mir...«

Ihre Augen schwammen in Tränen. Als der Geologe ihr das Foto wieder zurückgab, verschüttete er Kaffee, und dabei fiel ihm auf, daß die grüne Tischplatte eine Kunststoffimitation von Serpentinit war, die sogar dessen geschwungene und verdrehte Schieferung aufwies. Sie bekamen diese Sachen wirklich immer besser hin. Er konnte Mrs. Owen einen Augenblick lang in den Ausschnitt sehen, als sie sich zu ihrer Tasche, ihren Taschentüchern, hinunterbeugte. Ihre Brüste waren weder rund noch voll. Er trank seinen Kaffee und wartete geduldig. Das kleine Mädchen fing zu quengeln an, weil es noch ein Stück Kuchen wollte. Ihre Mutter sagte kurz und scharf, sie solle still sein.

Sie sagte: »Sie sind ja ein Experte, Mr. Nicholson. Sie könnten mir sagen, wer dafür verantwortlich ist. Oder mir dabei helfen, es herauszufinden. Ich hab Unterlagen, die ich Ihnen geben könnte. Mehr müßten Sie gar nicht tun. Und ich entscheide dann, was man unternehmen kann.«

Margaret war unter der Dusche. Er nahm seine Tasche und sein Sakko. Aber dann dachte er, daß er sie wenigstens sehen wollte. Sie hatte nicht abgesperrt, und er konnte ins Badezimmer gehen und durch eine Kunststofftrennwand schauen, die diesmal eine Imitation von geriffeltem Glas war.

»Ist gestern vormittag jemand an der Tür gewesen?« rief er.

Das Spritzen in der Dusche hörte auf. Margaret drehte das Wasser ab, langte nach draußen, um sich ein Handtuch zu holen, und machte die Schiebetür wieder zu. Margaret. Ihre Haut war jetzt lachsfarben. Fast zinnoberrot. Er war noch nie in so einem Zustand wie jetzt gewesen. Und er fragte sich, ob er je den Mut aufbringen würde, auf seinen Bedürfnissen zu bestehen.

»Jemand hat vier- oder fünfmal geklopft.«

»Mach nicht auf. Die Frau, die da klopft, ist ziemlich durchgedreht. Ihr Mann ist bei einem Unfall ums Leben gekommen, und sie ist jetzt wild entschlossen, alle dafür bezahlen zu lassen. Sie hat gestern einem von den Steinbrucharbeitern fast die Augen ausgekratzt. Ist einfach auf die Wand hinausspaziert, als sie gerade sprengen wollten.«

Er grinste albern, aber auf Margarets Gesicht lag ein nachdenklicher Ausdruck.

»Dein Sakko wird naß«, sagte sie. Aber sie umarmte ihn trotzdem. Er flüsterte ihr ein paar unanständige Dinge ins Ohr. Er tat das sehr gerne. Ein leises Lächeln huschte über ihr Gesicht. »Alles zu seiner Zeit. Vergiß deine Tasche nicht.«

In der Eingangshalle fiel ihm ein, daß er sich danach erkundigen sollte, ob ein Fax für ihn gekommen sei. Ja, das war der wunde Punkt, dieses unangenehme Gefühl, das sich in seinem Kopf festsetzte und immer deutlicher wurde. Das war sehr wahrscheinlich auch der Grund für seinen Alptraum gewesen. Etwas Böses im Gestein. Was das wohl zu bedeuten hatte? Aber dann, als er zum Schalter hinübergehen wollte, sah er, daß Mrs. Owen wieder da war. Soviel Verständnis er auch für sie hatte, er änderte doch die Richtung und ging direkt zu seinem Chauffeur, der an der Tür wartete.

Der Chauffeur sprach nicht Englisch. Ein Anlaß zu Dankbarkeit. Er betrachtete die Landschaft. Steile Hügel. Spärliche

Vegetation auf dünnen Böden. Erosion auf einer alten Verwerfung. Ziemlich dasselbe könnte man auch von seiner Ehe sagen, eine alte Verwerfung inmitten der größeren Kontinentalverschiebung. Aber das Licht war so hell hier. Er schloß die Augen und ließ das Licht durch das Blut in den Augenlidern leuchten. Röter als ihr Haar. Ins Licht zu schauen war das Schönste auf der Welt. Er konnte sich nicht mehr erinnern, wo er das gehört hatte. Er machte seine Tasche auf, um kurz seine Notizen durchzusehen.

Am Tor erwartete ihn eine sehr schöne Frau. Das war der erste Hinweis darauf, daß jemand hier ihm zuviel Wichtigkeit zumaß. Eine wirklich schöne Frau: graphitschwarzes Haar, ein lebendiges, vollkommen geformtes Gesicht. Und wenn es so ist, daß im Leben eines Mannes eine Zeit kommt, in der er sich, um nicht den Verstand zu verlieren, entscheiden muß, ob er die Rettung in völliger Hingabe an die Arbeit sucht oder ob er sich gelegentlich auf ein Abenteuer einläßt, dann hatte Peter Nicholson sich inzwischen endgültig für die zweite Möglichkeit entschieden. Die Büchse der Pandora war endgültig geöffnet. Und einen Augenblick lang überlegte er wirklich, ob es nicht vielleicht ein Fehler gewesen war, Margaret mitzunehmen, dieses wunderbare Mädchen. Ob sie ihm nicht vielleicht hinderlich wäre. Er fühlte sich ungewöhnlich glücklich und heiter. Alles in ihm strömte wie Lava. Und er sagte, er müsse sich als erstes den Hof ansehen, auf dem die Steine gelagert wurden.

Ihre Absätze klapperten auf dem Boden, während sie neben ihm herging und ihre luftigen Kleider ihn ab und zu berührten, und weil ihr Englisch anscheinend sehr gut war, sagte er, was ihm gestern bei seinem ersten Besuch im Steinbruch die größte Sorge bereitet habe, sei die dürftige Trennung zwischen dem neu gewonnenen, ausgesonderten oder verwitterten Material und dem Material, das zu Platten verarbeitet werden sollte. Wonach er allerdings wirklich suchte, als er die langen Reihen der Steinblöcke auf dem Gelände entlangging, das war ein Beleg dafür, daß sie den Kristallisationsverlauf falsch markiert hatten. Das alleine würde schon einigen Aufschluß geben. Er blieb stehen und wischte den Staub von der Rille, die ein Bohrloch hinterlassen hatte: eine graue, glasige, gesprenkelte Oberfläche. Im Endeffekt, sagte er, gehe es darum, daß jemand umkommen könne, wenn eine Tafel breche und herunterkomme. Es sei ja auch schon jemand ums Leben gekommen. Dadurch würden sich die Versicherungsprämien erhöhen.

Sie war höflich, unaufdringlich und kompetent. Sie ging in die Hocke und erklärte die Kennzeichnung, die mit groben Pinselstrichen in die Ecke eines Steinblocks gemalt worden war. Er dachte, daß ihn noch nie zuvor eine Frau auf einem Granitlager herumgeführt hatte, und sagte, daß die verschiedenen Bestimmungsorte, die aus den Kennzeichnungen hervorgingen, darauf hinwiesen, daß die Gesellschaft mindestens drei Projekte gleichzeitig laufen habe. Man habe aber Marlborough Place Priorität zugesagt.

Ein strahlendes Lächeln flog über ihr Gesicht und wurde dann zu einem richtigen Lachen. Große, weiße, gleichmäßige Zähne hatten ihn immer beeindruckt. Genaugenommen war es die Gesundheit, die ihn beeindruckte. Abgestoßene Ecken und Verfärbungen hatten ihn immer schmerzlich berührt. Margaret hatte einen Eckzahn, der sich leicht über einen Schneidezahn geschoben hatte. Und er erinnerte sich an das abgebrochene Stück an dem Zahn des Toten. Das war so ähnlich wie bei ihm selber. Aber da war es die untere Zahnreihe. Die Defekte eines anderen Mannes waren immer etwas Besonderes. Die Zähne, die ihn jetzt anlächelten, waren vielleicht aus einem harten Porzellan, der ursprünglichen Masse, von der die Menschheit sich wegentwickelt hatte. »Priorität bedeutet nicht Ausschließlichkeit«, sagte sie lächelnd. Er konnte sie sich schon im Bett vorstellen. Diese Fähigkeit verdankte er natürlich Margaret.

Bedeutete Liebe Ausschließlichkeit?

Dann, während sie dastanden und zuschauten, wie die Männer einen Steinblock auf einem Rollwagen festzurrten, damit er in die Halle gefahren werden konnte, fragte sie ihn, ob er alleine gekommen sei oder ob er seine Frau mitgebracht habe und den Aufenthalt gleich mit einem Urlaub verbinden wolle. Es gebe so viele schöne Strände hier. Er fand das ziemlich unverschämt, weil er keinen Ring trug. Außer natürlich, sie wollte lediglich herausfinden, ob er verheiratet war oder nicht. Peter zögerte. Aus einiger Entfernung hörte man eine Explosion, und ein Schwarm Vögel erhob sich kreischend vom Arm des Krans und kreiste durch die Luft. Der riesige Block hob sich zentimeterweise vom Boden und schwang, seinen Schwerpunkt unter dem Kran suchend, sachte in ihre Richtung. Dr. Maifredi, sagte sie, würde sich glücklich schätzen, wenn er ihn in seine Villa einladen dürfe, vielleicht morgen, falls er da frei sei. Sie werde dabei sein und sich zur Verfügung halten, falls etwas übersetzt werden müsse, obwohl Dr. Maifredi sehr gut englisch spreche. Zur Villa gehöre auch ein Swimmingpool. Und man habe vom Haus aus eine großartige Aussicht.

Und das, dachte er, ist jetzt der zweite Hinweis. Er fragte seine Führerin, wie sie heiße, und sie sagte, sie heiße Thea.

Sie gingen in die große Werkhalle, in der sich die Sägerei und die Schleiferei befanden, und holten sich am Eingang Ohrschützer und Overalls. Die 273 Millionen Jahre alten Blöcke – jeder ein riesiges und einzigartiges Gebilde aus Quarz, Feldspat, Glimmer und einer ganzen Reihe weniger wichtiger Gemengteile, die alle zu unendlich vielfältigen Kombinationen kristallisiert waren – wurden hier zu vielen gleichförmigen polierten Platten verarbeitet.

Kaum waren sie in der Halle, fühlte er sich krank. Der schlimmste Lärm kam von den zwanzig Gattersägen, die an der zum Hof hin offenen Seite der Halle in einer Reihe hintereinanderstanden. Auf jeder Säge lag ein Block von ungefähr vier oder fünf Tonnen, der von einem Sägegatter mit ungefähr achtzig Sägeblättern aus Stahl attackiert wurde und mit einer Mischung aus Wasser, Kalk und Gußeisenschrot bespritzt wurde. Trotz seiner Gehörschützer schnitt das unaufhörliche Kreischen, mit dem der Quarz auf den gehärteten Stahl und den spitzen Schrot traf, auf eine Art durch sein Hirn wie Stahl nicht durch Granit schneiden konnte. Die Schneideleistung lag bei etwa sieben oder acht Zentimeter pro Stunde. Und die ganze Zeit trieben die großen Schwungräder die Pleuelstangen vor und zurück und schoben und zogen die kreischenden Sägerahmen mit einem hypnotischen Klagelaut nach vorne. Solche Dinge zogen ihn an. Trotz des betäubenden Maschinenlärms. Daß er sich krank fühlte, machte einen Teil der Anziehung aus. Für einen flüchtigen Augenblick sah er, wie die großen Sägeblätter seinen Körper zerschnitten oder den Körper von jemandem, der ihm wichtig war. Wenn etwas Böses im Gestein saß, dann war es nur logisch, daß es hier freigesetzt wurde.

Thea sah den Ausdruck auf seinem Gesicht und lächelte. Als er nickte, ging sie vor ihm her in die schalldichte Kabine des Vorarbeiters, in der er sich nach den Toleranzen der Sägen erkundigte und nach der Körnigkeit des Schrots. Thea übersetzte. Und war auch allen Leuten erklärt worden, wie wichtig bei dieser Arbeit die Beachtung der Toleranzen war? Der Vorarbeiter, ein drahtiger Mann mit einem Oberlippenbart, war wenig beeindruckt. Er zog sich immer wieder einen dünnen Armreif über seine braune Hand und streifte ihn dann wieder ab. Es war, als würde er diese Bewegung wie unter einem Bann im selben langsamen Rhythmus ausführen, in dem draußen vor der Kabine die Maschinen kreischten. Sogar hier drin mußten sie schreien; und der Vorarbeiter sagte, das genaue Endmaß sei im Grunde eine Sache der Feineinstellung und des Polierens. Er mußte lediglich sicherstellen, daß die Platten nicht zu dünn wurden. Passierte es doch einmal, gebe er sie an die Fliesenabteilung weiter.

Trotz der Sprinkler und der Saugfilter war überall Staub. Als er hinter seiner Führerin aus der Kabine kam, fühlte Peter sich noch schlechter und noch bedrückter als zuvor. Er kannte das Gefühl von Schieferbrechern her, die er früher schon einmal besichtigt hatte. Das Kreischen erfüllte seinen Kopf, das Kreischen eines Massakers, bei dem der Stein einem fremden Willen unterworfen wird.

Sie gingen die Gattersägen entlang. Die Luft war feucht und grau. Die Pleuelstangen bewegten sich vor und zurück. Die Sägeblätter drangen nebeneinander in den Stein. Thea blieb schließlich an einer Säge stehen, an der gerade entladen wurde. Als der mechanische Arm die Platten nach unten senkte, zog Peter eine Meßlehre aus Stahl aus der Tasche und maß die Stärke der einzelnen Platten. Ein Arbeiter, der ihm dabei zuschaute, war der erste Schwarze, den er auf der Insel hier sah. Und er mußte sich zwingen, sich zu konzentrieren.

Eine Stunde verging. Sie gingen durch die Halle, gingen an den Schleif- und Poliermaschinen vorbei, während die Felsblöcke langsam die vorgegebene Form annahmen. Trotz des Pochens in seinem Kopf nahm er nach jedem Arbeitsgang Maß. Er bat Thea, einem der Arbeiter zu sagen, er solle eine Platte aussondern, die 0,5 mm zu dünn war. Sie zog die Augenbrauen hoch. Er stand an einer Bohrmaschine. Die Platten waren fünfundzwanzig Millimeter stark. Die Löcher mußten einen Durchmesser von 8 Millimetern haben. Das bedeutete, daß vom Rand der Bohrlöcher bis zum Rand der Platten nur 8,5 Millimeter Platz war, zu wenig, um eine hohe Ausbruchsfestigkeit zu garantieren. Es konnte nicht schwer sein, hier etwas zu finden, das ausgesondert werden mußte. Ein beschädigter Phenocryst direkt an einer Kante. Der Arbeiter reagierte gelassen, machte keinerlei Einwand. Sprechen konnte man hier ohnehin nicht. Und als er an der ersten Poliermaschine stand, waren die Zinnoxyddämpfe so stark, daß er sich fast übergeben mußte. Die Schleifköpfe glitten mit ruhigen Kreisbewegungen über den Stein. Wenn Wasser und Paste über die Platten spritzte, entstand ein feiner Glanz. Thea berührte seine Hand und führte ihn zu der Stelle, an der die polierten Platten aufgestapelt waren.

Er holte eine Lupe heraus und betrachtete damit eingehend das Material, das sich noch vor einem Monat tief in den paläozoischen Schichten der Erde befunden hatte. Es hieß Grey Pearl, ein Gemisch von schwarzen, weißen und gebrochen weißen Kristallen, eine Art monochromes Kaleidoskop, in dem der geübte Blick zwei Arten von Feldspat und Biotit entdeckte, den dominierenden Quarz, die feinen Hellglimmerschüppchen, überraschend große Einzelkristalle ohne Vorzugsorientierung, so daß – trotz des langen Verarbeitungsprozesses in den Maschinen – jeder Quadratzentimeter immer noch eine wunderbare Einzigartigkeit besaß. Deswegen war der Stein ja so begehrt. Er war aus vielen Elementen zusammengesetzt und deswegen immer wieder einmalig.

Er bat darum, daß eine Platte ins Sonnenlicht hinausgeschafft und mit Wasser abgespritzt wurde. Zwei der Männer führten den Auftrag aus und lehnten die Platte an den Fuß eines Krans. Peter war mit ihnen nach draußen gekommen und fühlte sich sofort wie befreit. Er nahm seine Gehörschützer ab und holte tief Luft. Und, als er von schräg oben auf die Oberfläche der Platte schaute, konnte er es sehen: unordentlich eine Richtung nachzeichnend, von Quarzkristallen ausgehend, aber sich weit ausbreitend. »Bis das in Australien ankommt, sind die zweimal so breit«, sagte er zu seiner Führerin, und bat sie, den Männern das zu übersetzen. »Weg damit.«

»Stellen Sie sich einen Mann vor, der für eine Woche von zu Hause, aus dem Druckkessel des Familienlebens entlassen wird. Sein Herz weitet sich, nicht wahr, und sein Kopf öffnet sich der Welt. Wie ein Schwamm, den man wieder losläßt. Und genauso ist es auch mit Gestein, wenn man es unter einem Berg herausholt und in Platten schneidet. Spannungsabbau. Und wenn es sich ausdehnt, bricht es, und es entsteht ein Spinnennetz von winzigen Rissen. Die Widerstandsfähigkeit gegen Scherung, Verformung ist reduziert, es wird brüchiger.«

»Dann sollte ich Sie ja schleunigst wieder nach Hause bringen«, hatte sie gesagt. »Dahin, wo Sie sicher sind.«

Er lachte. »Nein, Sie brauchen mich bloß keiner Scherung auszusetzen.«

»Und was wäre das zum Beispiel?«

Wenn Druck aus mindestens zwei verschiedenen und nicht diametral entgegengesetzten Richtungen einwirkt. Wind und

Schwerkraft zum Beispiel, wenn es um eine dünne Platte geht, die um den halben Erdball transportiert und dann gedankenlos dreißig Stockwerke über einer Hauptverkehrsstraße in Sydney montiert wird. Und in seinem Fall vielleicht Libido und Treue, Kinder und Arbeit. Kaum hatte er das gesagt, küßten sie sich. Tränen in ihren Augen. Klar wie Kristall.

Das war Tag eins gewesen.

»Schon wieder diese Frau. Sie ist heute vormittag in meinem Büro gewesen.« Der Betriebsleiter war ein kleiner gedrungener, stets vergnügter Mann, der sich gerade über ein Stück Fleisch auf seinem Teller hermachte, während sein Bauch sich gegen den Tisch drückte. »Sie will es mir in die Schuhe schieben, daß ihr Mann tot ist.«

Peter hatte Margaret gesagt, er würde versuchen, möglichst zum Mittagessen wieder zurück zu sein. Der ganze Besuch war wenig mehr als ein kleines Einschüchterungsmanöver im Auftrag des australischen Bauunternehmens, das gegen seinen Lieferanten irgendwelche Forderungen geltend machen wollte. Aber jetzt saß Thea neben ihm. Obwohl sie sich formell und distanziert gab, hatte er doch das Gefühl, er habe unter der Oberfläche ihres Lächelns Anzeichen von Komplizenschaft bemerkt, und er fragte sich – falls das so war –, wie groß und wie tief dieses Lager wohl war und welche Anstrengungen wohl nötig wären, es zu erschließen. Unter dem Tisch spürte er die leichte Berührung eines Knies.

»Ursprünglich hab ich gedacht, Ihre Frau kommt mit Ihnen mit«, fuhr der Betriebsleiter fort. Der Leiter der Werkhalle saß auch mit am Tisch, aber er verstand kein Englisch.

»Nein, das soll wohl ein Witz sein. Ich nehme nie eine Frau mit auf Geschäftsreise«, sagte Peter lachend. Er fühlte sich wohl, und gleichzeitig spürte er im Hintergrund das ungute Gefühl, daß er nicht so recht wußte, was er wollte, nicht einmal wußte, was er wollen sollte. Er wußte nur, daß es aufregend war. Und noch etwas anderes setzte ihm zu, aber er konnte nicht sagen, was es war. Er erkundigte sich nach der

Toilette und fand auf dem Weg dahin ein Münztelefon, fand heraus, wie es funktionierte, rief das Hotel an und ließ sich mit Zimmer 221 verbinden. Aber er hatte ihr ja gesagt, sie solle nicht ans Telefon gehen. Ärgerlicherweise hatte sich die Rezeption aus der Leitung ausgeklinkt, und er mußte noch einmal anrufen, um sich danach zu erkundigen, ob ein Fax für ihn gekommen sei.

»Alle Faxe werden direkt auf die Zimmer gebracht.«

Daran hatte er überhaupt nicht gedacht. Er stand einen Augenblick lang in der Zelle und bemerkte dabei, daß der Keramikfußboden unter seinen Füßen auf bewundernswert genaue Weise dem polierten Stein ähnelte, den er am Vormittag geprüft hatte. Er nahm an, daß er von diesem Telefon aus wohl auch direkt seine Frau anrufen könnte. Falls er genug Münzen hatte. Oder sich welche besorgen hätte wollen. Einen Augenblick lang sah er, wie das Telefon und alle die Möglichkeiten, die es bot, sich in unzählige Bruchlinien auflöste, sich wie ein Netz, ein Spinnengewebe der Notwendigkeit über die zerklüfteten Berge und Hügel Europas bis nach Hause hin ausdehnte. Obwohl der Begriff Zuhause sich aus dieser Entfernung wie eine ziemlich weit hergeholte Vorstellung ausnahm. Ein Haus in einer Straße. In dem seine Kinder waren. Er beschloß, die Zeit hier zu genießen.

Sie unterhielten sich lebhaft in ihrer eigenen Sprache. Er setzte sich. Durch die Übersetzerin ließ der Leiter der Halle ihm seine Begeisterung über die neuesten technischen Entwicklungen mitteilen, und was sie insbesondere für die Gegend hier bedeuteten. Er betrachtete die Lippen der schönen Frau und wie sie die Wörter formten, jungfräuliches Gelände. »Ja, die ganze Gegend, bis vor kurzem noch.« Und wie schon zwei- oder dreimal an diesem Vormittag wurde ihm bewußt, daß es gewisse undeutliche Parallelen zu seinem eigenen Leben gab. Er war hellwach und ganz lebendig, als seien seine Gedanken erhitzt worden und in einen Flüssigkeitszustand übergegangen, in dem alles auch alles andere sein konnte. Eine intensive Metamorphose. »Mit Diamantwerkzeugen«, schnatterte

Thea wie ein Papagei, »und moderner Robotertechnik läßt sich aus den Bergen hier wirklich alles machen: Arbeitsplatten für Küchen, Tischplatten, Wendeltreppen, Waschbecken, Fensterumrandungen, Türschwellen, Fußböden und Wände, Einrichtungen für Bars, Hausfassaden, alles.«

Der Betriebsleiter grinste stolz zwischen den Weingläsern hindurch. Er war ein südländischer Typ mit leicht heruntergezogenem Kiefer. »Der Stein hier ist sehr schön, nicht wahr? Sehr schön.«

»Früher, bevor Massenproduktion möglich war«, warf der Leiter des Steinbruchs ein, »früher konnte man nur Grabsteine daraus machen.«

Peter nickte. Dann merkten alle gleichzeitig, was für eine unglückliche Bemerkung das gewesen war. Es war wie der Schatten eines Krans, wenn er mit einer schweren Platte über ein Steinlager oder über eine Baustelle schwingt. Die Platte. Thea trank gerade aus einem Glas mit Rotwein, und ihr Gesicht wirkte dabei fast zu symmetrisch. Während das zerknitterte Foto des Toten einen Zahn zeigte, an dem ein Stück fehlte, eine schiefe Nase, eine banale Unverwechselbarkeit.

»Aber ich verstehe nicht«, sagte der Betriebsleiter, »warum die Frau von so weit hierher kommt, um sich zu beklagen. Es tut uns ja alles sehr leid, aber...«

Der Leiter der Halle wollte wissen, wie es genau passiert war. Er hatte überhaupt noch nichts davon gehört. »Aber deswegen sind Sie nicht hier, oder?« Thea übersetzte das Ende seiner Frage. Ihr linkes Bein war leicht gegen sein rechtes Bein gepreßt. Aber das ließ sich vielleicht damit erklären, daß der Tisch so klein war.

»Nein, nein. Überhaupt nicht.« Peter sagte das ganz obenhin. Alles, was er über den Unfall wußte, beruhte auf Hörensagen. Der Mann hatte offensichtlich von dem Gerüst aus die Montage der Verschalung geleitet. Der Kran war mit einer der vorgefertigten Halterungen herübergekommen, auf der drei Platten lagen. Irgend etwas war passiert. Vielleicht war die Halterung gegen das Zentrum des Gerüsts geschlagen, vielleicht auch nicht. Der Kranführer sagte, es sei nicht so gewesen. Das mußte er ja sagen. Nur eine halbe Platte war heruntergefallen.

Der Leiter des Steinbruchs stellte völlig zu Recht die Frage: »Für wie lange mußten sie denn die Verschalung unterbrechen?«

Peter sagte, das wisse er nicht. Und dann wiederholte er, daß es sich bei seinem Besuch nur um eine Routineinspektion handle. »Das Bohren macht mir Sorgen. Der Abstand zwischen Bohrlöchern und Plattenrand ist problematisch, vor allem, wenn man die Größe dieser Phenocryste bedenkt.«

Aber aus irgendeinem Grund hielt Thea sich nicht damit auf, das für den Mann, der die Verantwortung trug, zu übersetzen.

Aus der Broschüre, die er zusammen mit seinem Flugticket bekommen hatte, erfuhr man, daß die Inseln Schauplätze der klassischen Mythologie waren. Zeus hatte Hera mit einer Anzahl von Nymphen betrogen. Oder Jupiter Juno. Metamorphosen hatten stattgefunden, die wildesten sexuellen Sachen. Die Theorie des Aktualismus, kicherte Peter in sich hinein, galt also auch noch auf anderen Gebieten. Wenn es schon einmal so abgelaufen ist, dann muß es auch jetzt wieder so ablaufen: Die Geosynklinale füllt sich hinter diesem schimmernden Strand über unendlich lange Zeiträume hinweg mit Sedimenten auf, das Mädchen, das dich dazu gebracht hat, sie anzuschauen. Die eine erwartet die unvorstellbare Orogenese, die andere läßt dich von nicht so fernen Konvulsionen phantasieren. Absolute Zeit. Sommerzeit. Konditionieren und konditioniert werden. Man hatte sicher weniger Schuldgefühle, wenn man es so sah. Man war fröhlicher. Leichter. Obwohl es immer Opfer gegeben hatte. Alle diese Schichten über Schichten von Fossilen. Jemand, der von seinen Hunden gefressen wurde, weil er zuviel gesehen hat. Jungfrauen, die geopfert werden, damit die Schiffe segeln können. Und dieser Mann, der ums Leben kommt, als ein 275 Millionen Jahre alter Stein ihn fünfzehn Stockwerke in die Tiefe schleudert. Wie ärgerlich, daß die Witwe jetzt auftauchen und ihm diese wahnsinnige Freude verderben mußte!

Er wollte mit Margaret etwas Endgültiges tun, etwas Einzigartiges, etwas, das über diese langsame Ablagerung einander ähnlicher Abenteuer hinausging, Geschichten, die sich in Pubs und in Büchern mitteilen ließen. Er wollte etwas wie die Summe seiner Phantasien, etwas, das gleichzeitig diese Phantasien überwand. So etwas wie eine plötzliche Erleuchtung. Während er mit Thea lediglich gebumst hätte. Vielleicht in der schalldichten Kabine des Vorarbeiters. Während die Gattersägen kreischten und Felsen zu Platten schnitten. Er schüttelte den Kopf. Der Wein hier aus der Gegend war schwer. Und er war auch die wilde Helligkeit nicht gewohnt, die von diesem quarzweißen Sand zurückstrahlte, die explosiven Farben der Sonnenschirme, die langen Reihen verführerischer Körper. Meistens, wenn er auf Inspektion mußte, ging es um grobes Haufwerk in den Midlands, um einen Blick auf die Lithologie eines Blocks für einen Wellenbrecher: Mittagessen in einem Pub, ein kleines Hotel. Den Bericht schrieb er dann auf der Rückfahrt im Zug.

Peter ging am Strand entlang. Der Strand war in viele Badeabschnitte eingeteilt, und alle hatten ihre eigenen Sonnenschirme, die in einer besonderen Farbe gehalten waren und in regelmäßigen Abständen im Boden steckten. Der unsichere, Erosion und Ablagerung ausgesetzte Streifen war auf diese Art in das vertraute menschliche Muster dicht nebeneinander angeordneter geometrischer Quadrate geordnet: wie bei Bodenfliesen, Reisfeldern, Parkettböden, Häuserblocks, Hochhausfassaden, Planquadraten, Schachbrettern. Es war wohl so, daß die Menschen wie Ameisen dazu angelegt waren, diese Ordnung wieder herzustellen, wenn einmal ein Sturm alles wegspülte. Deshalb ging es auch um Geld. Während er zwischen den Sonnenschirmen und dem Strand entlangging, fiel ihm auf, daß hier nicht wie sonst an Stränden Abfall herumlag. Treibholz, tote Fische und die anderen häßlichen Opfer, die man sonst am Rand des Festlands findet, waren weggeräumt worden, damit sich die Badenden, die ins Wasser liefen und wieder zurück an den Strand, nicht daran störten. Damit der Glanz ihres glatten Fleisches und der Klang ihrer munteren Rufe durch nichts getrübt wurden. Er nahm sich vor, sich danach zu erkundigen, ob das Hotel auf seinen Rechnungen die Posten einzeln aufführte. Murray kannte Anna, und die Gebühr für einen Sonnenschirm ließ sich auf jeden Fall schwer begründen.

Die Badeabschnitte hatten Namen und daneben auch Nummern für die Touristen, die die Sprache nicht beherrschten. Oder vielleicht wollte man mit den Nummern nur den Bedürfnissen der Leute entgegenkommen, die immer eher die Ähnlichkeiten als die Unterschiede wahrnehmen. Er suchte Abschnitt zweiundzwanzig und zählte fünf Reihen vom Meer nach hinten. Oder nein, er wollte sich an Margaret heranschleichen und sie kitzeln. Oder vielleicht, falls sie die Augen geschlossen hatte, konnte er einen Finger mit Speichel befeuchten und damit über die weiche Innenseite ihrer Oberschenkel fahren. Er ging zu Reihe sechs. Die Sonnenschirme waren mit konzentrischen Ringen aus leuchtendem Grün und Orange bedruckt, und jeder Platz hatte seinen eigenen Liegestuhl, seine Sonnenliege. Unter den Sonnenschirmen: eine strickende Großmutter, drei halbwüchsige Mädchen, die miteinander plapperten, Mutter und Kind, ein dicker Mann mit Zeitung, buddelnde kleine Kinder...

Dann sah er Mrs. Owens kleine Tochter. Ausgerechnet. Ein kurzer Schreck durchzuckte ihn. Das Mädchen half einem kleinen Kind, Sand in einen Eimer zu füllen. Sie schaute hoch und erkannte ihn. Sie grüßten sich nicht, aber es war klar, daß sie seine Betroffenheit wahrgenommen hatte. Sie verstand, was vorging. Ihr war das Verhalten ihrer Mutter auch lästig. Sie wollte auch leben und sich freuen und nicht über ihr Unglück jammern. Er ging an ihr vorbei und suchte Sonnenschirm Nummer fünfzehn, Reihe sechs, der glücklicherweise nicht besetzt war. In der Reihe davor, kaum drei Meter entfernt, lag Margaret in einem schlichten grünweißen Zweiteiler. Er sah alle die Kurven und feinen Rundungen, nach denen er hungerte, die Haut, deren Geruch er nie in der Sonne gespürt hatte, das Haar, den langen, schlanken Hals... und neben ihr diese Australierin auf ihrem Liegestuhl: sie redete und redete und redete. Ihre Anwesenheit kam ihm so unnötig vor. Wirklich ausgesprochenes Pech. Und das an einem Ort, an dem jeder andere Makel für die, die Ferien von ihrem normalen Leben machen, entfernt worden war.

Sie hatten ihn nicht gesehen, und er setzte sich auf den freien Liegestuhl in Reihe sechs. Er hatte ihnen jetzt den Rücken zugewandt: Margaret, deren Eroberung er so genau geplant hatte, und diese Kassandragestalt, die nichts von ihren Kleidern abgelegt hatte, einen schwarzen Rock und eine schwarze Bluse trug, der einzige dunkle Punkt am ganzen Strand, abgesehen vielleicht von ihm selber, der immer noch Hose und Sakko anhatte.

Durch den Lärm hier unter den Sonnenschirmen hörte er, worüber sie redeten. Die Witwe beschrieb ihren Mann, wie sehr sie ihn geliebt habe, wie intensiv ihre Beziehung gewesen sei. Jetzt holte sie das Foto mit dem kaputten Zahn heraus. Was für ein wunderbarer, was für ein besonderer Mann er gewesen war! Sie hätten noch soviel zusammen erleben können, und es gab noch soviel zwischen ihnen, das sich noch entwickeln konnte. Ihre Liebe war so... Als er den drängenden Ton in ihrer Stimme hörte, erinnerte Peter sich daran, daß Margaret – einfach durch die Art, wie sie sich gab – ihn schon fast ganz zu Anfang zu demselben Geständnis bewegt hatte, obwohl er damals nicht einen Zustand beschrieben hatte, zu dem er nicht mehr zurück konnte, sondern eher eine Wirklichkeit, aus der er Margarets wegen flüchten wollte. Mrs. Owens Stimme klang jetzt nicht mehr weinerlich, sondern zornig: »Und jetzt wollen sie mich ganz dreist mit einer Entschädigung abspeisen, so als sei das einfach eine finanzielle Angelegenheit, als könnte man einen Menschen mit Geld aufwiegen.« Aber sie würde es ihnen schon noch heimzahlen. Sie hatte einen Plan.

Was ihr so zusetzte, das war die Art und Weise, auf die sie hier ganz ungerührt weitermachten. »Sie verstehen anscheinend überhaupt nicht, daß Jerry eben Jerry war.«

Jerry. Jetzt hatte das Opfer also einen Namen. Peter sah hoch, und sein Blick traf sich mit dem Blick des kleinen Mädchens, das ein paar Meter von ihm entfernt war. Seine Tochter war noch jünger. Dann wandte sich das Mädchen wieder ihrem Spiel zu, verlängerte die Reihe ihrer Sandkuchen, die von der Oberflächenspannung zwischen den feuchten Sandkörnern zusammengehalten wurden und deren Böschungswinkel fast bei neunzig Grad lag. Das kleine Kind, mit dem sie sich abgab, stieg gleich darauf auf die Sandkuchen und keckerte. Peter zog sein Sakko aus und legte es sich über den Kopf, als wolle er schlafen.

»Die Wahrheit ist«, hörte er jetzt, »daß ganz einfach Menschen geopfert werden, damit die Häuser schneller hochgezogen werden können und die Investoren rasch einen Profit machen.«

Margaret antwortete so leise, daß er nicht verstand, was sie sagte. Er hatte ihr schon fast ganz zu Anfang gesagt, daß ihre Stimme klinge wie das Rauschen des Meeres in einer Muschel, wie das Flüstern einer Nixe. Der Klang ihrer Stimme hatte ihn völlig in seinen Bann gezogen, hatte ihn verführt.

»Sind Sie mit dem Geologen hier?« sagte die Australierin unvermittelt. »Ist er nicht viel älter als Sie?« Aber im selben Augenblick hörte man das Knacken einer Lautsprecheranlage, und nach einem lauten Jingle wurden in vier Sprachen Restaurants und Freizeitaktivitäten angepriesen. Offensichtlich gab es eine Kegelbahn, einen Fish-and-Chips-Laden, ausländisches Bier und einen McDonald's. Eintönigkeit, die Wiederholung des schon Bekannten war gefragt. Als würde man nach all den Bergen und dem Meer sich wieder auf das alte Lebensmuster einlassen. Es gab auch einen Strandgrill, eine Lotterie. Zwei Minuten vergingen. Drei. Vier. Dann folgte noch der Vorschlag, dem Stadtmuseum einen Besuch abzustatten, einer Ausgrabungsstätte, dem Inselvulkan in der Nähe. Dann kam der Jingle wieder und man erfuhr Einzelheiten über eine Tombola. Peter bemerkte, daß Mrs. Owen aufgestanden war, ihre Taschen aufgehoben hatte und sich nach ihrer Tochter umschaute. Aber er war sicher hier in der Dunkelheit unter seinem Sakko.

»Wendy, Wendy! Komm jetzt!«

Er wartete, zählte, bis eine Minute vorbei war, schlich von hinten um den Liegestuhl herum und leckte mit der Zunge an Margarets Nabel. Sie schoß auf der Strandliege hoch und lachte und lachte.

Sie hatte seine Badehose mitgebracht. Sie lagen nebeneinander im Sand, und ihre Körper atmeten zusammen. Er fühlte sich ungeheuer wohl. Mit Margaret war es nicht so, daß Ausgeglichenheit davon abhing, daß man sich an einen gleichnmäßigen Trott anpaßte, daß man sein Inneres einem äußeren Druck anglich, sondern es war, als würde man überfließen und wieder in sich selber zurückströmen. In unbegrenztem Raum hatte die Hitze sie zusammengeschweißt. Wenn sie sich berührten, spürte jeder die leichte Feuchtigkeit des anderen. Vollkommene Unwirklichkeit in dieser Welt des hellen Lichts und der hart kontrastierenden Farben. Sie unterhielten sich, Peter und Margaret, waren beide so aufeinander eingespielt, daß keiner von ihnen auf das zu sprechen kam, was jemandem, der sie beide kannte, als das Naheliegendste und Dringendste erscheinen mußte. Die Wörter, die aus ihrem Mund kamen, stiegen in der durchsichtigen Klarheit des Nachmittags wie Seifenblasen – mit dem heiteren Schwung und der Folgenlosigkeit von Seifenblasen – nach oben. Er flüsterte ihr alle die Dinge zu, die er sich für den Abend vorgenommen hatte, und sie kicherte. Ihr Lachen war so wunderbar, daß er sich wieder an seinen Traum erinnerte.

Auch die Auflage des Rezeptionsschalters im Hotel war eine Platte aus dem fragwürdigen Granit dieser Gegend. Er ließ sich trotz offenkundiger kleiner Brüche und Veränderungen in den Feldspäten sehr gut polieren. Als Peter den Koffer, den die

Australierin für ihn dagelassen hatte, herunterhob, durchzuckte ihn ein kurzer Schreck, weil der Koffer schwerer war, als Muskeln und Sehnen erwartet hatten, und er ihn fast hätte fallen lassen. Ein fester Ruck ging durch Schulter und Ellbogen. Das entsprach ganz bestimmt nicht dem spezifischen Gewicht der Papiere, die sie ihm versprochen hatte.

Dann, als sie in Richtung Aufzug gingen, wurde er noch einmal an die Rezeption zurückgerufen. Ein Anruf aus London. Er fand es besser, das Gespräch in der Telefonzelle in der Lobby anzunehmen, wo er ungestört war. Deshalb ging Margaret schon voraus aufs Zimmer und fand das Fax, das unter der Tür hindurchgeschoben worden war.

Murrays Stimme aus King's Cross klang vollkommen klar. Was um Himmels willen war denn los?

»In welcher Hinsicht?« Peter kam sich vor wie ein Kind, das vom Lichtkegel einer Taschenlampe erfaßt worden ist.

»Dieser Dr. Maifredi hat die Bauherren in Sydney angerufen. Er wollte wissen, ob die Baufirma seine Gesellschaft für den Tod dieses Typs verantwortlich machen will.«

Peter war erleichtert.

»Sie meinen Owen?«

»Ja, ganz richtig.«

»Ist er wirklich so dumm?«

»Nein, überhaupt nicht. Ich glaube, diese Frage war nur ein Trick, mit dem er herausbekommen wollte, warum Sie da sind. Was mir Sorgen macht – oder genauer gesagt den Aussies –, ist die Frage, ob Ihnen vielleicht etwas rausgerutscht ist.«

»Nein, absolut nicht.« Obwohl ihm jetzt einfiel, wie schnell der Betriebsleiter reagiert hatte, als Peter gesagt hatte, daß nur die Hälfte der Platte heruntergefallen sei.

»Finanziell gesehen ist das hier nämlich ein großes Geschäft.«

»Das weiß ich.«

»Wenn wir den Australiern helfen können, werden sie sich sehr dankbar zeigen.«

»Ich hab gesagt, daß ich das weiß.«

Nach einer Pause fragte Murray, ob er schon zu irgendwelchen Ergebnissen gekommen sei. Peter erwähnte eine gewisse Unbekümmertheit, Wurstigkeit. Sie konnten die Tatsache besonders herausstreichen, daß das Unternehmen ein halbstaatlicher Betrieb sei und die Arbeiter nicht besonders motiviert seien. Mangelhafte Beachtung von Toleranzen, mangelhafte Kontrollen. Was konnte man denn schon herausfinden, wenn man sich zwei Tage lang ein bißchen umschaute? Und sie arbeiteten ganz sicher gleichzeitig auch noch für zwei andere Projekte. Dann sei der ganze Steinbruch nicht besonders günstig angelegt, die Wand sei zu schmal, um den ganzen Sprengstoff zu absorbieren, den sie verwendeten. Murray fand diesen letzten Punkt interessant, weil sich das leicht nachweisen ließ. Aber das alles war nicht halb soviel wie das, was die andere Seite gegen die Australier ins Feld führen konnte, wenn sie es nur einigermaßen schlau anstellte.

Wieder entstand eine Pause auf einer Distanz von über tausend Meilen.

»Und dann haben wir ja immer noch die Mikrobrüche, oder? Hoffentlich deutlich sichtbar?«

Peter sagte ja, aber das sei bei einer Plattenstärke von nur 24 Millimetern unvermeidlich.

»Hören Sie, wir möchten, daß Sie noch ein paar Tage länger bleiben. Wir brauchen etwas wirklich Belastendes.«

Das kam unerwartet.

»Und was ist, wenn es so etwas nicht gibt? Ich kann doch nicht sagen, ich habe etwas gefunden, wenn nichts da ist.«

»Wenn es nichts zu finden gibt, gibt es nichts zu finden«, sagte Murray. Aber es war klar, daß eine Zulage fällig wäre, wenn sich etwas finden ließe. Für Peter war der Aufschub seiner Rückkehr in die Wirklichkeit an sich schon Belohnung genug.

»Aber Sie müssen es Anna beibringen«, sagte er seinem Seniorpartner. »Sie mag es nicht, wenn ich weg bin.«

»Mach ich«, sagte Murray lachend. Murray lachte immer, wenn Peter seine Frau erwähnte. Peter ärgerte sich darüber.

Tag drei

Es ging um zwei auseinanderlaufende Hänge mit grauem Londoner Kieselschiefer. Die Grasbedeckung war spärlich und die Bodendecke dünn. Er hatte tief gebohrt und gefunden, was von jahrtausendelanger Verwitterung übriggeblieben war. Einmal hatte ein Übermaß an Grundwasser den Kalkstein ausgewaschen und nur eine traubige Masse dieser harten, dunklen Knötchen aus Feuerstein und Chalcedon zurückgelassen. Was sollte man damit anfangen? Die Gewinnung als brechbares Material, als Splitt, ließ sich wohl bewerkstelligen. Es eignete sich wahrscheinlich für einen akzeptablen Pflasterstein. Das Gelände bot sicher noch ein paar andere Möglichkeiten. Es war zu unergiebig für Getreideanbau oder als Weideland. Es wäre traurig, wenn man es so lassen mußte, wie es war. Dann, als er auf dem kahlen Hügel seine Werkzeuge zusammenpackte, als ihm Tränen der Trauer über das, was einmal gewesen war und was jetzt war in die Augen traten, nahm er ein schwaches Rumpeln wahr. Der Boden unter seinen Füßen zitterte, vibrierte, als würden endlos viele Lastwagen vorbeifahren. Eine Million Jahre waren in einen einzigen Augenblick zusammengepreßt: Die Platten verschoben sich, Magma stieg nach oben, eine riesige Masse, die einmal zu Intrusivgestein würde, schob sich empor. Das Gestein, an dem sie sich vorbeischob, wurde bis zu dem Punkt erhitzt, an dem es kein Zurück zum alten Zustand mehr gab. Die Kristalle verloren ihren Zusammenhalt. Es war, als könne er tief in den Hügel hineinschauen. Er war der Hügel, und gleichzeitig war er die gefesselten Elemente, die sich Bahn brachen. Dann schoß, zusammen mit schmelzenden Felsbrocken und dem endlosen Geröllstrom des Planeten Erde, in einer Fruchtblase das Kind durch die Hauptspalte nach oben. Die alten chemischen Elemente in menschlicher Form. Und er sah das rudimentäre, embryonenhafte Gesicht. Es lachte vor Freude. Als der ganze Hügel zerbarst.

Er setzte sich auf, wartete darauf, daß die Dunkelheit ihre Hände von seinen Augen nahm und dachte darüber nach, daß er öfter träumte, wenn er mit Margaret schlief. Das machte ihn sensibler und impulsiver. Es mußte sich etwas ändern. Seine Nerven lagen völlig bloß. Während die niedrigen Temperaturen zu Hause zu seiner inneren Struktur paßten. Dort befand er sich in einem starren, eingefrorenen Gleichgewicht. Die Elemente konnten ihm nichts anhaben. Mitten in dem Wirrwarr seines sich auflösenden Alptraums spürte Peter ein leises Mitleid mit diesem schlichten Stubenhocker, diesem Ehekrüppel, der er gewesen war.

Die Zeit spielte eine wichtige Rolle in diesem nervösen Zustand. Er war letzte Nacht auf nicht ganz gewöhnliche Art ins Bett gekommen und konnte jetzt seine Quarzuhr nicht finden. Schließlich fand er sie mitten in einem wirren Haufen von Kleidungsstücken und sah, daß es fast fünf war.

Über dem Schreibtisch befand sich eine kleine Lampe. Er wühlte im Papierkorb zwischen schmutzigen Taschentüchern herum, holte das Fax seiner Frau wieder heraus und strich es glatt. »Test positiv. Jetzt bist du am Zug.« Sie würde ihn niemals gehen lassen. Niemals. Begriffstutzigkeit? Oder Rachsucht? Dann dachte er darüber nach, daß Margaret sich wieder einmal selber übertroffen hatte. Zuerst hatte sie intuitiv das Richtige erraten, und er hatte gar nicht erst dagegen angeredet. Und dann war sie so voller Verständnis gewesen. Sie war wie eine Perle. Und was am meisten überraschte, war nicht die Schönheit dieser Perle, sondern ihre ebenmäßige Rundung, die Gelassenheit der Form. Obwohl es Zeiten gab, in denen die Schweine sich lieber andere Schweinchen als Perlen zum Fraße vorwerfen ließen. Das alles brach ihm einfach das Herz. Er knüllte das Fax wieder zusammen. Vielleicht war er ja wenigstens der erste Mann, der durch ein Fax von seiner Vaterschaft erfuhr. Außer es folgte bald eine Abtreibung. Für Anna galt immer: Alles oder nichts.

Eine schläfrige Stimme fragte ihn, was er mache. Er wollte sich die Papiere anschauen, die die Australierin ihm gegeben hatte. »Um diese Zeit?« Er sagte, er könne nicht schlafen. Er beugte sich nach unten und machte die Schlösser auf. Der Koffer war in zwei Fächer geteilt. Auf der einen Seite lag ein Aktenbündel; auf der anderen – in durchsichtiges Plastik eingewickelt – ein Stück einer polierten Steinplatte. Auch bei diesem schlechten Licht konnte er sehen, daß der große, unnatürliche Fleck auf dem Stein Blut war. Und an einer Ecke hing ein klebriges Stück Haut mit Haaren.

Hebt eine Schuld die andere auf, oder werden beide zusammenaddiert? Oder gar multipliziert? Kann man sie trennen, zersägen, zu Platten verarbeiten, polieren, jede einzelne prüfen, eine Mikrofotografie von ihnen machen? Oder laufen sie einfach zusammen wie Zementbrühe, eine ewig träge und amorphe Masse? Eine Familie, die ihre eigene Zerstörung plant. Ein Kampfgewoge verzweifelter Soldaten. In einem Bericht mit dem Titel PROJEKT MARLBOROUGH PLACE: DIE FASSADE las er:

»NACH DER AUSSCHREIBUNG UND VOR UNTERZEICHNUNG DES HAUPTVERTRAGS

(i) CCL übernimmt keinerlei Verantwortung für die Gestaltung der Halterungen.

(ii) CCL übernimmt – falls der Gesellschaft der Auftrag zugesprochen wird – keinerlei Verantwortung für das Geschäftsgebaren des Granitlieferanten. Deshalb wurde in Übereinstimmung mit Ziffer 3.10.01 (b) des Hauptvertrags der für die Granitlieferung vorgesehene provisorische Betrag aus dem CCL-Auftragsvolumen gestrichen.«

Soweit das Bauunternehmen. In dem Bericht von GRC – der Firma, die die vorgefertigten Halterungen für die Platten produzierte – las er:

»Auf den Plänen, die zur Zeit der Ausschreibung vorlagen, waren Halterungen am oberen und unteren Plattenrand vorgesehen, wobei die Platten auf schmalen Leisten ruhten. Das Architekturbüro Loper Aran & Partners erklärte, daß man die Halterungen der deutschen Firma Hans Putz verwenden wolle. Dieser Halterungstyp hat sich für die Verwendung bei diesem besonderen Projekt als ungeeignet erwiesen, weil er mit der Fugenversiegelung für die Platten nicht harmonierte. Zusätzlich läßt sich feststellen, daß die Form der Halterungen zu Problemen bei den Fugen zwischen den Steinen führte, beispielsweise bei Ecksäulen. Loper Aran hat dann die Randhalterungen verändert, so daß jetzt Dübel in Löcher an den Ober- und Unterseiten des Steins kommen...«

Und dieser Stein war nur 25 Millimeter stark, war schon nach anderen Kriterien ausgesucht worden, war schon zu Platten verarbeitet und poliert, hatte ausgedehnte Mikrobrüche und Phenocryste von mehr als einem Zentimeter Breite. Jerry Owens Platte hatte bestimmt am Bohrloch nachgegeben. War da ausgebrochen.

»Und?« fragte Margaret.

»Die Frau sollte sich einen neuen Mann suchen«, sagte er.

»Nein, ich meine, was ist mit den Sachen, die sie dir zum Lesen gegeben hat?«

»Sie muß jemanden kennen, der Zugang zu diesen ganzen Büros hat und die Sachen für sie kopiert hat: jemand bei der Baufirma, bei den Halterungsherstellern, im Architekturbüro, bei den Bauherren. Aber ich glaube nicht, daß die Sachen vertraulich sind. Vielleicht hat ihr Mann sich schon einiges davon besorgt, wenn ihm das Projekt nicht geheuer war. Ich nehme an, er hatte einigen Einfluß in der Gewerkschaft.«

»Aber helfen die Sachen irgendwie weiter?«

»In welcher Hinsicht?«

»Na ja...«

»Du meinst, daß man herausfinden kann, wer schuld an der ganzen Sache ist?«

»Ja.«

»Die geben doch alle den Schwarzen Peter weiter.«

»Aber irgendwo muß das doch aufhören.«

»Nein, es geht immer im Kreis herum. Hör mal hier – das ist ein Telex der Bauherren an die Lieferfirma:

›Wie Sie wissen, ist die Produktion der Halterungen in Brisbane angelaufen. Es gibt Schwierigkeiten bei der Qualitätskontrolle des angelieferten Materials. Zu Ihrer Information fügen wir – zusammen mit einem allgemeinen Überblick – eine Analyse bei. Zur Bewältigung dieser Probleme müssen alle Anstrengungen unternommen werden, insbesondere, was die folgenden Ergebnisse betrifft:‹ «

Er las rasch vor:

»›1. Von den 557 überprüften Steinen erfüllten 7% die Anforderungen nicht, weil sie stärker als 27 mm oder weniger als 25 mm stark waren.
2. Von den 557 überprüften Steinen erfüllten 3 % die Anforderungen nicht, weil sie direkt an den Bohrlöchern Haarrisse aufwiesen. Das legt den Schluß nahe, daß die Löcher zu schnell gebohrt worden sind und zwar in einem Maße, daß die dabei entstehende Hitze zur Beschädigung des Gesteinsstruktur geführt hat.
3. Von den 557 überprüften Steinen erfüllten 3,5% die Anforderungen nicht, weil der Abstand von den Bohrlöchern zum Plattenrand unter 7 mm lag.‹

Und so geht das weiter.« Er warf den Packen Papier auf den Schreibtisch.

»Aber das bedeutet doch, daß der Lieferant verantwortlich ist.«

»Nein, überhaupt nicht. Es bedeutet, daß jemand anders verantwortlich ist, jemand, der die Platten aussucht, bevor sie montiert werden. Es bedeutet auch, daß der Architekt von einer schon fast kriminellen Ahnungslosigkeit ist, weil niemand bei dieser Art von Granit solche Toleranzen einhalten kann.«

»Und jetzt?«

»Es gibt wahrscheinlich einen juristischen Experten, der einem sagen könnte, wer jetzt ganz genau verantwortlich ist. Aber darum geht es, offen gesagt, gar nicht. Deshalb bin ich nicht hier. Die Sache ist schon als Unfalltod ad acta gelegt.«

»Was soll ich ihr denn sagen, wenn sie wieder an den Strand kommt? Sie hat mir so leid getan.«

»Sag ihr, sie soll diesen Stein vergessen und sich einen neuen Mann suchen.« Dann sagte er in einem Ton, der jemandem wie Margaret nicht entgehen konnte: »Hast du schon einmal gedacht, daß es Menschen gibt wie Sand am Meer? Wenn man es nicht zu genau nimmt?«

Einen Augenblick lang war es ganz still in dem Hotelzimmer.

»Du meinst, wenn ich es nicht wäre, dann wäre es jemand anders?« fragte sie.

Sie hatte den Kopf auf die Seite gelegt. Ihr kupferfarbenes Haar. Das einmal stumpf werden würde. Das Laken ganz nach oben über ihren schlanken, aber nicht makellosen Körper gezogen. Wenn sie einen Rock trug, waren ihre ziemlich dicken Waden immer ein bißchen ernüchternd. Alles wurde von ihrem Gesicht beherrscht: Es war ein ganz kleines bißchen schief – eine ironische Abweichung, die so sehr ihre Persönlichkeit ausmachte und widerspiegelte. Eine weltkluge Zärtlichkeit. Und der hohe perlmuttfarbene Hals, an dem man einfach sein Gesicht bergen und weinen wollte.

Aber er sagte: »Ja, ich glaub schon.«

»Ja, mir geht es auch so«, sagte sie. »Natürlich. Es gäbe jemand anderen. Aber es wär nicht dasselbe, oder? Versprich es mir«, sagte sie. »Es wär nicht dasselbe.«

»Nein, es wär nicht dasselbe.« Er schüttelte den Kopf.

»Nein, nein, nein. Ich verspreche es. Es wird mit niemandem jemals so sein.«

Er erinnerte sich, daß er das schon einmal versprochen hatte. Obwohl er es ernst gemeint hatte. Und es war ja auch wahr. Denn die ganze Intensität würde sich wie eine Welle in andere Bereiche des Lebens hinaus verteilen, vielleicht in andere Abenteuer münden, bis der Impuls sich erschöpft hatte, die Elemente sich in einer anderen Konstellation wieder stabilisiert hatten.

»Wenn wir wieder zu Hause sind, dürfen wir uns nicht mehr sehen«, sagte sie.

Er schwieg dazu. Sie hatte schon einmal gesagt, daß sie nicht für das verantwortlich sein wolle, was offenkundig seiner Frau drohe. Sie wolle das nicht riskieren. Ihre Beziehung sei wunderbar, aber sie bedrücke sie auch. Sie sei eine Last.

Nach einer langen Pause sagte er: »Okay, aber solange du da bist, mußt du alles mitmachen, was ich von dir will.«

»Okay.« Sie war ganz heiter. »Abgemacht.«

»Analverkehr«, begann er seine Aufzählung, »Cunnilingus, gegenseitige Masturbation, Fellatio...«

»Weißt du nicht ein paar schönere Namen?«

»Vielleicht Liebe?« sagte er lachend.

Sie schauten sich lange mit großen Augen an. Sehr lange. Ihr schönes, reizendes Gesicht, ihre strahlenden Augen. Und er wußte, sie war froh, daß ihr die Entscheidung so leicht gemacht worden war. Die Entscheidung, die auch ein Ultimatum war. Er war nicht unglücklich oder verzweifelt, daß er jetzt damit konfrontiert war. Jetzt konnte er vielleicht herausfinden, wie groß seine Belastbarkeit, seine Scherfestigkeit war. Ein kleiner Test. Fast unter Laborbedingungen. Er ging auf sie zu, um sie zu küssen, und sah, daß noch alles da war, worum zu spielen sich lohnte.

Wieder das helle Licht, die schweigsame Fahrt in die Berge, die der Erosion ausgesetzt waren. Hier und da, in einer Haarnadelkurve, an einem Abhang trat in großen monolithischen Brokken das Intrusivgestein, das die Landschaft geformt hatte, an die Oberfläche. Und an Stellen, an denen man in den Berg gegraben hatte, um die Straße für Lastwagen zu erweitern, war das Gestein noch frischer, und Flechten klammerten sich fest, wo Feldspat zu Ton verwitterte. Eine verfallene Hütte, aus groben Balken zusammengezimmert, war mit brüchigen Schieferplatten gedeckt.

Wieder schloß er die Augen und wandte sie dem Licht zu. Diese blendende Einfachheit mitten in allen diesen Komplikationen, und trotzdem war das die Energiequelle, aus der sie sich speisten. Das Sonnenlicht auf ihren Schultern war der Grund gewesen, warum er und Anna vor langer Zeit zum erstenmal miteinander geschlafen hatten. Sie hatte ihm gesagt, es könne nichts passieren. Sie könne nicht schwanger werden. Und welches Spiel sollte er jetzt spielen? Die Karten, die jetzt ins Spiel gebracht werden mußten, waren konventionelle Gesten, die nicht allzu schwer fallen durften. Wenn man ein Kunststoffimitat von Serpentin herstellen konnte, was für Probleme konnten dann schon die überkommenen Formen der Versöhnung und ehelichen Solidarität bereiten? Im Interesse eines höheren Gutes. Besonders, wenn die Menschen so austauschbar waren. Das Sonnenlicht, das durch seine Augenlider drang, war am Anfang ganz schlicht und unkompliziert, eine granatrote Fläche, die sich dann aber in Wellen auflöste, in Linien, in funkelnde Muster wie auf einer nicht vorstellbaren, unmöglichen Mikrofotografie, auf der man über Hunderte von Millionen Jahren hinweg sehen konnte, wie die Minerale sich formten und schieden. Die Zellen. Die Phosphene.

Wieder stand Thea am Tor. Aber heute fand er nicht, daß sie seine Bedeutung überschätzt hatten. Eher das Gegenteil. Es gab irgend etwas, das Murray ihm nicht gesagt hatte. Irgendeine Absprache. Die Australier mußten ihrem Lieferanten etwas nachweisen. Um jeden Preis. Sie wollten ein vernichtendes Gutachten – so vernichtend wie nur möglich –, das von einem angesehenen Spezialisten kam. Von ihm. Thea sollte ihn ablenken, ihn entwaffnen, sie sollte dafür sorgen, daß er nicht behauptete, etwas gesehen zu haben, das er nicht gesehen hatte. Vielleicht sollte sie ihn auch davon abhalten, etwas zu sehen, das er sehen sollte. Er war in erster Linie der Firma gegenüber verantwortlich, deren Teilhaber er war, und dann gegenüber dem Klienten, der ihn für seinen Sachverstand – großzügig – entlohnte. Gleichzeitig beschloß er – falls es sich überhaupt ergeben sollte –, mit seiner Bewacherin und Übersetzerin zu schlafen. Er würde sich unbekümmert und entspannt geben und sehen, wie weit er bei ihr kommen konnte. Weil sie schön war. Weil das Licht ihn erregte. Weil sie wirkte wie jemand, für den so eine Geschichte etwas ganz Beiläufiges war. Weil er auf diese Art damit anfangen konnte, über den Verlust Margarets hinwegzukommen, die er liebte. Er konnte sie schon ersetzen, während sie sich noch – und das war sehr klug von ihr – darauf vorbereitete, ihn zu verlassen, ihn seiner Frau und seiner Familie zu überlassen. Er spürte dumpf, daß in diesem bewußt herbeigeführten emotionalen Schwindelzustand, der darauf folgen würde, irgend etwas einfach zerfallen könnte. Er hatte immer die Leute ein wenig bewundert, deren Leben so kompliziert war, daß für das Leiden kein Platz mehr war: drei Ehen, fünf Kinder, ein paar Geliebte. Der Schmerz der Verformung lag ja im Widerstand, nicht im Zerbrechen. Und was wäre, wenn er einfach schmelzen, sich im Licht auflösen würde? Wäre das dann die Offenbarung? Es gab bestimmt keinen Anlaß, in Begriffen wie Schuld oder Gut und Böse zu denken, aber dann, als er aus dem Wagen stieg, sah er auf der anderen Seite dieser kurvenreichen Straße ein anderes Fahrzeug, das auf einem kleinen Parkplatz stand. Mrs. Owen saß in dem Wagen, wieder ganz in Schwarz gekleidet. Als er Thea die Hand zur Begrüßung gab, spürte er diese Augen auf seinem Rücken.

Wieder fühlte er sich krank, als sie die Halle betraten. Der Lärm, die Steine. Alles war unverändert. Das Sägeblatt grub sich immer noch in den Stein, Millimeter um Millimeter. Die Stunden, Minuten und Tage wurden hier zusammen mit dem Granit zersägt. Die dunklen Reihen der Maschinen gaben dem

Leben der Arbeiter ihre Form, so wie sie ihrerseits den Felsblöcken ihre Form gaben. Sie stellten neue Räume und Beziehungen her. Vierundzwanzig Stunden am Tag. Überall sah man Gestelle für halb bearbeitete Steine, Kisten für Abfall und Schutt. Die Männer bewegten sich zielstrebig zwischen den Maschinen. Sie gingen hin und her. Überall gab es Muster und Konstellationen zu entdecken. Auch zwischen dieser Insel hier und Australien. Ein neues Verhältnis, ein neues Gleichgewicht. So daß das Kreischen, das – auch durch die Gehörschützer hindurch – auf seinen Schädel drückte, das Kreischen der Organisation war, der Ordnung, während zu den Dingen, die ihm an der Geologie immer die größte Freude gemacht hatten, gehörte, wenn er mit seinem Geologenhammer irgendwo Gesteinsproben entnahm, wenn er im Labor Dinge betrachtete, die bei Bohrproben zum Vorschein gekommen waren, wenn er mit einer Stahlspitze an der Schieferung eines blaugrauen Gneis herumspielte – wenn er eben sagte, wie die Dinge standen, und den Fels in Ruhe ließ. Wenn man erst einmal anfing, etwas am Fels zu machen, dann ließ sich nicht mehr absehen, was alles passieren konnte. Wie mit Frauen. Er grinste. Mutter Erde. Pandora. Sein Kopf war voller Gedanken, die nach Mustern und Zusammenhängen suchten, aber nie zu irgendeinem Ergebnis führten.

Wieder verbrachte er den Vormittag mit Messungen, mit Kalibrieren und damit, Steine auszusondern, die auch nur die kleinsten Abweichungen aufwiesen. Das war nicht schwer. Er legte eine gerade Kante auf eine Platte und konnte so bei manchen Steinen millimeterkleine Unebenheiten der Oberfläche feststellen. Das Überraschende dabei war, daß jemand etwas anderes erwartet haben konnte. Eine Stunde und länger schaute er den Männern an den Bohranlagen zu. Er hatte das Gefühl, daß das eigentlich nicht seine Aufgabe war. Und die ganze Anlage war für den Auftrag auch nicht besonders geeignet. Sechs Bohrer auf eine solche Entfernung in absolut gleicher Höhe auf drei Platten anzusetzen und sie dann absolut senkrecht in ein Material mit Härtegrad sieben zu treiben – das war ganz offensichtlich nicht das, wofür diese spezielle Maschine konstruiert war. Vielleicht hatte genau dieser Arbeiter an der Maschine vor drei oder vier Monaten das Loch gebohrt, das hoch oben in einem blauen Himmel ausgerissen war. Falls nicht der Kranführer wirklich mit den Platten gegen das Zentrum des Gerüsts geschlagen war. Ein Augenblick der Unaufmerksamkeit. Aber das war für Murray, für ihn und für ihre Klienten ohne Interesse. Thea stand neben ihm. Sie hatte einen weißen Overall über ihre schicken Sachen angezogen und eine Staubmaske aufgesetzt, um Nase und Mund zu schützen. Es war seltsam, wie wichtig Sex in den letzten paar Monaten für ihn geworden war. Als liege darin auch ein Schlüssel zu seiner Arbeit. Was wirklich ein lächerlicher Gedanke war.

Wieder versuchte er mit Arbeitern zu reden. Ein Mann an einer Bohranlage sagte ihm, nach wie vielen Arbeitsstunden sie jeweils die Bohrstangen überprüften und auswechselten. Es waren Diamantbohrer, wassergekühlt. Thea hatte Diamanten in ihren Ohren, unter dem graphitschwarzen Haar. Ob irgend etwas ihr den Mund wässrig machte? Er hatte einmal zu Anna gesagt, daß Frauen oft die härtesten und die weichsten Steine gleichzeitig trügen, Diamanten und den Talk in ihrem Puder. Diamantene Finger, die Schenkel aus Talk masturbierten. Glitzern und weiche Nachgiebigkeit. Ob Margaret das wohl tat? Gestern abend...

»Mr. Nicholson?« Sie mußte ihm laut ins Ohr rufen.

»Oh, Entschuldigung?«

»Nein, es ist nur, weil Sie gelächelt haben!«

Sogar wenn sie laut rief, hatte ihre Stimme etwas Unnatürliches, Akzentloses, es klang weder englisch noch ausländisch, es war die reine Sprache ohne Nebenklang.

»Nichts Wichtiges«, rief er zurück.

»Sie haben so amüsiert geschaut.«

Der Ausdruck auf ihrem Gesicht hätte sich vielleicht als Komplizenschaft deuten lassen können. Vielleicht war er auch nur eine Pose für ein Foto. Und er sonderte einen Stein aus, weil der Durchmesser der Bohrlöcher zu groß war. Die Platte würde im Wind vibrieren. Die weiche Neoprene-Einlage würde sich abnutzen. Der Granit würde dann nur noch auf dem nackten Stahlbolzen ruhen und an dem Bolzen scheuern und Flecken bekommen. Bis dann irgendwann im nächsten Jahrtausend einmal ein Fußgänger den Blick nach oben richten und sehen würde, wie ein nicht von Gott gesandter Stein vom Himmel kam.

Wieder fanden sie sich in der schalldichten Kabine des Vorarbeiters. Wieder hatten sie das Gefühl, daß er ihnen etwas übelnahm. Wußte er wirklich, wie die Fassadenplatten montiert wurden? Er hatte die ursprüngliche Ausschreibung gesehen, das war richtig. Aber als sie sich für die zusätzlichen Seitenbohrungen entschieden hatten, hatte er sich da überlegt, warum? Sein Job sei es, hatte der Vorarbeiter gesagt, Steine exakt nach den Anweisungen zu produzieren, die er bekam. Er sei nur ein Glied in einer langen Kette.

»Wenn Sie für drei verschiedene Projekte gleichzeitig produzieren, müssen Sie dann die Maschinen immer wieder neu einrichten?«

Thea gab die Frage wohl so weiter, wie er sie gestellt hatte. Und sie gab die Antwort des Vorarbeiters wieder: »Das Projekt Marlborough Place steht bei uns an erster Stelle.« Dann setzte er selber in Englisch hinzu: »Bei den anderen Projekten geht es um viel dickere Steine. Große Toleranzen. Keine Probleme.«

Wieder stand Peter auf dem Hof und prüfte eine Platte nach der anderen. Die Sonne stand hoch und strahlend über den polierten Steinen. Er vergeudete seine Zeit. Das rätselhafte Spiel der Kristalle verriet überhaupt nichts. Die Mikrobrüche waren nichts als Mikrobrüche. Völlig akzeptabel. Und die einzige Art, die wirkliche Belastbarkeit der einzelnen Platten herauszufinden, bestand darin, zu testen, welche Belastung sie aushielten. Bis sie zerbrachen. »Wollen wir was essen?« fragte er. Die wortlose Geduld dieser Frau hier neben ihm hatte sich zu einem deutlich spürbaren Druck entwickelt.

Die Eigenschaften jedes Silikatminerals werden bestimmt durch die Art, wie sich die vier Sauerstoffionen um jedes einzelne Siliziumion anordnen. Peter saß am Fenster eines kleinen Restaurants und dachte darüber nach, daß er jetzt an vier Tagen mit vier verschiedenen Frauen gegessen hatte: das Mittagessen mit seiner Frau kurz vor seiner Abreise, eine Erfahrung, die eine gewissen Ähnlichkeit mit dem Belastungstest hatte, mit dem die Australier die Stabilität der Bohrlöcher testeten (man rammt den Stahlbolzen samt Neoprene-Einlage in das Bohrloch und zieht ihn mit einem kräftigen Ruck wieder heraus); das Abendessen im Kerzenschein mit Margaret kurz nach der Ankunft, eine langes, lavaheißes Phantasieren über die tausend kleinen Sachen, die sie in den kommenden Nächten miteinander machen würden, Sachen, die immer mit der leisen Hoffnung verbunden waren, daß etwas Heiliges ins Leben einbrechen könnte, irgendeine Art von Offenbarung; das unangenehme Frühstück mit Mrs. Owen, die erst vor kurzer Zeit verloren hatte, was ihr am heiligsten war, und die Schlichtheit des Frühstücks war diesem Anlaß angemessen; und jetzt dieses Geschäftsessen mit der allzu schönen Übersetzerin, die er besitzen wollte, haben wollte, wie man irgendeinen modischen Gegenstand haben will, wie man – in einen genormten Ablauf – irgendwelche Sachen in seinen Besitz bringt, zwei Körnchen, die ganz zufällig in derselben Erdschicht zusammenkommen, ohne die heftige Glut der Metamorphose und auch ohne die Befriedigungen, die der langsame Akt der Gesteinsbildung mit sich bringt.

Vier Mahlzeiten. Die sehr verschieden waren, aber alle zusammen mit Frauen. Als käme es einfach nur darauf an, daß diese vier Menschen wie bei einem Theaterstück in einem Tetraeder um ihn herum angeordnet waren. Und er war im Zentrum dieses Spannungsfelds, das sie alle zusammenhielt. Aber Margaret hatte gesagt, daß es aufhören mußte. Es sei eine Last für sie.

Beim dritten Glas Wein sagte er: »Erzählen Sie mir etwas von sich.«

Thea lachte. »Wieso denn?«

»Weil ich mit Ihnen zusammen esse. Weil ich neugierig geworden bin.«

»Wieso denn neugierig?«

»Es kommt selten vor, daß man eine schöne Frau trifft, die in der Natursteinbranche arbeitet.«

»Stein ist ein schönes Material, ein schönes Produkt«, sagte sie ohne den leisesten Anklang eines Einwands. Ohne Bescheidenheit. »In gewisser Hinsicht ein Modeprodukt. Warum also sollte eine Frau da nicht arbeiten?«

»Trotzdem, ich bin neugierig geworden.«

»Und ich soll Ihnen etwas über mich erzählen?«

»Ja.«

Sie lächelte die ganze Zeit. »Was möchten Sie denn gerne hören?«

»Woher Sie kommen, wo Sie so gut Englisch gelernt haben. Etwas über ihre Familie.«

Sie schüttelte den Kopf. Ihr tiefschwarzes Haar war fast blau. »Mr. Nicholson, sehen Sie denn nicht, wen Sie vor sich haben, wenn Sie jemanden einfach nur anschauen? Dafür brauchen Sie doch keine Lebensgeschichte, oder?«

Er war sich nicht sicher, ob das ihre wirkliche Einstellung war oder ob sie ihn nur ein bißchen ärgern wollte. Aber er fühlte sich heiter und schwebend. Es war das unwirkliche Schweben eines Ballons, der von seiner Schnur losgeschnitten wird. Oder Gas, das aus einem Bohrloch kommt. »Dann müssen Sie mir nachsehen, wenn ich Sie jetzt ganz genau anschaue.«

Und das tat er auch. Aber der lange Blick in die Augen seiner Geschäftsbekanntschaft entdeckte nichts außer der durchsichtigen Vollkommenheit der hellbraunen Iris. Und, in der schwarzen Pupille, sein eigenes Spiegelbild. Ein Rätsel.

Sie lachte laut über seinen kritisch prüfenden Blick und über die Körperhaltung, die er dabei einnahm. Er hatte sich über den Tisch gebeugt, und ihre Nasen waren nur noch ein Paar Zentimeter voneinander entfernt. »Und?«

Er schnitt eine Grimasse. »Das Ergebnis bleibt unverändert. Sie sind eine sehr schöne Frau. Mehr kann ich nicht sagen. Ihre Familie, ihr Geburtsort, ihre Verehrer bleiben geheim.«

Sie prustete vor Vergnügen. »Sie sind albern!«

»Wieso?«

»Weil Ihnen meine Familie und der Ort, an dem ich geboren bin, schnurzegal sind.«

Wieder schauten sie sich in die Augen. Es war nicht Zuneigung, aber die Lust an der Herausforderung.

»So ist es doch, oder?« Sie war hartnäckig.

Er runzelte die Stirn. »Okay, was können Sie denn über mich sagen, wenn Sie mich einfach nur anschauen?«

Ihre Augen über dem Weinglas verengten sich. »Erstens, Mr. Nicholson, sind Sie froh, daß Sie von zu Hause weg sind, auch wenn Sie der Job hier anödet.« Sie unterbrach sich. Dann lächelte sie. »Und zweitens schätzen Sie die Gefahr vielleicht nicht richtig ein.«

Er hatte das Gefühl, als käme plötzlich Druck aus einer neuen und völlig unerwarteten Richtung.

»Welche Gefahr denn?«

Sie fuhr sich ohne Grund mit der Serviette über die Lippen. »Sie machen einfach diesen Eindruck«, sagte sie. »Wie ein kleiner Junge in einem Spielzeugladen.« Ihr Lächeln hatte jetzt etwas Ironisches, Unernstes.

»Ich wüßte nicht, was an Spielzeugläden gefährlich sein sollte«, sagte er. Aber dann sah er aus dem Augenwinkel durch den dünnen Vorhang der Fensterscheibe neben sich den gelben Opel, den er am Vormittag schon vor der Werkhalle hatte parken sehen. Wieder war es, als ob der Schatten eines Krans durch das helle Licht fuhr, das auf der Fassade eines eleganten Gebäudes lag. Oder als hätte jemand ein Skalpell an die erotische Stimmung gesetzt, in der er sich befand.

»Haben Sie Mrs. Owen schon kennengelernt?« fragte er unvermittelt.

Sie zuckte mit keiner Wimper.

»Wieso?«

»Weil ich mich gerade gefragt habe, wie Sie so jemanden beurteilen würden, ohne ihre Geschichte zu kennen.«

Die Übersetzerin versteckte sich hinter einer feinen Schicht von Ironie, die ihre eigene Mischung aus Schönheit und Intelligenz war, aber stärkere Annäherung eher zurückwies als herausforderte. Der Blick prallte von ihr ab.

Sie schien nachzudenken. »Also, man kann auf den ersten Blick sehen, daß sie von etwas verfolgt wird, besessen ist. Und daß sie nicht nachgeben wird.«

»Ja, aber solange man nicht weiß, wovon sie besessen ist...«

»Nein«, Thea schüttelte den Kopf. »Nein, man sieht nämlich auch, daß sie sich etwas anderes gesucht hätte, wenn es ihren jetzigen Anlaß zum Zorn nicht gäbe.«

In seinem Kopf rastete eine Erinnerung ein: ein Fall von sprachlichem Isotopismus, andere Wörter, aber dieselbe Anordnung: Du meinst, wenn ich es nicht wäre, dann wäre es jemand anders. Und das brachte ihn dazu, die Wörter noch einmal auszutauschen.

»Aber was wäre, wenn Ihr Mann so ums Leben gekommen wäre? Wie würden Sie das aufnehmen? Würden Sie nicht auch tun, was die Frau hier tut? Versuchen, den Schuldigen zu finden? Wenigstens hat sie Mut.«

Thea beugte sich vor und auf ihrem Gesicht lag ein leicht herablassendes Lächeln. »Ich würde nie einen Mann haben, Mr. Nicholson. Können Sie das denn nicht sehen?«

Natürlich konnte er das sehen. Als er Margaret zum ersten Mal gesehen hatte, da war das einzige, was er wußte, daß er alles wissen wollte. Das war die Macht, die von ihrem Gesicht ausging. Man konnte den Blick nicht mehr losreißen. Einen Augenblick lang sehnte er sich danach, mit Margaret ganz von vorne anzufangen, und alle die alten Fossilien sollten weggebrannt werden. Es war ein plötzlicher heftiger Ruck in der Brust. Er war von seiner eigenen Unberechenbarkeit vollkommen verblüfft. Trotzdem ließ er sich vor dem Nachmittagsbesuch bei Dr. Maifredi noch zu Theas Wohnung fahren.

Es war, als wären Peter Nicholson und seine Frau ein paar Millionen Jahre lang in einer festen Lösung zusammengehalten worden, als wäre er ein Teil von ihr, sie ein Teil von ihm gewesen. Dann war die Temperatur ganz leicht gesunken. War das in einer Doppelhaushälfte am Rande von Barnett Hill so unvorstellbar? Die Lösung begann sich zu entmischen, die Kristalle trennten sich. Konnte man einen von ihnen für so einen Vorgang verantwortlich machen? Intellektuell hatte dieser Mann nie den Finger auf einen bestimmten Augenblick oder eine bestimmte Konstellation gelegt. Aber Verantwortung und Schuld waren Dinge, die einen nicht mehr losließen. Wie Kunststoffe kamen sie in der Natur nicht vor, aber wenn sie einmal erfunden waren, ließ sich ihre Nützlichkeit kaum bestreiten. Gleichgültig, in welchem Zusammenhang. In der Nacht, in der er geträumt hatte, daß etwas Böses im Gestein säße, das wußte Peter, in dieser Nacht hatte er von seiner Ehe geträumt.

Das hatte überhaupt nichts mit Jerry Owen zu tun gehabt.

Er hatte sich schon als Halbwüchsiger mit Geologie beschäftigt. War dieser Verführung erlegen. Und seither hatte er immer gerne abstrahiert, depersonalisiert, hatte sich und alles, was er tat, in dem Stoff gesucht, dessen Namen er trug – Peter, Petrus, der Fels. Die Geborgenheit in der Vorstadt, das Nest aus langsam wachsenden Kristallen, hatte sich entmischt, war zerfallen. Zurück blieben ein paar perthitische Durchwachsungen: Sarah, Mark. Man konnte der Welt nicht vorwerfen, daß sie im Fluß war. Bis nach einer kleinen Zeitverschiebung – einer kleinen Zeitmanipulation – Margaret aus dem heißen Kern aufgetaucht war, seine gesamte innere Struktur revolutioniert und alle äußeren Aspekte verändert hatte. Das waren beruhigende Gedanken. Er spürte, daß solche Parallelen eine gewisse Stabilität gaben. Sie bildeten ein Gitter.

Trotzdem war es manchmal schwer zu vergessen, daß man ein menschliches Wesen war, das offenkundig von einem Augenblick auf den nächsten Entscheidungen traf, dessen schwangere Frau einen Anruf erwartete, dessen Geliebte ihn in glutheiße Bezirke geführt hatte, nur um die bevorstehende Abkühlung anzukündigen, ein Wesen, das überallhin von einer verstörten Frau verfolgt wurde, die nach Gerechtigkeit schrie.

Auf dem Regal im Schlafzimmer der Dolmetscherin lag eine Sammlung von Wüstenrosen: runde Blüten aus Sand, vom Wind der Sahara in weiche, glatte symmetrische Formen geschliffen. Lachend sprach sie von Ferien, einer Land-Rover-Expedition, einem Liebhaber. Sie sagte, daß sie sich das Leben gerne so wie die Wüstenrosen vorstelle – vom Wind geformt, schön, kühl und abgehoben. Er sagte nicht, daß dieses Phänomen statistisch nur sehr selten vorkam, wenn man die Luftmassen bedachte, die über diese riesige Sandfläche hinwegrasten. Obwohl Thea ja selber eine sehr seltene Blume war. Vollkommen. Dazu war – wie er irgendwie geahnt hatte – kein Gefühl nötig. Und von dieser Blume hier ging auch kein Gefühl aus.

Dann fuhren sie in die Berge, aber diesmal an der Küste entlang, durch eine wohlhabendere Gegend mit stuckverzierten Villenfassaden unter einem strahlenden südlichen Himmel, an einem diesigen Meer. Das intensive Licht brachte so viele kleine Einzelheiten zum Vorschein: die Zypressen, die sich in den Haarnadelkurven wie dunkle Kupferstiche ausnahmen, die Leuchtkraft der Pinien, die glatten gestreiften Blätter der Zitronenbäume. Das Auge des Betrachters im Auto wurde durch ein halluzinatorisches Leuchten verführt. Peter saß im Wagen und fühlte sich wie in einer Trance, aus der er nicht mehr erwachen wollte. Als könnte das Leben neu entstehen, wenn nur das Bewußtsein lange genug unterdrückt werden konnte. Aber als sie am Haus ihres Gastgebers ankamen, sah er, daß es von hohen Zäunen, von mit Metallspitzen besetzten Toren und einem Hund geschützt wurde.

Thea stieg aus und sprach in eine kleine Videokamera. Die Flügel des Tors schwangen auf. Die Zufahrt war ungefähr hundert Meter lang, der Belag sorgfältig ausgewählter grober Splitt, höchstwahrscheinlich ein Kalkstein. Links und rechts

Oleanderbüsche, Blumenbeete. Es war eine Welt aus Rechtekken. Auf einer quadratischen Terrasse über der blauen Raute eines Pools und unter der sauberen rosa Wand der Villa erschien ein asiatisches Mädchen in properer Dienstmädchenkleidung und bot Drinks an. Er nahm einen Gin Tonic, der in einem eckigen Glas mit Eiswürfeln gebracht wurde. Er bemerkte, daß die Terrasse mit dem Granit aus dem Steinbruch gepflastert war: 30 x 30-Zentimeter-Platten, vielleicht nur fünfzehn Millimeter stark, aber natürlich keinerlei Innenspannung. Der Stein mußte ja lediglich Hausschuhen und modischen Sandalen standhalten. Thea hatte ihre Schuhe ausgezogen. Sie mochte die Kühle, sagte sie, die der Stein im Sommer ausstrahle.

Dr. Maifredi erschien. Nichts an ihm war rechteckig. Er war groß und hatte einen watschelnden Gang – eine fette Spinne in einem empfindlichen Netz. Er trug weite Shorts über dicklichen sommersprossigen Schenkeln. Ein offenes Hemd. Thea stand auf, und er küßte sie laut auf den Mund und kniff sie in die Schulter. Sie lachte genauso, wie sie vor einer Stunde schon gelacht hatte. Ein fleischige Hand schüttelte Peters Hand heftig und etwas länger als nötig. Der Mann hatte ein Glatze und kleine strahlende Augen. Aber jetzt zog er eine dunkle Brille aus einer Hemdtasche.

Thea verkündete, daß sie schwimmen wolle. Sie trug einen Rock, und ihr Körper, ihr Gang, hatten etwas Schwingendes. Peter konnte sich nicht erinnern, daß sie einen Badeanzug mitgenommen hätte.

Maifredi beobachtete ihn. »Wunderschöne Frau«, sagte er mit einem starken Akzent. Er kicherte. »Ein wunderbares Mädchen.«

Peter stimmte zu.

Maifredi wandte den Blick nicht von ihm ab. Jedesmal, wenn er etwas sagte, holte er mit einem lauten Ächzen Luft. »Vielleicht zu schön? Was meinen Sie?«

Peter lächelte. Auf dem eleganten Travertintisch zwischen ihnen stand sein Drink, in dem sich das Licht brach und in leicht vibrierenden Kurvenlinien auf den känozoischen Schaum der Tischplatte fiel. Dann begann der Schatten einer Markise. Maifredi hatte sich absichtlich nicht in die Sonne gesetzt. Peter, der nie widerstehen konnte, spürte den Druck der Sonne auf den Schultern. Aber er zog sein Bürosakko nicht aus.

Maifredi fläzte in einem Sessel, kratzte sich am Bein und grinste, während er seine Zigarette im Mund behielt. Als wollte er absichtlich eine derbe Vitalität zu Schau stellen. Vielleicht würde er gleich furzen. Hustend sagte er: »Ich war überrascht, daß Sie zu mir gekommen sind, Mr. Nicholson.«

»Wieso denn das?«

»Ich habe gedacht, Ihre Anweisungen erstreckten sich nur auf die Inspektion der Sägerei und Schleiferei und des Steinbruchs.«

»Ich hatte das Gefühl, es wäre vielleicht ganz nützlich, mit Ihnen über das ganze Projekt zu reden.«

»Oder vielleicht sind Sie wegen des Mädchens gekommen.«

Peter konnte ein leichtes Grinsen nicht unterdrücken. Das Grinsen eines kleinen Jungen. In einem Spielzeugladen? Er hörte Wasser spritzen, drehte sich unwillkürlich um und sah unterhalb der Terrasse ihren langen Körper im Pool. Sie trug einen dunklen Badeanzug und schwamm auf dem Rücken über dem unnatürlichen Blau des Beckens. Eine Umgebung, die zu ihr paßte, ein Rahmen für ihre herrliche Figur. Und bis zu einem gewissen Punkt hatte sie recht, daß man Leute nach ihrem Aussehen beurteilen konnte. Die Art, wie sie da unten im Wasser lächelte, machte klar, daß sie nie jemandem vorwerfen würde, er habe sie als Objekt betrachtet.

Maifredi schwieg, drehte sich in seinem Sessel hin und her, weil er sich den Rücken kratzen wollte. Sie wandten sich jetzt wieder einander zu.

»Das Schöne an Thea ist, daß sie es mag – verstehen Sie, was ich meine?« Er war noch nicht fertig mit dem Thema: »Sie mag Männer.« Diesmal sagte Peter nichts.

»Das ist etwas Angenehmes bei einem Mädchen.«

»Bestimmt nicht schlecht jedenfalls«, sagte er zustimmend.

»Aber wir sind beide verheiratete Männer, Mr. Nicholson.«

Zum zweiten Mal innerhalb von zwei Tagen kam Peter der Gedanke, wie seltsam es doch sei, daß jemand das so rasch vermutete. Trotzdem war es sehr angenehm auf dieser Terrasse. Die heiße Sonne, helles Licht, kalter Gin. Und wenigstens war der Mann hier ein origineller Mensch. Peter mochte Männergespräche manchmal ganz gern. Murray lehnte das immer ab. Murray gegenüber konnte er nie über seine Frau herziehen. Er sagte: »Genaugenommen bin ich aus zwei Gründen gekommen. Erstens wollte ich Sie fragen, ob ich Ihnen morgen vormittag den Betriebsleiter entführen kann. Und zweitens würde ich gerne Ihr Schertestgerät benutzen.«

Maifredi zog an seiner Zigarette. »Heute vormittag hat mich schon eine ziemlich unattraktive Frau besucht, Mr. Nicholson. Eine gewisse Mrs. Owen.«

»Ah.«

»Ich verstehe eigentlich nicht, warum sie hierherkommt und mich anschreit, statt in Australien Mr. Lopez und Mr. Aran anzuschreien.«

»Ich bin ganz Ihrer Ansicht.«

Maifredi rief einen Namen. Das asiatische Dienstmädchen kam wieder auf die Terrasse heraus, und der dicke Mann deutete auf Peters Glas.

»Sie ist natürlich deswegen gekommen, weil jemand ihr eingeredet hat, daß unsere Firma für den Tod ihres Mannes verantwortlich ist. Sie behauptet, sie habe irgendwelche Gutachten gelesen.«

»Nein, ich glaube, sie ist nur ein bißchen aus dem Gleichgewicht. Das ganze war eine Tragödie für sie.«

Maifredi drückte seine Zigarette auf dem Granit aus, der keine Flecken annahm und leicht wieder gesäubert werden konnte – wenn nicht von dem asiatischen Dienstmädchen, das gerade seinen Drink brachte, dann von einem anderen Mädchen.

»Sie behauptet, sie habe irgendwelche Gutachten gelesen.

Sie ist nicht umsonst den weiten Weg von Australien hierhergekommen.«

Peter sagte: »Ich glaube, bei der gerichtlichen Untersuchung ist als Todesursache Tod durch Unfall festgestellt worden. Mir ist nichts davon zu Ohren gekommen, daß jemand irgendwelche Vorwürfe gegen irgend jemanden erhoben hat. Dieser Fall hat absolut nichts mit meinem Auftrag zu tun. Solche Dinge kommen eben vor, wenn man so große Projekte wie Marlborough Place durchzieht.«

»Und besonders dann, Mr. Nicholson«, – der dicke Mann richtete sich in seinem Sessel auf – »wenn man sie schnell durchziehen muß.« Dann ließ er sich wieder tief in seinen Sessel sinken. Er veränderte dauernd seine Sitzposition, verschränkte die Arme, rieb die Knie aneinander und schien sich seiner Körperlichkeit zu freuen. Von unten hörte man ruhige, langsame Schwimmbewegungen. Regelmäßig, wie bei einer Maschine. Der Gin war mindestens eine Fifty-fifty-Mischung.

»Wissen Sie, wieviel Zeit verlorengegangen ist, als der Mann ums Leben kam?«

»Wie bitte?«

»Wissen Sie, für wie lange die Baufirma die Arbeit unterbrochen hat? Wie groß der Zeitverlust war?«

»Ich habe keine Ahnung. Das gehört nicht zu meinem Arbeitsbereich.«

»Dann will ich es Ihnen sagen, Mr. Nicholson. Zwei Monate.«

Peter dachte, er könne jetzt Murray wenigstens sagen, daß es so war, wie die Australier vermutet hatten. Der Mann wußte Bescheid. »Und jetzt«, fuhr der dicke Mann mit leiser Stimme fort, »jetzt heißt es, daß sie die Verschalung verändern wollen.«

Diese Nachricht konnte der Gin nicht mehr absorbieren und im warmen Licht des Nachmittags auflösen.

»Wie bitte?«

Maifredi, der immer noch tief in seinem Sessel hing, lachte. »Ich sehe, daß ich Ihnen jetzt etwas Neues verrate.«

»Was meinen Sie damit, daß die Verschalung verändert werden soll?«

»Die Platten sollen halbiert werden. Wir haben heute Vormittag ein Telex bekommen.«

»Nur für die oberen Stockwerke?«

»Sie haben Material für vier Stockwerke auf Lager. Deshalb weiß ich, daß sie zwei Monate lang gewartet haben. Die obersten zwölf Stockwerke sollen so verkleidet werden. Mit halbierten Platten.«

Peter sagte: »Ehrlich gesagt, ich finde das eine kluge Entscheidung.«

»Das senkt die Versicherungsprämien.«

»Ja.«

»Und die Gewerkschaften freuen sich darüber.«

»Das auch. Es ist rundherum sicherer. Ich bin ehrlich gesagt ziemlich erleichtert.«

»Aber es wird viel Zeit kosten, Mr. Nicholson.«

»Ja, wahrscheinlich.«

»Die Halterungen müssen auch neu entwickelt werden.«

»Sie meinen, für die Verschalung? Das ist leider auch nicht mein Gebiet. Was ist es denn, mit Glas verstärkter Beton?«

Aber Maifredi ließ sich nicht ablenken.

»Wissen Sie, Mr. Nicholson, wieviel Geld die da drüben jeden Monat durch Mietausfall verlieren?«

»Ich habe keine Ahnung.«

»Überlegen Sie einmal: vierzig Stockwerke Büroraum. Jedes Stockwerk hat sechstausend Quadratmeter. Und dazu kommt noch das Einkaufszentrum mit den Geschäften. Im Zentrum von Sydney.«

»Eine Menge Geld«, sagte Peter.

»Ungefähr zwei Millionen australische Dollar.« Maifredi rülpste und lächelte. In seiner Stimme schwang sogar ein leises Kichern mit. »Die Gutachten, die unsere unglückliche Dame gefunden hat, haben also nichts mit dem Tod ihres Mannes zu tun. Sie haben mit dem Zeitfaktor zu tun, Mr. Nicholson. Und der Zeitfaktor ist auch der Grund Ihres Besuchs. Jemand soll für verlorene Zeit bezahlen. Meine Firma soll dafür bezahlen.«

Sie schwiegen. Der dicke Mann ließ Eiswürfel in einem Glas kreisen, trank, schluckte lautstark, kratzte sich an der Schulter.

»Der Stein ist seit Millionen von Jahren in der Erde. Aber er muß in Monaten, in Minuten ausgegraben werden, Mr. Nicholson. Irgend jemand hat es eilig. Sobald man den Stein aus dem Berg sprengt, wird es ein Wettrennen, ein Risiko. Zeit und Geld, Investitionen und Mieteinnahmen.«

Peter sagte nichts. Dann, ohne irgendwie logisch darüber nachzudenken, beschloß er, vollkommen offen zu sein. Das hing mit dem Gefühl zusammen, das ihn in der letzten Zeit beherrscht hatte. Mit dieser ungeheuren Sprunghaftigkeit. Er konnte keinen Standpunkt einnehmen und dann dabei bleiben. Er hatte das Gefühl von permanenter Hochstimmung und leichter Übelkeit. Aber vielleicht lag das jetzt am Gin.

Er sagte: »Aber als die Auftraggeber ursprünglich zu Ihnen kamen, Dr. Maifredi, als Sie ein Angebot für den Auftrag gemacht haben, müssen Sie doch gewußt haben, daß diese Toleranzen sich nicht einhalten ließen. Bei dieser Art von Stein, bei diesem Härtegrad, dieser Kristallgröße, bei dem Druck, unter dem er geformt worden ist, bei der geographischen Lage des Vorkommens. Sehen Sie, was ich nicht verstehen kann, ist die Tatsache, warum das überhaupt passieren konnte, warum ein Unternehmen sich in so eine Lage begibt.«

Maifredi lachte. »Sie sind ein netter Mensch, Mr. Nicholson, aber Sie müssen verstehen, daß ich nichts über Steine weiß. Überhaupt nichts. Ich kann Ihnen nicht einmal sagen, ob irgendein Stein Marmor oder Granit ist und ob man ihn so dick wie ein Lexikon oder so dünn wie Papier schneiden muß.« Er lachte ganz laut. »Wollen Sie wissen, was ich studiert habe? Wollen Sie das wissen? Ich habe Altertumswissenschaft studiert. Ich bin ein Spezialist für Vasenmalerei, attische und römische Vasenmalerei.«

»Ja, gut, aber Sie müssen...«

»Ich habe meinen Job aus politischen Gründen bekommen,

Mr. Nicholson. Ich bin Mitglied einer Partei. Ich bewerte und sehe meine Arbeit unter politischen Gesichtspunkten.«

»Ja, ich weiß, daß das Unternehmen ein halbstaatlicher Betrieb ist; ich wollte nur sagen, daß es doch Leute geben muß, von denen Sie beraten werden: Ingenieure, Techniker, die...«

Es war verwirrend, wie vollkommen selbstsicher dieser Mann anscheinend war, wie ungeniert er das Fleisch seines Oberschenkels knetete.

»Sie meinen, jemand müßte mir gesagt habe, daß dieser Vertrag unmöglich zu erfüllen ist?«

»Ja.«

»Das stimmt, Mr. Nicholson. Man hat mir gesagt, daß es bei dieser Plattenstärke und mit diesem Halterungssystem Probleme gibt.«

»Aber Sie haben den Auftrag trotzdem angenommen?«

»Man hat mir auch gesagt, daß es ein sehr großer Auftrag ist. Einer der größten.« Er lächelte. »Mein Job ist eine politische Position. Und Arbeitsplätze sind ein politisches Problem. Durch diesen Vertrag habe ich die Zahl der Beschäftigten in unserem Unternehmen erhöht. Ich habe meiner Partei Stimmen gesichert. Ich habe von der Bezirksregierung viel Geld für neue Investitionen bekommen.«

»Und Sie haben einen Kunden, der Sie auf Schadensersatz verklagen will, und zwar in einer Höhe, daß Sie die Firma dichtmachen müssen.«

»Ich habe einen schlecht informierten Kunden, der etwas Unmögliches verlangt hat. Wenn ich ihm keine Versprechungen gemacht hätte, dann hätte es eine andere Firma getan. Vielleicht ein anderes Unternehmen auf unserer Insel hier. Ein privates Unternehmen. Der Kunde muß seinen Architekten verklagen, nicht mich.«

»Aber er könnte sehr gut nachweisen, daß Sie bewußt ein Versprechen gegeben haben, das Sie nicht halten konnten, daß Ihre Firma, daß Sie, und nicht er, die Experten auf diesem Gebiet sind, und daß Sie – nimmt man alles zusammen –

Ihr Versprechen sehr viel weitgehender hätten einhalten können, wenn ihre Organisation effizienter gewesen wäre.«

Sie schwiegen. Peter dachte, daß Murray, der sich nie in die Karten schauen ließ, jetzt sehr wütend wäre.

Maifredi fuhr sich mit den Fingern beider Hände über seine Hängebacken. »Nehmen wir einmal an, die Baufirma reicht ihre Klage ein, dann muß der Fall vor die Internationale Handelskammer in London. Richtig? Der Schlichter wird von Steinen nicht viel mehr verstehen als ich. Richtig? Und in diesem Fall sieht es sehr danach aus, daß die Zukunft unseres Unternehmens in hohem Maße davon abhängt, wie überzeugend Ihr Gutachten ist, Mr. Nicholson.« Er lächelte und spitzte die Lippen. »Ja?« Dann hob er den Blick. Thea kam die Treppe hinter Peters Sessel herauf. Ihr Gesicht strahlte, und Wasser tropfte noch von ihrem Körper – alles an ihr glitzerte im hellen Sonnenlicht.

»Ich habe gerade Mr. Nicholson nahezubringen versucht«, fuhr Maifredi fort, »daß wir nicht erwarten, daß sein Gutachten uns besondere Probleme bereiten wird. Du mußt ihm behilflich sein, damit er alles sehen kann, was er sehen möchte.«

»Natürlich«, sagte Thea mit einem leicht süffisanten Unterton in der Stimme. »Natürlich, alles, was er möchte.«

Dann führten sie Peter in der Villa herum. Er sah von Innenarchitekten vollkommen durchgestaltete Räume, Orientteppiche auf weißen Marmorfliesen, in deren Mitte ein Rhombus aus blauem Azul Bahia eingelassen war. An einem Fenster strickte eine farblos und altmodisch gekleidete Frau. Maifredi stellte sie als seine Frau vor. Thea trug einen roten Frotteebademantel. Und in den Regalen an den Wänden standen Dutzende von Töpfen, Krügen und Vasen. Maifredi sprach jetzt heftiger und in einfacheren Wendungen – die rauhe Stimme eines dicken Mannes, von Keuchtönen und Hustern unterbrochen. Hier sehe man die wie zwanghaft wiederkehrenden geometrischen Muster des zehnten Jahrhunderts vor Christus. Waren sie nicht schön? Oh ja, natürlich Kopien. Mit einer Ausnahme allerdings. Eines der Stücke war ein Original. Ob sein Gast erraten könne, welches? Natürlich nicht, er sei ja kein Experte.

»Vielleicht, wenn ich sie alle zerbrechen und den Ton untersuchen würde.«

»Eine ziemlich drastisches Verfahren, um etwas nachzuweisen, Mr. Nicholson.«

Und hier, etwas weiter, wurde die Geometrie komplizierter – die große Einfachheit war ihnen langweilig geworden. Komplizierte Muster, die dann in den schwarzfigurigen Stil der großen attischen Periode übergingen. Von einem hellen weißen Hintergrund deutlich sich abhebende Figuren. Als seien sie aus dem Licht herausgeschnitten. Es waren häufig Abbildungen gewalttätiger Szenen: Apollo erlegt den Python, das Messer an Iphigenies Hals, Poseidons Rosse, die aus der Tiefe aufstiegen, um eine Nymphe zu entführen, Hades, der mit hämischem Gesicht über Kore triumphiert. »Und das ist mein vorgezogenes Stück«, sagte Maifredi.

»Mein Lieblingsstück«, korrigierte Thea. Sie lächelte Peter an. Das Gefühl von Komplizenschaft war jetzt genauso stark wie am Morgen zuvor am Tor zur Werkhalle.

»Ist das nicht ein wunderschönes Stück?«

Auf einem großen Krug, der neben der Treppe auf einem Sockel stand, waren einige Gestalten abgebildet, die in Bewegung waren. Eine davon trug, während sie lief, eine andere auf dem Arm. »Der Mann da ist Theseus«, erklärte Maifredi. »Man erkennt ihn an seinem Pferdeschwanz. Er entführt das junge Mädchen hier. Die beiden Frauen, die ihn davon abhalten wollen, sind seine Frau Antiope und seine Geliebte, die schöne Helena. Als sie dreizehn ist, zwingt er sie zum Analverkehr. Und das da ist Peirithoos, sein Freund, der ihm den Rükken deckt. Wunderbare Zeiten, finden Sie nicht auch, Mr. Nicholson?« Der dicke Mann kicherte. »Theseus war ein zwanghafter Entführer. In diesem Punkt der erste Mensch, der den Göttern nachgeeifert hat.«

Peter erkundigte sich nach der Inschrift neben der Szene.

Thea übersetzte: »Ich habe es gesehen, laß uns laufen.«

Als er an diesem dritten Tag seiner Reise in sein Hotel zurückkam, setzte Peter Nicholson sich zu seiner eigenen Überraschung in die Lobby.

Es hing dort einer von diesen kleinen Kronleuchtern, wie er sie hier jetzt schon an verschiedenen öffentlichen Orten gesehen hatte. In seinen Glasprismen brach sich das schwache Licht zu feinen blauen und rosafarbenen Streifen. Auf den Ledersesseln und den Sofas saßen noch andere Leute. Sie nahmen sich Zeitungen von einem niedrigen Tisch mit eleganten emaillierten Beinen, dessen Oberfläche auch aus Glas war. Und dann noch der Fußboden, die Wände, die Decke, die Treppen.

Peter hatte das Gefühl, daß er nicht vom Fleck kam, daß er festsaß. Andere schauten auf ihre Uhren, warteten auf Geschäftspartner, mit denen sie verabredet waren, auf Freunde. Er hatte genug zu tun, daran lag es nicht. Aber als sei eine Orientierung verschwunden, ein Muster, bei dem man wie auf einem Schachbrett von einem Feld zum nächsten geführt wurde, fühlte er sich verloren, unfähig, einen Schritt nach vorne zu tun. Alles, was er wahrnahm, waren unzählige Einzelheiten: ein wolkiger Opal am Kragenaufschlag einer Frau, Zigarettenrauch, der von der Drehtür angesaugt und wieder in die Lobby zurückgeblasen wurde.

Vor vier Monaten, in einem anderen Hotel, hatte das Muster, durch das einem ein Tag wie die vollkommene Kopie des Vortags erschien, noch gut funktioniert. Das Auf und Ab, der Ausgleich zwischen den Dingen, das Raster von Beziehungen, in dem man sich befand, die Einstellung zur Welt, finanzielle Verpflichtungen und Möglichkeiten – das alles befand sich in vollkommener Symmetrie. Er fühlte sich so sehr aufgehoben auf der glatten, asphaltierten Bahn seines Lebens, daß die allmähliche Abkühlung und die nur schwach wahrgenommene Verlangsamung ein Teil seines Lebensgefühls geworden waren, nicht so sehr ein annehmbarer akzeptabler Teil, sondern das einzige, was sich denken ließ. Leidenschaft war ein Ding der Vergangenheit. Enttäuschungen waren in der Geometrie, die die Grundstruktur seines Lebens war, sublimiert worden, fielen nicht mehr auf. Er hatte damals, in diesem anderen Hotel, Unterlagen in der Hand gehalten, die sich auf die Verlagerung eines Wasserlaufs durch ausgedehnten Abbau in einem Sandhorizont über einer undurchlässigen Tonschicht bezogen. Sein Klient war von einer Gruppe von Bauern verklagt worden. Und die Unterlagen des Falls, die mit einem Computer geschriebenen Seiten, kamen eine nach der anderen mit der Selbstverständlichkeit in sein Leben, mit der er etwas aß, sich duschte oder sich mit dem Cursor über das Display seines Laptops bewegte. Das machte ihm Spaß. Es machte ihm Spaß, mit welcher Natürlichkeit seine Analyse Gestalt annahm, wenn alle Elemente so ineinandergriffen, wie es gedacht war: Erfahrung, Theorie, Fakten. Und er hätte nie auch nur im Traum daran gedacht, ein Gutachten abzugeben, das der Wahrheit – so wie er sie sah – nicht entsprach: die täuschenden Wellenlinien der wasserdurchlässigen und wasserundurchlässigen Schichten, die Tatsache, daß der Klient es versäumt hatte, die geologischen Gegebenheiten unterhalb des Steinbruchs zu untersuchen, die eventuellen Lösungsmöglichkeiten aufzuzeigen. Diese Dinge gingen ihm durch den Kopf, während er die Wassermenge maß, die durch eine Pumpe lief und – Winkel um Winkel – in das sich beständig verzweigende, von Menschen angelegte Raster gedrückt wurde. Es war nicht so, als würde das Leben ihm zwischen den Fingern zerrinnen, es war eher der regelmäßige Puls, der immer in dem gleichen Maschinenrhythmus schlug. Margaret war die Tochter des Vorarbeiters im Steinbruch, und sie saßen auf der Rückfahrt nach London zusammen in einem Abteil.

Innerhalb weniger Tage durchlief er alle möglichen Zustände – er grinste süffisant, beklagte sich ständig, war unruhig, geriet grundlos in Verzückung, war nervös, selbstsicher, unbeschreiblich glücklich, verzweifelt, schmiedete irgendwelche Pläne. Die Tage vergingen schneller und waren ohne Ende. Er flirtete mit den Sekretärinnen, schlief an diesem einen sonnigen Tag mit seiner Frau und dann fast auch noch mit einer Frau in der Buchhaltung eines Klienten in Halifax. Aber er hatte alles so eingerichtet, daß er die Nacht mit Margaret zusammen in Birmingham verbringen konnte, und alle anderen Erlebnisse waren nur wie ein herrlich angenehmer Sog, der die Woge, die ihn zu Margaret trieb, sich nur noch stärker aufrichten ließ. Die Arbeit wurde zu einem Hindernis, wurde ein Fels, der den Berg hochgerollt werden und nicht geduldig analysiert werden mußte. Und doch hatte er Himmel und Erde in Bewegung gesetzt, die Zeitpläne der anderen so manipuliert, daß er als einziger in der Firma Zeit hatte für diese Reise ins Mittelmeer. Und er hatte einen Punkt erreicht, an dem er über diese Reise nicht mehr hinausdenken konnte und wollte: über diesen Urlaub, über die Nächte mit Margaret... vielleicht würde es zu einer Entscheidung kommen oder zu einer Offenbarung. Dann dieser Taumel, diese ungeheuere Freude am Flughafen, die Ankunft, im Bett mit Margaret, Mrs. Owen, Thea, das unselige Fax, Margarets deprimierende Ankündigung, der Stein, Murray, der undurchsichtige Maifredi. Das alles hatte zu einer Art Schwindel geführt. Er spürte plötzlich überall in sich ein ganzes Netz von Rissen, feine Haarrisse, aufbrechen. Er konnte sich nicht bewegen. Als ob das, was von seinem alten Lebensmuster noch übrig war, einfach hier zu Ende ging. In der Lobby eines Hotels, die ihm eigentlich völlig vertraut hätte sein müssen. Das Wabern des Zigarettenrauchs an der Tür. Die Ankunft und die Abreise von Leuten mit Aktenkoffern und Zeitungen. Das gleichmäßige Läuten des Telefons auf der Granitplatte und die selbstgewisse monotone Formel, mit der die Leute am Empfang sich meldeten. Er fühlte sich ganz verloren.

Ein Schatten huschte direkt hinter seinem Sessel vorbei. Dann ein hoher leiser Ruf. Hingezischt. Ein australischer Akzent: »Wendy bitte!« Nicht mehr als einen Meter von ihm entfernt. Er wurde sofort aus seiner Verwirrung in die Wirklichkeit zurückgeholt. Als die Aufzugtür an der anderen Seite der Lobby gerade zuging, stand er auf und ging mit raschen Schritten hinüber. Die Metalltür glitt hinter ihm zu. »Ich habe es gesehen«, ging es ihm durchs Gedächtnis. »Laß uns laufen.«

In seinem Zimmer fand er Margarets Nachricht auf dem Schreibtisch. »BIN AM STRAND.« Außerdem lag da noch ein neues Fax in einem offenen Umschlag. Seine Frau schickte Faxe, weil sie sich gerne die Peinlichkeit der Situation ausmalte, die dadurch entstand, daß die Leute am Empfang und der Zimmerservice die Sachen lesen konnten. Sie schuf immer wieder dramatische Anlässe. Sie ging auf in diesen Sachen. Und natürlich würde sie es als Niederlage empfinden, wenn sie ihn anrufen würde anstatt daß umgekehrt er sie anriefe. Auf dem neuen Fax stand: »Peter warum hast du nicht angerufen? Bitte! Ich bin schon fast im vierten Monat. Sogar Murray hat mehr Verständnis.« Er knüllte das Blatt zusammen, warf es in den Papierkorb und zog rasch die leichten Strandsachen an, die Margaret für ihn auf das Bett gelegt hatte.

Es klopfte an der Tür. Nach einer Pause klopfte es noch einmal. Dann wieder diese Stimme, der starke Akzent, dieser bestimmte klagende Ton. »Bitte, Mr. Nicholson, ich möchte mit Ihnen reden.«

Er zog die Hose über seine Badehose hoch und bat die Frau ins Zimmer.

Sie war offensichtlich ganz ruhig und gefaßt, besaß diese zweckgerichtete Konzentration, mit der vielbeschäftigte Mütter sich in Supermärkten bewegen.

»Guten Tag, Mrs. Owen.«

Sie machte ein paar Schritte ins Zimmer. »Sie weichen mir immer aus.«

»Nein, überhaupt nicht.«

»Doch.«

»Nein, wirklich nicht. Ich hab Sie heute ein paarmal gesehen, aber es war irgendwie nie der richtige Augenblick zum Reden.«

»Das spielt keine Rolle«, sagte sie. »Es ist jetzt so, daß ich übermorgen nach Hause fahre, und ich will vorher diese Sache klären.«

»Was genau wollen Sie denn klären?«

»Wer für den Tod meines Mannes verantwortlich ist.«

Er seufzte. »Und was wollen Sie dann machen, wenn Sie das herausgefunden haben, falls Sie es herausfinden?«

Sie machte eine ungeduldige Bewegung. »Das ist meine Sache.«

Er sagte, im Kühlschrank, der neben dem Bett stand, seien kalte Getränke, und ob sie sich nicht setzen und etwas trinken wolle. »Ich habe mir die Unterlagen angeschaut, die Sie mir gegeben haben«, sagte er.

Sie setzte sich auf den Stuhl am Schreibtisch. Ihr großflächiges, kantiges Gesicht, das weite Kleid, das kurze ungewaschene Haar – das alles hatte etwas unendlich Alltägliches und Unansehnliches. Aber wenigstens war sie nüchtern und sachlich.

»Und?«

»Es ist ein ziemliches Durcheinander«, sagte er.

»Aber es war richtig, daß ich hierher gekommen bin. Alles deutet klar darauf hin, daß die Verantwortung bei den Leuten hier unten liegt.«

Er suchte nach einer Formulierung, die nicht zu herablassend klang, und sagte: »Diese Gutachten, die Sie gelesen haben, sind wahrscheinlich unter dem Gesichtspunkt angefertigt worden, daß man von dem Plattenlieferanten eine große Geldsumme als Ausgleich für Verzögerungen bei der Fertigstellung des Gebäudes fordern wollte, Verzögerungen, die hauptsächlich auf Konstruktionsmängel bei der Verschalung zurückgehen und auf die Weigerung der Gewerkschaften, mit Material zu arbeiten, dem sie nicht trauten.«

»Weil das Material brüchig war, verdammt noch mal! Jerry hat das gewußt. Es gibt jede Menge Fotos. Weil die Leute hier zuviel Sprengstoff verwenden.«

Er sagte, sie solle die Dinge, die sie gelesen und gehört habe, mit Vorsicht behandeln. Sie solle nicht zu leichtgläubig sein. »Sehen Sie, wenn die Baufirma Erfahrung im Umgang mit Granit gehabt hätte, dann hätte man diese Mikrobrüche als vollkommen normal eingestuft. Sie entstehen durch Spannungsabbau in den ersten ein oder zwei Monaten nach dem Schneiden und stabilisieren sich dann, vorausgesetzt, daß sie keiner zu großen Belastung unterworfen werden. Da die fraglichen Brüche nicht in einer Richtung verlaufen und im allgemeinen an den Rändern der Quarzkristalle enden, stellen sie kein wirklich ernstes Problem dar, wenn man richtig mit ihnen umgeht. Es gibt keinen Grund, warum eine Platte wegen dieser Mikrobrüche brechen sollte. Falls die Platten anständig montiert werden.«

Sie schaute ihn mit weiten Augen an.

»Fassadenverkleidungen mit Qualitätsstein sind jetzt groß in Mode, Mrs. Owen. Alle machen das jetzt. Alle wollen, daß an den vierzigsten oder fünfzigsten Stockwerken ihrer Bürohäuser griechischer oder italienischer Marmor oder Granit prangt. In Los Angeles, Tokio, wo auch immer. Das Unternehmen hier liefert jetzt gleichzeitig auch Steine für ein ansehnliches Projekt in Seattle, ohne daß es dabei die geringsten Probleme gibt. Es ist einfach so, daß leider nicht jeder die Zeit gehabt hat zu lernen, wie man mit dem Zeug umgeht.«

Sie sagte: »Mein Mann ist tot. Ich will wissen, warum.«

Nach einem Augenblick des Schweigens sagte er: »Vielleicht ist das eher Ihr persönliches Problem als eine Frage für einen Geologen oder einen Bauingenieur, Mrs. Owen.«

Sie brach ganz unerwartet in Tränen aus. Sie krümmte sich auf dem Stuhl nach vorne, bebte am ganzen Körper und schluchzte lautlos. Peter ging zu einem Wandbrett über dem Kühlschrank. Auf dem Brett standen Flaschen, deren merkwürdiger Inhalt ihm nicht vertraut war. Dann nahm er eine, die nach Weinbrand aussah. Er schenkte zwei staubige Gläser voll und stellte eines vor Mrs. Owen auf den Tisch. Während er einen Schluck trank, huschte für einen kurzen Augenblick das Bild von Theas Körper an ihm vorbei, so als überlagere ihr Körper den Körper Margarets, die am Strand unter der jetzt schräg stehenden Sonne und den länger werdenden Schatten der grünen und orangefarbenen Sonnenschirme lag. Aber er hatte das Gefühl, daß er die Situation jetzt wieder ganz beherrschte.

»Entschuldigung«, sagte er. »Das war nicht schön von mir.«

Sie nahm sich zusammen, suchte nach einem Taschentuch. Die Bewegungen und Gesten waren so vertraut. Wie in dem Augenblick, als sie in ihrer Handtasche herumkramte und das Foto suchte, oder wie gerade erst vorhin, als sie mit dieser Supermarktsturheit ins Zimmer gekommen war. Es lag nicht so sehr daran, daß sie ihn an seine Frau erinnerte, sondern daß sich die ganze Zeit diese Kurzschlüsse ereigneten, diese Überlagerungen. Wie einzigartig konnten die Menschen schon sein, wenn es so viele von ihnen gab? Und er sah darin eine Möglichkeit, Schuld zu mindern.

Er setzte sich, trank und fragte leise: »Das abgebrochene Stück Zahn bei Ihrem Mann. Wie ist denn das passiert?«

»Wie bitte?«

»Ihr Mann. Jerry. An einem seiner Schneidezähne war ein Stück abgebrochen. Ich hab mich gefragt, wie das passiert ist. Entschuldigung, es ist eine lächerliche Frage.«

»Nein«, sagte sie lachend. Sie fand anscheinend Erleichterung darin. »Glauben Sie es mir, wenn ich Ihnen sage, daß ich das war? Wir haben Squash gespielt. Und ich war wütend, weil ich am Verlieren war. Ich hab zu einem wilden Schlag ausgeholt. Nicht absichtlich oder so. Und ich hab ihn am Mund getroffen.«

Peter sagte: »Bei mir ist es passiert, als ich zehn war und mir jemand den Kopf auf eine Rutschbahn gedrückt hat.«

Sie lächelte. »Mir ist das noch gar nicht aufgefallen, daß Ihnen auch ein Stück Zahn fehlt.«

Wie die meisten Leute sah Mrs. Owen anziehender aus, wenn sie lächelte. Das genormte, moderne Hotelzimmer war plötzlich von einer unerwarteten angenehmen Intimität erfüllt.

»Meine Frau«, sagte er, »achtet immer auf alles, was an irgendwelchen Gebissen nicht stimmt. Das treibt mich zum

Wahnsinn. Man hat jemanden zum Abendessen da, und sie sagt: ›Zwei Kronen und eine Brücke in seinem Alter! Der wird bald völlig auseinanderfallen.‹ «

Sie lachte, aber ihre Stimme klang immer noch verändert. Sie hatte vom Weinen immer noch eine verstopfte Nase. »Jerry achtete immer auf Augen. Er sagte, daß man als Monteur absolut erstklassige Augen braucht. Man muß einen Winkel lesen können wie ein Buch.« Dann sagte sie: »Aber die Frau, mit der Sie hier sind, ist nicht Ihre Frau, Mr. Nicholson.«

»Nein.« Obwohl er sie bis zu dem Augenblick, in dem sie in Tränen ausbrach, einfach nur hatte loswerden wollen, sagte er jetzt zu ihr, sie könne ihn Peter nennen.

»Und ich heiße Hazel.«

Er lachte. »Sehr angenehm, Hazel.« Dann ging ihm durch den Kopf, daß seine gute Laune sich lediglich dem Wein verdanke, den er zum Essen getrunken hatte, dem Champagner, den Thea in ihrem Kühlschrank hatte, den beiden ansehnlichen Gins von Maifredi und jetzt diesem Glas Weinbrand.

»Und?«

»Und was? Ich bin hier mit Margaret, das ist alles.«

Es funkelte in ihren Augen. »Ich habe mir eben bloß gedacht, daß ein Mann, der seine Frau betrügt, eigentlich nicht verstehen kann, wie es mir mit Jerry geht. Wie zornig ich bin. Wenn sie mir eine Entschädigung anbieten. Wenn sie sagen, ich soll mir einen anderen Mann suchen, solange ich noch jung bin. Wegen meiner Tochter. Im Moment geht es mir so, daß diese... diese... Suche nach dem, der ihn auf dem Gewissen hat, der für seinen Tod verantwortlich ist... im Moment ist das der einzige Grund, der mich am Leben hält. Ich kann mir überhaupt nicht vorstellen, daß ich Jerry durch jemand andern ersetzen könnte. Er war unersetzlich. Und wenn ich einen Mann sehe, der ganz locker und fröhlich seine Frau betrügt, weil er auf Geschäftsreise ist, dann seh ich nicht, wie der überhaupt etwas von dem verstehen soll, was mich bewegt. Und er wird höchstwahrscheinlich auch nicht besonders hilfsbereit sein.«

Peter konnte nichts dazu sagen. Obwohl er natürlich wußte, was er dachte. Man konnte nicht über jedes Fossil weinen. Nur die, die einem nahestanden, waren etwas Besonderes. Dem Rest gegenüber konnte man vollkommen gleichgültig bleiben. Sich auch gleichgültig verhalten. Sonst würde man jedem Bettler auf der Straße etwas geben, jedes Gehalt an Oxfam schicken. Jerry Owen war nur einer von vielen. Er sagte: »Ich liebe übrigens Margaret sehr. Vielleicht verstehe ich dadurch besser, was Sie meinen.«

»Und trotzdem flirten Sie den ganzen Vormittag mit dieser Frau, die Sie herumführt. Wenigstens kommt es mir so vor.«

Peter öffnete den Mund und seufzte dann. »Margaret verläßt mich, wenn wir wieder zu Hause sind.«

»Das hat sie mir auch gesagt.«

»Wenn Sie schon alles wissen, dann hat es wohl kaum Sinn, darüber zu reden.«

»Ich versteh einfach nicht, warum Sie beide nicht zusammenbleiben, wenn Sie so sehr verliebt ineinander sind, wie sie sagt.«

Er spürte, wie seine Stimme kälter wurde. »Weil ich, wie sie Ihnen wahrscheinlich gesagt hat, zwei Kinder habe und eine Frau, die anscheinend ein drittes erwartet. Margaret ist nicht dumm. Und ich auch nicht.«

»Aber was ist mit Ihrer Frau? Wenn Sie Ihre Frau verlassen würden, dann hätte sie eine Chance, sich jemand andern zu suchen.«

»Sie will sich niemand andern suchen.«

»Sie würde das aber wollen, wenn sie wüßte, was Sie hier unten tun.« Die Australierin setzte hinzu: »Ich finde immer, es ist am besten, wenn man klare Verhältnisse schafft und jeder vom andern weiß, wo er steht. Es ist ja so...«

»Mrs. Owen, wenn Sie meinen, daß ich ihre Einstellung nicht verstehen kann, dann tun Sie bitte nicht so, als könnten Sie meine verstehen.«

»Hazel«, sagte sie ganz ruhig.

»Hazel«, sagte er und bemühte sich um einen konzilianten

Ton. Aber wenn er nicht so unfreundlich gewesen wäre, dann wäre etwas in ihm einfach dahingeschmolzen.

Sie schwiegen kurze Zeit. Dann sagte sie: »Es ist einfach traurig. Auch für Sie.«

Er wollte das ganze damit beenden und setzte ein gekünsteltes Lächeln auf: »Nichts Neues also?«

»Aber ich glaube, wenn Sie, wenn Sie...«

»Was?« schnauzte er fast.

»Verstehen Sie, ich glaube, die Liebe kann Berge versetzen. Wenn Sie... wenn Sie...«

»Ich glaube das nicht. Berge bewegen sich nur als ein Ergebnis isostatischen Ausgleichs über einen Zeitraum von einigen Millionen Jahren hinweg.«

»Wie können Sie denn nur so kalt sein?«

Er zuckte die Achseln. »Ich weiß, was passiert, wenn Berge sich bewegen.«

Sie versuchte, ihn mit ihrem Blick zu etwas zu bewegen. Ein sehr wirklicher, sehr spürbarer Druck ging von diesem langen Blick aus. Sie sagte: »Ich hab ihr jedenfalls gesagt, sie soll sich wie verrückt an Sie klammern, wenn sie Sie liebt.«

Peter fuhr sich mit der Hand durchs Haar und schüttelte dann den Kopf. Das war zuviel. »Vielleicht so, wie Sie sich an Ihren Mann klammern«, sagte er.

Sie sagten lange nichts, solange, daß er ihren Atem hören konnte. Dann sagte sie: »Ich bin gekommen, weil ich Ihnen sagen wollte, daß ich übermorgen abreise. Könnte ich bitte meine Papiere und die ganzen Sachen wiederhaben?«

Natürlich könne sie das, sagte er. »Ich würde nur gerne das Plattenstück noch ein bißchen behalten, wenn das okay ist.«

Sie war sofort wieder ganz bei der Sache.

»Also ist da doch etwas?«

Er zuckte die Achseln.

»Ist da etwas?«

Sie schauten sich an. Er saß immer noch auf der Bettkante und hielt das leere Glas in der Hand. Ihre Erregung hatte etwas Beunruhigendes. Aber was sollte das Ganze?

»Sagen Sie mal«, sagte er. »Sind Sie ganz sicher, daß das der Stein ist, durch den Ihr Mann ums Leben gekommen ist?«

»Ja, natürlich.«

»Woher wollen Sie das denn wissen?«

»Ich bin eine halbe Stunde, nachdem es passiert ist, auf die Baustelle gekommen. Er lag immer noch auf dem Gerüst. Und das Blut ist auch auf dem Stein. Ich hab ihn als Andenken mitgenommen.«

»Aber wurde der Stein denn nicht für die gerichtliche Untersuchung gebraucht?«

»Sie haben gesagt, das sei nicht nötig. Was ist denn damit?« wollte sie wissen.

»Irgendwas ist komisch daran, das ist alles.«

»Und was ist komisch daran?«

»Na ja«, sagte er zögernd. »Der Stein stammt nicht aus dem Steinbruch, den ich mir hier angeschaut habe. Und es ist nicht derselbe Stein wie die Blöcke, die sie in der Halle schneiden.«

Sie lachte schon, bevor der lange Schatten seines Körpers auf sie fiel. Wie ein Kind, das weiß, daß es gleich gekitzelt wird. Er spürte ein Schuldgefühl in sich aufsteigen und dann sofort, als er in den Bann ihrer Nähe geriet, auch ein starkes Verlangen. Das wurde ihm so deutlich wie noch nie zuvor. Als trete er in das Magnetfeld seines ureigensten Magnetsteins ein. Wenn er für immer hierbleiben könnte, dann wäre alles gut. Oder vielleicht auch, wenn er sie nie gefunden hätte. Das Schuldgefühl, und die Erregung, lag in dem Hin und Her, mit dem er in das Magnetfeld eintrat und es wieder verließ.

Um sieben Uhr leerte sich der Strand. Die Badegäste machten sich auf den Heimweg und wühlten mit ihren Füßen den Sand auf. In kleinen Traktoren fuhren Männer herum und reinigten den Sand von Schutt und Abfall. Diese dauernde kosmetische Anstrengung. Die Verliebten küßten und umarmten sich und gingen ans Wasser hinunter.

»Hast du Anna angerufen?« fragte sie sofort. Das war etwas, das aus dem Weg geräumt werden mußte: etwas Fremdes, ein

Gewicht, mit dem sie ihren Kopf nicht belasten wollte. Deshalb sagte er, daß er angerufen und sie beruhigt habe. »Aber dann hat mich Mrs. Australien aufgehalten.«

Margaret lachte. »Sie tut mir so leid. Sie hat mir den ganzen Nachmittag lang einen Vortrag darüber gehalten, daß ich eine Affäre mir dir habe. Sie ist einsam.«

Sie kamen ans Wasser.

»Sie sagt, sie hätte dir gesagt, du solltest dich wie verrückt an mich klammern.«

»Ja, das stimmt.«

»Und was hast du dazu gesagt?«

Margarets Badeanzug betonte die Schönheit ihrer Taille, ihrer Brüste und ihres Halses, aber man nahm auch ihre etwas dicken Schenkel und Knöchel wahr, eine leichte Neigung zu Krampfadern. Sie hatte sich das Haar hochgesteckt, und es glänzte wie poliertes Kupfer.

»Sie bezieht alles nur auf ihren Mann. Ich hab versucht, freundlich zu sein.«

Wieder stiegen seine Gefühle mit unglaublicher Macht in ihm auf. In seinem Kopf brachen gewohnte Denkmuster, starre Gedankenstrukturen ein. Und überwältigt von einem Verlangen, das über das Verlangen hinaus wollte, wandte er sich ihr zu und umarmte sie. Sein Mund fand ihren Mund.

»Wofür war das denn?« fragte sie.

»Du bist so klug«, gab er ihr zur Antwort.

»Ich geb dir die Adresse des Prüfungsausschusses«, sagte sie lachend. Doch auch sie stand zwischen zwei Leben, wartete auf Ergebnisse. Alles hing von irgendwelchen Ergebnissen ab. Danach würde das Leben wieder weitergehen. Sie wollte im Ausland arbeiten, Europa kennenlernen, Amerika. Diese Liebe war eine Last für sie. Das hatte sie schon zweimal gesagt, wenn auch mit feucht schimmernden Augen.

Sie gingen ins Wasser, das lauwarm und ganz ruhig war. Über dem Horizont erhob sich eine Vulkaninsel. Er hoffte, noch die Zeit zu finden, die Insel zu besuchen. Margaret bespritzte ihn, ließ sich ins Wasser gleiten und schwamm nach draußen. Er folgte ihr, ließ sich vom leichten Schock des Eintauchens nicht abschrecken, und draußen, etwa hundert Meter vom Ufer entfernt, traten sie Wasser und schauten zur Insel zurück. Sahen das zerklüftete Profil der Berge über der Bucht, alle die feinen Einzelheiten der Vegetation, die natürlichen und die von Menschen stammenden, sahen Farbschattierungen und Muster und dann die Villen, die Kirchen, Unterbrechungen an Stellen, an denen eine Straße war, eine Telefonleitung, ein Bahngleis, unendliche Variationen – und alles verschwand plötzlich, wurde zu einer harten Silhouette, als die Sonne hinter den Zacken der Bergrücken verschwand und dahinter weiterglühte. Wie aus dem Licht herausgeschnitten, dachte er.

Und er sagte zu ihr: »Du bist übrigens ziemlich braun geworden.«

»Das will ich auch hoffen.«

»Du bist eine Art brauner Jaspis.«

»Schön, daß dir das auffällt.«

»Poliert natürlich.«

»Natürlich.«

»Sogar verkäuflich.«

»Nie im Leben.« Sie schüttelte den Kopf. »Womit sollte man ihn denn bezahlen?«

»In Naturalien vielleicht?«

Sie küßten sich. Es schmeckte salzig. Dann fing sie an zu schwimmen, tauchte unter und verschwand. Jetzt, wo er sich von dem scharfen Umriß der Landschaft abwandte, erschien ihm das Meer im Gegensatz dazu vollkommen ungegliedert, einförmig, schwach leuchtend in der Dämmerung, die jetzt plötzlich eingesetzt hatte. Die riesige Oberfläche des Wassers, dem alles – Sand und Steine – unterworfen war, lag eintönig da, reglos und flach, abgesehen von der Rundung des Planeten. Das Land und das Meer; man brauchte nur den Kopf zu wenden. Das eine Original unter den vielen Kopien in Maifredis Regalen. Jerry Owen auf seinem Foto – lebendig und tot. Wie diese Gegensätze nacheinander verlangten. Ohne Verrat gäbe es keine Treue.

Es spritzte, als sie wieder aus dem Wasser auftauchte und ihr kupferfarbenes Haar zurückwarf. Der Horizont zersplitterte in einem Schauer feiner Tröpfchen. Und sie küßten sich wieder. Etwas unbeholfen, weil sie strampeln mußten, um sich über Wasser zu halten.

»Eine kleine Anzahlung«, flüsterte er.

»Mit der Aussicht auf mehr, oder ist das nur eine winzige Ablagerung?«

Aber er wollte sich nicht auf dieses Spiel einlassen, wollte etwas sagen, das vielleicht wichtig war. Nur daß eben seine Gefühle sich immer weniger ausdrücken ließen. Was gäbe es denn zu sagen? Gab es ein Geständnis abzulegen? Ein Versprechen zu machen? Ein Versprechen, etwas Bestimmtes zu tun? Sich aus dem Gestein zu lösen, aus dem bindenden Gitter von Haus und Kindern. Er begriff, daß er Margaret vor allem deshalb betrogen hatte, weil er etwas zerstören wollte, das so schön war, daß es gefährlich wurde.

Lachend schwamm sie wieder von ihm fort. Sie konnte besser schwimmen als er. Wieder tauchte sie unter. Alleine draußen auf dem abendlichen Meer hörte er das Tuckern der Traktoren, die den Strand saubermachten, die Rufe von Jugendlichen, die hinter einem Ball herliefen, dann ein Dröhnen, das zwar schwach war, aber deutlicher wurde. Er drehte sich herum und ließ den Blick über den Horizont schweifen. Aber da konnte er nichts entdecken. Das Dröhnen wurde allerdings immer lauter. Bis ein dunkler Fleck sich drüben aus der Silhouette des Vulkans löste und auf das Ufer zuraste. Ein Motorboot. Margaret tauchte zwanzig Meter weiter draußen wieder auf. Sie bildeten eine Linie: das Rennboot, das Mädchen, er. Er rief ihr etwas zu, als sie sich einen Augenblick lang verwirrt umsah. Aber das Dröhnen war zu einem Brüllen geworden, das sehr schnell näher kam. Wie aus dem Nichts: Poseidons Rosse, die durch die monotone Oberfläche des Wassers hervorbrachen. Um zu vergewaltigen. Margaret sah das Boot und tauchte unter. Peter war wie gelähmt. Der Bug, der hoch nach oben ragte, und eine riesige Masse aufgewühlten dunklen

Wassers rasten direkt auf ihn zu. Panische Angst überkam ihn, er schlug mit verzweifelten Bewegungen um sich. Das Boot raste nur ein paar Meter entfernt an ihm vorbei. Ein Junge und ein Mädchen waren in dem Boot, Arm in Arm. Sie lachten in den Sprühregen, der ihnen entgegenkam.

Später, im Restaurant des Hotels, lachten sie selber darüber, was die Leute wohl gedacht hätten, wenn das Schlimmste passiert wäre. Die Vorstellung, bei einem Unfall ums Leben zu kommen und dann gefunden zu werden, barg eine seltsame Befriedigung. So etwas half Frauen leichter über den Verlust hinweg. Man ließ etwas fallen, und es zerbrach, aber dann entdeckte man, daß es innerlich ohnehin schon verdorben war. Und man dachte: »Na ja.« Er kicherte. »Stell dir mal vor, Mrs. Australien hätte entdeckt, daß ihr Typ eine homosexuelle Beziehung zu einem seiner Monteure gehabt hätte. Was für eine Erlösung! Sie würde das Geld von der Versicherung nehmen, und basta!« Sie lachten laut. Obwohl sie wußten, daß der wirkliche Grund für ihre Freude an dieser Vorstellung woanders lag. Er hatte damit zu tun, daß etwas aufkam, daß man aber entlastet und wieder freigesetzt wurde. Losgelöst, befreit von der Kompliziertheit des Lebens, würde Anna ihn so sehen, wie er war. Die Platte zerbrach, und alle die kleinen Teilchen des Aggregats wurden aus seiner einengenden Umarmung befreit. Oder wenn eine Familie sich auflöst und alle wieder atmen und bedauern können. Peter aß schnell und bestellte mehr als sonst. Als das Eis kam, sagte er zu Margaret, sie solle sich einen Finger zwischen die Beine und dann in seinen Mund schieben. »Ich möchte alles wenigstens noch einmal probiert haben«, sagte er zur Erklärung.

Tag vier

In dieser Nacht taten die Zensoren ihr Werk. Er erinnerte sich an nichts. Aber es gelang ihnen nicht, ihm einzureden, daß es nichts zum Erinnern gab. Er wachte mit dem Gefühl auf, er sei von tiefer Dunkelheit ausgespuckt worden, sei der Splitter einer ungeheuren Explosion. Er versuchte mit Gewalt, wieder dahin zurückzukommen, wo er gewesen war. Aber er prallte nur gegen einen dunklen Spiegel. Es gab nichts, außer seinem tastenden Suchen.

Vorsichtig, weil er nicht stören wollte, stand er jetzt schon den dritten Morgen hintereinander auf, stand in dem Hotelzimmer, sah das Morgenlicht auf den Terrakottafliesen, schaute zur Straße auf die Schuppenbögen des Porphyrpflasters hinunter, wo ein Reinigungsfahrzeug langsam mit seinen Bürsten dahinbrummte. In seinem Traum war vielleicht auch eine Maschine vorgekommen. Das Geräusch einer Maschine. Aber das war Spekulation.

Er saß an dem wackligen Hotelschreibtisch und dachte wieder an das Gutachten, für dessen Anfertigung er bezahlt wurde. Als er den Epson-Laptop aufklappte, sah er, daß Margaret auf dem Bildschirm eine Nachricht hinterlassen hatte: »Hab keine Angst um mich und keine Angst vor mir, ich liebe dich.« Er kniff die Augen zusammen und schob eine Diskette ein. Dann fuhr er da fort, wo er aufgehört hatte:

»Das Unternehmen ist eine Aktiengesellschaft, ein halbstaatliches Unternehmen. Es wird im Grunde von der Regionalverwaltung geleitet. Das Ergebnis davon ist, daß die Arbeiter im großen und ganzen eine Arbeitshaltung an den Tag legen, die sich mit der Produktion hochwertiger Produkte nicht vereinbaren läßt. Während des Besuchs ist auf den verschiedenen Stadien der Bearbeitung eine gewisse Sorglosigkeit der Arbeiter aufgefallen. Das ist nicht anders zu erwarten, da die Einstellung der Beschäftigten, ebenso wie ihre Entlassung und/oder gewisse Sanktionsmaßnahmen, von politischen Überlegungen geleitet werden. Das stellt ein ernstes Problem für das mittlere Management eines Unternehmens dar, das über wenig wirksame Kontrollmöglichkeiten verfügt. Besonders aufgefallen sind folgende Probleme:

1. Die verschiedenen Toleranzen der Endprodukte schienen für die Arbeiter, die mit dem Schneiden und Polieren der Platten befaßt sind, zu großzügig zu sein. Statt sich bei ihrer Arbeit an den Toleranzen zu orientieren, hatte es den Anschein, sie würden diese Toleranzen ablehnen.
2. Nach Inspektion einiger Platten während und nach der Bearbeitung läßt sich sagen, daß die Qualität und der Grad der Politur zu wünschen übrigließen. Die Ursache dafür lag vermutlich im Einsatz ungeeigneter Schleifmittel (zu grobkörnig, weil man die Qualität dem Tempo opferte) und in einer unkorrekten Arbeitshaltung.
3. Die Überprüfung der Platten auf Risse und Sprünge wurde nur oberflächlich durchgeführt. Von einigen Arbeitern wurden Platten mit offensichtlichen Sprüngen als einwandfrei akzeptiert; sie bemerkten die Fehler erst nach meiner Intervention.
4. Einige Platten, deren Stärke als einwandfrei akzeptiert worden war, wurden erst nach meiner Intervention aussortiert, weil sie die zulässigen Toleranzen deutlich unterschritten.
5. Die Bohrungen für die Montage etc. befanden sich bei einigen Platten so weit neben ihrer korrekten Position, daß die Abweichung mit bloßem Auge zu sehen war, noch bevor mit Meßgeräten nachgeprüft wurde.

6. Die Maschinen, die zum Bohren von Löchern und Rillen eingesetzt werden, weisen Konstruktionsfehler auf. Der Gutachtende hat den Eindruck gewonnen, daß es mehr oder weniger unmöglich ist, mit der gegenwärtigen Einrichtung der Maschinen die erforderlichen Toleranzen einzuhalten.
7. Was die Probleme im Zusammenhang mit dem Bohren der Löcher betrifft, ist es wichtig zu erwähnen, daß – bedenkt man den Durchmesser der Bohrlöcher und das Vorhandensein von Mikrobrüchen zwischen Quarz- und Feldspatkristallen – jedes Loch, das an einer Stelle gebohrt wird, an der diese Mineralkristalle besonders häufig vorhanden sind, wahrscheinlich zu einer Beschädigung der Platte führen wird.«

Als er den Epson wieder zuklappte, dachte er daran, daß er dafür bezahlt wurde, die halbe Geschichte zu erzählen. Es lag in der Natur dieses Tauschhandels, daß man nur einen Teil aufdeckte, von dem jemand anders auf ein Ganzes schloß. Sicher würden diese vagen Kommentare vor Gericht keine entscheidende Rolle spielen. Aber die beschädigte Platte, die die Australierin mitgebracht hatte, lehnte neben ihm am Schreibtisch. Er nahm sie aus ihrer Plastiktüte und achtete darauf, daß er die Flecken und die Stelle, an der das Stück Haut und die Haare hingen, nicht berührte. Als er mit dem Finger über die schartige Kante fuhr, löste sich ein braunes Plättchen Biotit und fiel mit einem hellen Geräusch auf den Boden. Die Farbe des Steins mußte ja fast identisch sein, aber wenn man genauer hinschaute, sah man, daß sie auf eine ganz andere Weise zustandegekommen war. Die Feldspatkristalle waren deutlich kleiner, wodurch das Gestein weniger porphyrisch aussah als das, das er im Steinbruch von Palinu gesehen hatte. Die Orientierung war gleichmäßiger, und Reihen von länglichen Flokken waren über die Platte verteilt, was darauf hindeutete, daß dieser Stein vom äußersten Rand eines Plutons stammte. Er suchte seine Lupe und bewegte sie über den Stein. In der Umgebung der Biotitkörner gab es deutliche Spuren von Verwitterung.

Draußen mußte die Sonne über den Horizont oder ein Hausdach gestiegen sein. Einzelheiten zeichneten sich scharf ab, und in einem schrägen Lichtstrahl wirbelte Staub über dem Fenstersims. Er ging mit der Platte ans Fenster und ließ das Licht auf der polierten grauen Oberfläche explodieren. Unter seiner Linse tanzten alle möglichen Farben zur Melodie des Lichts. Gelbe Körner und grüne, eine Spur Hornblendit vielleicht, ein winziger malvenfarbener Turmalin. Tausende und aber Tausende von kleinen Teilchen. Und die Berge bestanden aus nichts anderem.

Er stand kopfschüttelnd auf, sah nach, ob Margaret immer noch schlief, ging nach unten und bat das Mädchen am Empfang, ihm eine Leitung in der Zelle im Korridor freizumachen.

»Für Sie ist ein Briefumschlag da«, sagte das Mädchen. Er nahm den Umschlag, las den Namen der Firma, ging dann in die Zelle und wählte. Während er auf die Verbindung wartete, betrachtete er den Fußboden und fragte sich, ob es eigentlich nie jemanden störte, daß alles imitiert und manipuliert wurde: hier ein kompakter, rötlicher Kalkstein mit Styolithen durch ganz offenkundig zweitklassige Keramik.

Das suchende elektrische Tipp-Tapp fand im Labyrinth der Schaltwege sein Ziel. Es klingelte. Er trommelte mit den Fingern auf den Umschlag, tastete nach Form und Größe des Inhalts und klemmte sich dann – einer plötzlichen Ahnung folgend – den Hörer zwischen Kinn und Kragen und riß den Umschlag auf. »Hallo?« In der Stimme seiner Frau lag die Ungeschütztheit von jemandem, der aus dem Schlaf gerissen worden ist. Er hatte vergessen, daß es auch noch eine Stunde Zeitunterschied gab. »Hallo, wer ist denn da?« Er war ganz starr und hielt den Hörer fest. »Wer ist denn da bitte?« Er drückte mit dem Finger auf die Gabel. In der anderen Hand hielt er ein dünnes Bündel Geldscheine.

Sedimentgestein bedeckt zwei Drittel der Erdoberfläche, macht aber nur einen winzigen Bruchteil ihres Gewichts und ihres Volumens aus. Der Schutt ist in Bewegung, die Klasten, die verweste organische Materie, aufgelöste und ausgefallene chemische Stoffe. Schichtflächen sind komprimiert, verfestigt, zu einem Berg oder Tal gebogen – schön oder unfruchtbar –, bis die langsame Kontinentalverschiebung sie zu einer Plattengrenze unter dem Meer trägt, wo sie wieder in den Basalt und den Mantel zurückgesogen werden, schmelzen, formlos werden, keiner Untersuchung mehr zugänglich, nur noch Reue und Bedauern sind. Und die Sonne, dachte Peter in dem Wagen, den sie ihm wieder geschickt hatten, war auch so ein alles bestimmender Faktor, den man nicht anschauen konnte. Nur die Dinge, die sich davor abzeichneten. Das alltägliche, sedimentäre Leben. Die Ablagerungen.

Aber Granit war kein Sedimentgestein. Er stieg direkt aus dem Zentrum auf: eine Intrusion von außergewöhnlicher Hitze und Intensität, die sich ihre Bahn durch die Erdkruste brach und dabei alles um sich herum verwandelte. Am Ende allerdings gewann immer die Oberfläche, verwandelte sich alles an. Die Intrusion kühlte ab und verwitterte, und das verwitterte Gestein gab seine Minerale an den Boden ab, wurde zu Pflanzen, zu einem Baum, einem Kind oder wurde in einem Steinbruch abgebaut und zur Wand eines Kinderzimmers verarbeitet oder zur Hackplatte eines Metzgers. Peter hatte den tödlichen Stein in seinem Koffer, als er aus dem Fenster auf die Sonne hinausschaute, auf die Hügel, die er schon so oft angeschaut hatte. Heute fiel ihm ein primitiver runder Turm auf, der steil auf einem Hang über ihm aufragte. Mehr als tausend Jahre vor Christus, hatte es darüber in der Broschüre der Fluglinie geheißen. Kaum ein Atom auf der geologischen Zeitskala.

Thea wartete in ihrem Wagen. Als sie ausstieg, sah er, daß sie Jeans und ein hübsches Jackett trug, die alles an ihr gleichzeitig betonten und formten. Er hatte noch nie mit einer so schönen Frau geschlafen. Es war nie so leicht, so locker, so wie eine zufällige Laune gewesen. Und doch war es, als wäre er überhaupt nie in sie eingedrungen, als hätte er sie nie wirklich berührt. Es gab hier an diesem Morgen nichts, außer ihrer Arbeit, das sie miteinander verbunden hätte. In zwei oder drei Tagen wäre er wieder bei der Frau, die er nicht angerufen hatte, nachdem sie ihm ihre Schwangerschaft verkündet und ihm (vielleicht absichtlich) seine sorgfältig geplante Reise verdorben hatte. Als ob sie etwas wüßte. Und obwohl dieser Vorwurf sich schwerlich gegen Hazel Owen erheben ließ, hatte die Mischung von totem Mann, beschädigtem Zahn und Schrei nach Gerechtigkeit ziemlich dieselbe Wirkung. Warum hatte er mit Thea geschlafen? Man konnte wohl sagen, daß durch diese kleine Ritze in seiner Persönlichkeit herzlich wenig Licht kam. Peter fand, daß von dieser ungeduldig erwarteten Reise nur Tag eins, wirklich nur Tag eins, ohne einen Schatten gewesen war. Und jetzt fast schon vergessen war.

Der Steinbruch war tief in den Berg hinein vorgetrieben worden und bildete ein kleines künstliches Tal. Sie trieben ihn wohl deshalb tiefer vor, anstatt die Wand zu vergrößern, weil es wahrscheinlich sehr viel Zeit in Anspruch nehmen würde, den Abhang an einer Seite zu räumen und vielleicht auch noch eine neue Zufahrt anzulegen. Der Marlborough Place-Vertrag war in punkto monatlichem Liefervolumen nicht weniger anspruchsvoll als in punkto Toleranzen. Und dann belieferten sie ja auch noch andere Auftraggeber. Sie hatten Kunden, die sie nicht verlieren wollten. Das war verständlich. Trotzdem lief es am Ende auf folgendes hinaus: Wenn die Arbeiter sich zurückzogen und in Deckung gingen und das Nitropenta und Tutagex sich entzündeten, gab es für die Druckwellen keinen anderen Ausweg als durch die harte kristalline Matrix, die das Kapital des Unternehmens war. Die Unternehmensleitung war sich dessen wahrscheinlich vollkommen bewußt.

Er fragte, ob er seine Tasche irgendwo lassen könne. Thea machte die Tür einer niedrigen Container-Baracke auf, die auf den mehr oder weniger provisorischen Parkplatz gestellt worden war. Im Inneren befand sich ein Schreibtisch mit einem

Computer, ein Stuhl, ein Getränkeautomat, und neben jedes der staubverklebten Fenster hatten die Männer Pornofotos gehängt. Pirelli. Die Massenproduktion perfekter glattpolierter Frauen. Das scheibchenweise Verhökern von Intimität. Er stellte seine Tasche auf den Schreibtisch.

Thea nahm einen grünen Overall von einem Kleiderhaufen neben der Tür und fragte: »Gefallen dir die Bilder?« Aber auch jetzt war das eigentlich keine Anspielung auf das, was sie gestern getan hatten. Und es war seltsam, wie ihre Kühle gleichzeitig verwirrend und beruhigend wirkte. Es war fast wie ein seitenverkehrtes Bild der Leidenschaft, die er für Margaret empfunden hatte, empfand.

Er fragte: »Und dir?«

»Ich glaube, jeder mag Pornographie«, sagte sie lachend. Sie stieg in ihren Overall.

»Dann hättest du ja gar nicht fragen müssen.«

»Aber nicht jeder gibt zu, daß er es mag.«

»Vielleicht ist ›mögen‹ das verkehrte Wort«, sagte er. »Faszinieren würde vielleicht besser passen.« Er spürte so etwas wie Herausforderung, ja sogar Trotz, wenn sie miteinander sprachen. Als ginge es um irgend etwas. Als müßten sie einander besiegen. Er mußte sehr schnell denken und reagieren. »Und die Leute wollen nicht immer fasziniert sein. Sie empfinden das als Zwang und Nötigung. Und deshalb sagen sie, daß sie etwas nicht mögen.«

Er schaute ihr in die Augen. Aber ihr Lächeln, während sie sich den Overall zuknöpfte, war so unergründlich wie das Lächeln der Frauen auf den Fotos an der Wand. Ein Mann, über und über mit Staub bedeckt, kam herein und drückte auf die Knöpfe des Automaten. Man hörten den unvermeidlichen Summton aus dem Apparat. Thea nahm davon keine Notiz und fragte mit beiläufigem Tonfall: »Also, magst du mich nun, oder bist du fasziniert?«

»Ich glaube, du hättest es lieber, wenn ich fasziniert wäre.«

Sie lachte. Alles war ein Anlaß zum Amüsement. »Da siehst du mal«, sagte sie, »wieviel man über jemand herausfinden kann, ohne daß man weiß, wo er herkommt oder ob seine Großeltern nun Bauern oder Gangster waren.«

Peter sagte: »Ich muß allerdings dazusagen, daß ich mir bei aller Faszination eigentlich nie irgendwelche Pornos kaufe.«

Jetzt mußte sie wirklich lachen. Wieder ihre strahlenden Augen und Zähne, die zuckerkörnige Struktur weißer Haut, kontrastiert von graphitschwarzem Haar, das sie sich jetzt zu einem Knoten hochsteckte, damit sie ihren Schutzhelm aufsetzen konnte. Sie holte Luft und sagte: »Hoffentlich glaubst du nicht, daß ich jetzt deswegen beleidigt bin.« Trotz der Gegenwart des Arbeiters, der sich seinen Kaffee holte, beugte sie sich vor und küßte Peter auf den Mund.

Und ja, Peter war fasziniert von ihr. Wie von einer Gefahr, von der eine zu große Erregung ausgeht. Er fühlte sich angezogen wie von diesen großen Sägeblättern, die sich in den Stein gruben. Reiner Sex und der Todeswunsch, der daraus entsteht. Mit monotoner Stimme sagte er: »Ich möchte es mit dir machen, während du deinen Helm aufhast, von hinten.« Sie lächelte nichtssagend, unverbindlich. So daß er sich fragte, ob er sich schon in zwei Teile gespalten hatte, oder in drei, oder ob die Risse immer noch einigermaßen fest und stabil waren und ihm schließlich doch die Sicherheit blieb, die die solide Fassade von Familie und Häuslichkeit bot. Für immer und ewig.

Es war halb zehn. Die Sonne stand schon hoch und brannte heiß herunter. So daß die primitive Geometrie des Steinbruchs eine zusätzliche Dimension aus strahlendem Licht und tiefem Schatten erhielt. Die weißen Schichten aus Stein, die in das stumpfe Grün des Bergs gesprengt worden waren, standen scharf hervor wie riesige Stufen. Stufen wohin? Ein großer Frontlader auf Raupen schob einen Block von ein paar Dutzend Tonnen über das Gelände des Steinbruchs zu einem Kran, mit dem die Steine sortiert und auf Lastwagen verladen wurden. Der Motor brüllte und quälte sich, während das Fahrzeug das riesige Gewicht über den Boden schob. Splitter sprangen ab und Funken sprühten. Bis der Fels an einer kleinen Steigung steckenblieb. Der Fahrer fuhr ein Stück zurück und setzte noch einmal an. Der Motor heulte auf. Statt daß der Block sich bewegte, stellte sich der hintere Teil der Raupen auf. Das große gelbe Fahrzeug wackelte wie ein Spielzeug. Infernalischer Lärm erhob sich zwischen den drei Wänden des Steinbruchs. Plötzlich bewegte sich der Stein, und die Raupen krachten auf den Boden.

Er fragte, ob es je irgendwelche Unfälle gegeben habe.

Einen Toten, sagte sie, und zwei Schwerverletzte. In einem Zeitraum von drei Jahren. Der durchschnittliche Preis, den solche Steinbrüche fordern.

Sie entdeckten den Betriebsleiter über der Wand und stiegen auf einer Stahlleiter etwa sechs Meter nach oben. Der Mann beaufsichtigte die Markierung eines neuen Abschnitts, in dem gebohrt und der herausgesprengt werden sollte. Das verwitterte Deckgestein war in einer Höhe von etwa zwanzig Metern über der Wand abgetragen worden. Das Problem lag in einem schmalen, vielleicht zehn Zentimeter breiten Gangstock, der sich von der rechten Ecke der Wand schräg über das Intrusivgestein hinzog. Ein Blick auf die aufgerauhte Oberfläche ließ auf eine Vererzung der eigentlichen Granitmasse schließen, die dann dunkler wäre, eisenreich. Dadurch würde sich zwangsläufig die Fördermenge des nächsten Tages verringern.

Peter schaute zu, wie die Männer die Wand vermaßen, rauchten und in ihrer Sprache miteinander diskutierten. Es gab einige heftige Wortwechsel, so als habe jemand irgend etwas falsch gemacht. Er erkannte den klagenden Ich-habs-dir-doch-gesagt-Ton in der Stimme eines der Männer, sowie man eine Form erkennt, ohne daß man auf Material und Farbe geachtet hätte. Die Sonne lag wie ein physischer Druck auf allem, sie war wie eine Intensivierung der Schwerkraft, grub sich, um besseren Halt zu finden, in jede Falte, in jeden Riß. Ob Margaret wohl schon am Strand war? Sich bräunte. Was für Nächte sie gehabt hatten! Was für Erkundungen! Es war wie das Graben in einem Steinbruch, das Wühlen nach Freude und Trauer! Schließlich nahm der jüngste der Männer eine Spraydose und fing an, die Linien zu markieren. Sie hatten sich während des Vortriebs dazu entschlossen, ein keilförmiges, dreieckiges Stück aufzugeben, das vielleicht dreißig Prozent der Wand ausmachte. Wenn man davon ausging, daß sie die Richtung der Grabung nicht änderten, dann würden sie bei den nächsten beiden Vortrieben ähnliche Mengen aufgeben müssen, bevor der Gangstock zu Ende war und sie wieder die ganze Wand abbauen konnten. Eine kleine Gruppe von Männern brachte die Stahlbohrer in Position. Der Betriebsleiter kam zu ihnen herüber.

»Ärgerlich«, sagte Peter.

Thea übersetzte, was er gesagt hatte, aber der Betriebsleiter wollte zeigen, wie gut er Englisch konnte. Er war klein, untersetzt, freundlich, mit scharf geschnittenen Gesichtszügen und hätte gut einer der klugen Praktiker sein können, die Peter auf seinen Reisen kennengelernt hatte. Außer vielleicht, daß sie in England keine dunklen Brillen trugen.

»Von diesen Dingen gibt es hier mehr als wir erwartet haben«, klagte er. »Sie machen Schwierigkeiten.«

Peter wartete einen Augenblick, bückte sich und kratzte mit einem losen Stein an dem Gangstock. Der Gangstock ließ sich von dem Granit ohne weiteres ritzen. Peter richtete sich wieder auf und fragte: »Worauf haben Sie Ihre Erwartungen gegründet?«

Der Betriebsleiter zuckte die Achseln, rief den Männern mit den Bohrstangen etwas zu. Thea beobachtete das alles.

»Ich frage das«, sagte Peter, »weil ich gehört habe, daß es für diesen Pluton hier kein detailliertes geologisches Gutachten gegeben hat.«

Der Mann schaute ihn mit großen Augen an. Sie mußten beide etwa im selben Alter sein, und wie schon zwei Tage zuvor am Eßtisch spürte Peter eine deutliche Sympathie. Aber auch Zurückhaltung. Wie zwei Leute in gegnerischen Mannschaften, die sich mochten, aber sich vom andern nicht in die Karten schauen ließen.

»Für andere Steinbrüche«, sagte der Mann.

»Oh. Ich hab nicht gewußt, daß es noch andere gibt.«

Thea mischte sich rasch ein: »Die Gesellschaft hat vier Steinbrüche in der Umgebung.«

»Ja, wir gehen bei unseren Förderplänen und den Zeitplänen von der Produktion in diesen Steinbrüchen aus.«

»Aber das kommt alles vom selben Pluton?«

Der Betriebsleiter spitzte die Lippen, als wolle er damit sagen, daß er nicht verstehe. Peter wiederholte die Frage, wurde aber von Thea unterbrochen, die zu lange sprach, als daß es bloß eine Übersetzung hätte sein können. Dann sagte sie: »Wir kennen die genauen geologischen Einzelheiten nicht.«

»Aber die Farbe ist dieselbe?«

»Es gibt acht verschiedene Farben auf der Insel«, sagte der Steinbruchleiter. »Alles grau.«

Thea lachte. »Acht verschiedene Grautöne.«

»Und als die Australier kamen, um sich alles anzusehen, warum haben Sie die dann zu dem Steinbruch hier gebracht?«

»Das ist der beste.«

»Aber mit mehr Diskontinuitäten, als Sie erwartet haben.«

Der Betriebsleiter lächelte und zuckte die Achseln: so ist das Leben. Als sei jetzt alles klar. Als sei alles lediglich Pech gewesen. Sie standen nur etwa ein oder zwei Meter von einer Stelle entfernt, an der es vielleicht zwölf Meter steil nach unten ging, wo der Frontlader sich immer noch mit seinem Felsblock abmühte und Dieselwolken nach oben schickte. Das Meer im Osten war nicht mehr als eine Ahnung, es war etwas, von dem man einfach wußte, daß es da war. Das unvermeidliche Blau hinter dem Horizont, zu dem die Berge sich hinuntersenkten. Er erinnerte sich an den vergangenen Abend, an die ruhige Eintönigkeit, mit der das Wasser die komplexen Einzelheiten der Insel umschlang. An das Brüllen des Rennboots.

Ein Kipplaster kam angefahren, um Schutt von der Stelle abzutransportieren, an der die neue Zufahrt vorbeiführen mußte. Hinter dem freigeräumten Gelände bestand die Vegetation über einer verwitterten Felswand aus festem, widerstandsfähigem Gras, Thymian, den dunklen, wächsernen Blättern irgendwelcher Sträucher. Die Luft war immer noch ganz ruhig, und es wurde immer noch heißer.

»Haben Sie schon einmal Schwierigkeiten gehabt, das Fördervolumen einzuhalten?«

»Alles wird rechtzeitig geliefert, ja?« Der Mann lachte. »Natürlich haben wir Schwierigkeiten. Aber wir werden damit fertig.«

»Aber was würden Sie tun«, fragte Peter, »wenn Sie das Fördervolumen nicht einhalten könnten? Wenn ich das richtig verstehe, sieht der Vertrag ziemlich kräftige Sanktionen vor. Es kommt mir sehr ungewöhnlich vor, daß Sie so etwas ohne eine gründliche geologische Untersuchung unterschreiben.«

»Ich unterschreibe ja nicht«, sagte der Betriebsleiter lachend.

»Aber wenn Sie das Fördervolumen nicht einhalten könnten?«

»Dann feuern sie mich«, lachte er. Er machte mit dem Zeigefinger der rechten Hand die Bewegung, die überall auf der Welt dasselbe bedeutet; ein Messer, das die Kehle eines Opfers durchschneidet.

»Ich hab gedacht, in diesen Staatsbetrieben wird nie jemand gefeuert.«

Der Betriebsleiter war entschlossen, das Ganze auf die leichte Schulter zu nehmen. Oder vielleicht war ihm wirklich nicht aufgegangen, daß diese Unterhaltung mehr als eine bloße Plauderei war. »Weil wir immer unsere Quote erreichen, ja?«

Thea lachte. Dann sagte Peter, er habe darum gebeten, daß der Verwalter ihm heute zur Verfügung stehe, weil er ihm etwas zeigen wolle und damit hoffentlich ein Rätsel lösen könne. Sie kletterten auf der Stahlleiter wieder nach unten und gingen über das Steinbruchgelände zu der flachen Baracke hinüber.

Die Etymologie von »Pluton« ist ganz einfach. Pluto ist der Gott der Unterwelt, der Toten. Der Pluton bildet sich in der

Unterwelt, in weißglühenden Tiefen, und tritt erst nach Millionen von Jahren der Erosion an die Oberfläche, kalt, stumm, hart, so wie vielleicht Knochen hervortreten, wenn das Fleisch nach einem zermurbenden Leben zurucksinkt, oder wie eine Figur, eine Idee, ein Gott sich aus den Seiten eines alten Textes erhebt, aller Bedeutung ledig, die da einmal gewesen sein mochte, aber immer bereit, wieder verwendet zu werden in einer neuen Matrix, einem Gedicht, einem Bild, einem Felsblock in einem Turm.

Aber Pluto bedeutet auch »der Reiche«. Und welche Reichtümer konnten denn gewaltiger sein als die Reihen der Toten, welche Ernte denn sicherer vor meteorologischen Launen als die Ernte des unerbittlichen Schnitters? Wieder paßt die Etymologie, denn der Pluton ist auch reich, reich an Mineralen und Steinen, die sich für ornamentale Zwecke verwenden ließen, die – zu Platten geschnitten – »in jede Ecke der Welt« verkauft wurden, wie der Katalog dieser Lieferfirma hier es ausdrückte. Im Jahre 1991 erzielte jeder Quadratmeter von poliertem Grey Pearl aus dem Steinbruch Palinu einen Preis von 121 US-Dollar.

Peter machte seine Tasche auf. Die Abmessungen der Platte, die er heraushob, waren einmal 1130 auf 565 auf 27 Millimeter gewesen, aber annähernd die Hälfte war aus der Halterung gebrochen. Der Blutfleck befand sich an der schartigen Bruchkante, gegen die Jerry Owens Schädel keine Chance gehabt hatte. Als das zur Sprache kam, wandte Thea sich um und ging nach draußen. Ein unerwarteter Anfall von Empfindlichkeit. Aber Peter hatte kein Interesse, sich mit dem Betriebsleiter über das Blut zu unterhalten, sondern über die Korngröße und Orientierung. Woher stammte diese Platte? Der Verwalter beteuerte sofort, er sei kein Geologe, mußte dann aber zugeben, daß es Unterschiede gab zwischen diesem Stein und dem Gestein, das sie jetzt abbauten. Es habe im Steinbruch allerdings Abschnitte gegeben, vor allem am Anfang, die feinkörniger waren.

Peter bat darum, daß man ihm die entsprechenden Wände

des Steinbruchs zeigte. Der Betriebsleiter und Thea gingen neben ihm her. Die Sonne brannte heiß auf die Overalls, und um den Hals herum verklebte Staub mit Schweiß. Peter hatte seinen Geologenhammer mitgenommen und machte sich daran, Proben zu entnehmen. Das Licht blitzte auf dem Stahlschaft des Hammers. Sie befanden sich direkt am Eingang des Steinbruchs. Der Fels war an der mit senkrechten Bohrlöchern durchzogenen Außenseite verwittert, dunkel geworden, und es hatten sich schon Flechten darauf breitgemacht. Aber als er sich mit dem Hammer an die Arbeit machte, entdeckte er, daß der Stein nur einen Zentimeter unter der Oberfläche frisch und sauber war. Und an den Stücken, die er abgeschlagen hatte, war sofort zu sehen, daß sich hier – wie er von Anfang an gewußt hatte – die Erklärung nicht finden ließ. Es gab gewiß Hinweise auf verschiedene Körnigkeit, und unter dem Mikroskop ließe sich vielleicht ein zufälliges Unterscheidungsmerkmal finden, ein Fleck von einer anderen Farbe, der letztlich die Einzigartigkeit des Gesteins bestätigte, aber die Quarzkristalle waren alle von derselben, mit dem Auge wahrnehmbaren Größe, ein regloses Schneegestöber tief im Stein.

Der Betriebsleiter betrachtete die Proben und sagte kein Wort. Thea sagte jetzt etwas zu ihm in ihrer Sprache. Der Betriebsleiter antwortete, erklärte ihr wahrscheinlich die Situation. Peter stemmte mit dem Hammer einen Riß auf und nahm die rätselhaften Töne der fremden Sprache wahr, deren Abfolge er nicht verstand, so wie er ein vollkommener Laie war, wenn er beispielsweise die Oberfläche eines Holzstücks betrachtete, oder ein Blatt, oder Maifredis Vasen, die er sich seltsamerweise immer noch ins Gedächtnis rufen konnte. Schwarze und rote Profile vor einem weißen Hintergrund. Die wie gemeißelt klaren Konturen von Theas Gesicht vor dem Mittagslicht.

»Warum haben Sie den Steinbruch denn so eng ausgebaut?« unterbrach er die beiden und wandte sich von der unebenen Wand ab. »Die Druckwellen können ja nirgendwo hin. Dadurch wird der Stein beschädigt.«

Der Betriebsleiter, der darauf nicht gefaßt war, antwortete sofort: »Eine wichtige Persönlichkeit möchte sich die Aussicht von dem Hügel da oben nicht verderben lassen. Diese Persönlichkeit will eine Villa bauen. Wir dürfen den Berg an der linken Seite nicht öffnen.«

Thea warf rasch ein: »Es gibt auf der Insel starke Beschränkungen, was die ästhetische Wirkung von Landschaftsveränderungen betrifft.« Sie lächelte.

»Hat man die Australier darüber informiert, wie der Steinbruch ausgebaut wird?« Aber bevor noch jemand antworten konnte oder wollte, fuhr er fort: »Als nächstes würde ich gerne die Farbmuster sehen, die im Vertrag erwähnt werden.«

Der Betriebsleiter schien erleichtert zu sein. »Dazu müssen Sie in die Halle zurück. Ins technische Büro.«

»Und die drei anderen Steinbrüche?«

»Wollen Sie die besichtigen?«

»Nur wenn es sich lohnt.«

»Der Grauton ist vollkommen anders. Das kann ich Ihnen versichern. Aber wenn Sie das Gefühl haben...«

Sie waren wieder in der Baracke. Ein Mann trommelte mit den Fingern auf den Getränkeautomaten, die Pornofotos hingen reglos an den Wänden. Die Sonne brannte intensiv auf das Wellblechdach, und die Luft zitterte trotz der offenen Fenster vor Hitze. Bevor er seinen Hammer wieder in die Tasche packte, sagte Peter: »Horchen Sie mal.« Er nahm die halbe Platte vom Schreibtisch, stellte sie auf den Boden, hielt sie mit einer Hand fest und schlug mit dem Hammer dagegen. Der Ton, der zu hören war, klang dumpf, aber nicht nur dumpf. Eine leises Klingen schwang noch eine Zeit in der heißen Luft. Der Betriebsleiter starrte die Platte an und schüttelte den Kopf. »Gar nicht schlecht«, sagte er. Er ging in die Knie, um die Platte aus einem schrägen Winkel zu betrachten. »Und auch keine Mikrobrüche.«

»Nein, keine Mikrobrüche«, sagte Peter.

Dann, als sie nach draußen gingen, wurden sie vom Dröhnen einer Explosion empfangen. Die Druckwelle, die zwischen den engen Wänden des Steinbruchs hindurchgedrückt wurde, schoß wie eine kompakte, warme Luftwoge an ihnen vorbei. Einen Augenblick lang befand Peter sich in einer anderen Dimension, war voll intensiver Wahrnehmung, wie im Traum, fast als hätte er eine Halluzination. Er schwankte, stolperte. Er erinnerte sich an das Böse, das im Gestein saß, an die Bugwelle des Motorboots. Plutos Rosse, die einmal auf einer Vase abgebildet würden, stiegen aus der Unterwelt auf, um Persephone zu entführen – eine schwarze Silhouette vor dem hellen Licht. Als der Druck der Explosion nachließ, spürte er im Hals, wie sein Blut im Rhythmus einer Maschine pulsierte. Seine Haut juckte vor Hitze. Und er überlegte sich, wie sinnlos und wie endlos solche Assoziationen abliefen. Es war ein unaufhörliches Zusammendrängen und Auflösen, ein Formen und Neuformen. Diese ungeheure Wucherung. Warum war er nur so auf diese Einzelheiten fixiert? Wozu denn das alles? Er würde wieder mit Thea ins Bett gehen. Es war ihm gleichgültig, was ihre Rolle und was seine Bestimmung dabei war. Peter Nicholson befand sich plötzlich in einem überschäumenden Rauschzustand.

Diese schöne Frau hielt sich anscheinend gerne im Halbdunkel auf. Sie hatte die Jalousien heruntergelassen, so daß nur feine Lichtstreifen hereindringen konnten, die sich wie ein verzerrtes Gitter auf die Keramiken legten: Illit, Smectit, Chlorit und Quarz, die bei über tausend Grad gebrannt wurden. Ihre kühlen nackten Füße gingen über ein Muster, in dem jedes Quadrat aus ineinandergreifenden grauen, weißen und serpentingrünen Rechtecken bestand. So war ihr Körper auf dem Weg vom Fenster zum Bett fahl, fast leuchtend, und das tiefschwarze Haar wie eine kaum sichtbare Aura um ihren Kopf. Sie erinnerte ihn an keine andere Frau. Sie hatte keine Gesten wie Hazel Owen, die an weinende Ehefrauen denken ließen, an Schlangen im Supermarkt; keine Zärtlichkeit, dieses Talent, das Margaret anstelle von Vertrautheit besaß; und auch nicht die Fruchtbarkeit und die Verbitterung der Vorstädte.

Das Gespräch mit ihr war kein Gespräch, sondern ein dauerndes Schließen und Abbrechen von Kontakt, ein Hin und Her knisternder Impulse wie in einem Oszillator, wie in einer Maschine, die am Laufen gehalten werden mußte. Sie redete nicht über die Arbeit. Sie brachte das Gespräch nicht auf die Steinplatte. Alles, was sie sagte, schien kein Thema zu haben, war Geplänkel und Herausforderung. Und ihre akzentlose Stimme war ohne einen Charakter, falls nicht in dieser Akzentlosigkeit ein leicht ironisches Verbergen von Charakter lag. Sie war vollkommen fremd. Er konnte sie nirgendwo einordnen. Wenn man sie anders als mit Negationen definieren hätte wollen, dann hätte man sagen müssen: ein vollkommener, fahl leuchtender Körper, der sich über die kühlen Fliesen eines abgedunkelten Zimmers bewegt. Hier in diesem Haus, das für ihn im Nirgendwo lag. Sie hielt Drinks mit Eiswürfeln in der Hand. Man hörte das gedämpfte Geräusch von Schritten und das Klirren der Eiswürfel. Und eine Fliege war auch im Zimmer. Sie flog gegen die Jalousie, die das Licht in Scheiben zerschnitt und stapelte.

In diesem Augenblick ging Peter zum ersten Mal der Gedanke durch den Kopf, daß er vielleicht nie wieder nach Barnet Hill zurückkommen würde, dieses triste Gelände, dessen künftige Ausbeutung so problematisch geworden war. Wollte er denn wieder zurück? Als sie sich neben ihm ausstreckte, hatte er das Gefühl, er würde nach unten fallen. Die Risse standen gähnend weit offen. Er schien frei zu schweben. Wurde dann fast ohnmächtig. »Etwas zuviel Sonne erwischt«, sagte er. Er mußte seine Frau anrufen, sobald er hier weg war. Das wurde allmählich wichtig.

Sie schliefen miteinander. Sein Kopf wurde langsam wieder klar. Eine banale und ziemlich schmutzige Wirklichkeit sikkerte ihm wieder ins Bewußtsein. Damit fühlte er sich sicherer. Wie ein richtiger alter Schwerenöter, der jemanden aufs Kreuz gelegt hatte. Und deshalb fragte er, um sich die Zeit zu vertreiben: »Dein Maifredi, das ist wohl ein ziemlich geiler alter Hund?«

Ein helles Lachen. »Du meinst, weil er mich alle zehn Sekunden angefaßt hat?«

»Ja.«

»Dr. Maifredi ist ein sehr kluger Mann.«

»Daran habe ich keinen Zweifel.«

Dann schwiegen sie. »Aber du willst wissen, ob ich mit ihm ins Bett gegangen bin.« In ihrer Stimme schwang ein leiser scharfer Unterton.

»Oh, ich bin nicht eifersüchtig.«

»Du hast keinen Grund, eifersüchtig zu sein. Du hast eine Frau.«

Peter schwieg einen Augenblick. Sie meinte wahrscheinlich seine Frau. Die er nie erwähnt hatte. Aber »Frau« konnte das eine und das andere bedeuten. Er fand, er habe keinen Grund, sich Sorgen zu machen. Er wäre nur allzubald wieder zu Hause.

»Ich war nur überrascht, wie ungezwungen er dir gegenüber war.«

»Du meinst plump?«

»Na ja, ihr seid ja solche Gegensätze. Ich fand es seltsam, daß er an dir herumgegrapscht und danach ein paar dreckige Bemerkungen gemacht hat, als du zum Schwimmen gegangen bist.«

Sie lagen im Halbdunkel. Er merkte, wie die Sorgen ihn jetzt immer stärker bedrängten. Man rief seine Frau an, die man so restlos durch jemand anderen ersetzt hatte, daß man sie nicht einmal betrügen konnte. Daß nicht sie die Betrogene war. War das möglich? Konnte er sie wirklich einfach anrufen und nach Hause gehen? Eher würde wohl Hazel Owen ihren unersetzlichen Mann anrufen oder ihn in einer Séance fragen, wie die Platte heruntergefallen sei und wieso es eine andere Platte war. Es war, als würden sie einen mit der völlig falschen Frau tot im Bett finden und noch den Geist des Toten quälen, um herauszufinden, wer sie war und warum das alles sein mußte. Die Sonne hatte ihn schwindlig gemacht. Drinks zu einem frühen Mittagessen. Tausend Planänderungen.

»Wenn du nach meinem Aussehen gehst«, sagte sie, »glaubst du, eine Frau wie ich würde mit so einem Mann schlafen? Für meinen Job vielleicht?«

»Ich weiß nicht einmal, was zu deinem Job gehört, wenn du dich nicht gerade um mich kümmerst.«

»Ich bestimme, was in seinem Leben läuft. Und er bestimmt mehr oder weniger, was auf der Insel läuft.«

Peter sagte nichts. Er war nicht auf den Gedanken gekommen, daß der Mann so wichtig war.

»Also? Sag schon«, sagte sie spöttisch. »Was glaubst du? Ein fetter, undurchsichtiger Politiker, der klassische Vasen sammelt und sich an Geschichten über Entführung, Vergewaltigung und Analverkehr hochzieht, in denen der Täter immer eine göttliche oder heroische Rolle spielt. Würde ich mich mit so jemandem einlassen? Ist das mein Typ? Würde ich es vielleicht aus Geldgier tun? Was würde wohl jemand denken, der mich beobachtet?«

Sie sah das ganze offensichtlich als Spiel. In ihrer Stimme schwang wieder dieser herausfordernde Ton mit. Es ging ihm auf die Nerven, aber er wußte, er würde sich trotzdem darauf einlassen. Am Fenster summte die Fliege wild zwischen den Messern aus Licht umher. Dann war sie ruhig.

»Na ja, du hast mit mir geschlafen.«

»Du bist ziemlich attraktiv, höflich, jemand mit guten Manieren.« Sie unterbrach sich: »Harmlos.«

»Oh, vielen Dank.«

»Und es gibt keine Komplikationen.«

»Hoffentlich nicht.«

»Aber mit einem Mann, dessen Bauch weiter herunterhängt als sein Schwanz, der Goldzähne hat und eine Glatze, der furzt und dessen Frau nichts tut als stricken und ihren Kindern, die auf anderen Kontinenten wohnen, am Telefon die Ohren vollzujammern. Was glaubst du wohl?«

Sie wurde aggressiv. Was schwer zu erklären war. Und auch geschmacklos.

»Aber du hast gesagt, er sei klug.«

»Ich halte ihn für ein Genie.«

»Und er ist auf seine Weise charmant.«

»Ungemein charmant.«

»Und er sammelt schöne Dinge.«

»Die Leute kommen von weit her, um sich die Sachen anzuschauen.«

»Und dann hast du ja auch einen Badeanzug in seinem Haus. Und einen Bademantel. Du bist wohl oft bei ihm.«

»Ja.«

Er schwieg. Er hätte gerne das Thema gewechselt. Er wäre gerne wieder bei Margaret gewesen.

»Also? Würde ich es tun?«

»Wie soll ich das wissen?«

Sie hatte sich jetzt auf den Ellbogen gestützt, und auf ihrem Gesicht lag ein ironisches Lächeln. »Indem du mich anschaust, ihn anschaust. So wie du immer deine Steine anschaust, wenn du etwas herausfinden willst.«

Peter sagte in beiläufigem Tonfall: »Ich kann natürlich nicht wissen, ob du es getan hast, aber ich glaub, na ja, ich glaub schon.«

Sie setzte sich auf und schlug ihn fest ins Gesicht. Das kam vollkommen überraschend. Und es tat weh. Sie stand auf, schüttelte heftig den Kopf und suchte sich einen Morgenrock. »Du bist wirklich unglaublich dumm. Und blind. Du bist ein Baby. Das ist einfach abartig.«

Er zog sich rasch an, und auf der wortlosen Rückfahrt zum Hotel zog er irgendwann den Umschlag mit dem Geld aus der Brusttasche und legte ihn auf das Armaturenbrett.

»Das ist versehentlich bei mir gelandet«, sagte er.

Sie schaute den Umschlag nicht einmal an.

Das Wichtige an der Metamorphose war, daß man etwas war und nicht war, was man doch immer gewesen war. Die chemischen Elemente waren vielleicht dieselben, aber es kam auf ihre Anordnung an. Wenn er sich vorstellte, wie er jetzt war und wie er noch vor einem Jahr gewesen war, dann wußte er, daß Identität ein Hirngespinst war, eine praktische Fiktion. Und trotzdem waren die Menschen auszurechnen, berechenbar. Eine Art Schale blieb: blaue Augen, gewisse alte Gewohnheiten. Wie nach einer intensiven Metasomatose: dieselbe Struktur, dieselbe Form, andere Minerale. Zum Beispiel hätte er wissen können, daß Murray oft am Nachmittag noch beim Essen war. Peter rief wieder aus der Zelle im Hotelkorridor an. Charlotte, seine Sekretärin, redete trotz der Auslandsgebühr munter drauflos: über das Wetter, über eine geplatzte Wasserleitung in der U-Bahn-Station. »Sagen Sie ihm«, sagte Peter, »daß ich etwas absolut Belastendes gefunden habe. Er soll mich sofort anrufen.«

Dann wählte er seine eigene Nummer und hörte den hohen Ton des Faxgeräts. Auch das hätte er wissen können. Anna holte wohl gerade die Kinder ab. Oder sie wollte mal wieder mit niemandem sprechen. Noch eine Steigerung des Dramas. Vielleicht sollte er etwas auf einen Zettel schreiben. Aber er wußte, daß er das nicht tun würde. Diese Unfähigkeit, in das Quadrat zurückzutreten, das ihm zugewiesen worden war. Es war fast schon physisch spürbar. Auf dem Weg durch die Lobby sah er, daß Hazels Tochter Wendy in einem der Sessel ein Comic-Heft las, und er folgte einer plötzlichen Eingebung und setzte sich neben sie. Wieder hatte er das Gefühl, daß das Mädchen ein Verbündeter war. Sie verstand, was vorging.

»Mein kleiner Sohn steht auch auf Asterix«, sagte er. »Er ist neun.«

»Das ist das Heft, wo sie sich als Bäume verkleiden«, verkündete sie.

»Ah, ja. Und dann auf den Centurio springen.«

»Legionär.«

»Ach ja. Wo ist denn deine Mama?«

»Sie hat gesagt, daß sie für den Nachmittag weggeht.« Das Mädchen behielt seine spröde kindliche Zurückhaltung bei.

»Und du sollst hier auf sie warten?«

»Ja.«

»Das ist nicht wahnsinnig spannend, oder?«

Sie schaute ihn an. Sie hatte ein weiches, ungeformtes Kindergesicht, ruhig und großäugig. Die undifferenzierte Lebendigkeit mußte sich erst noch in Einzelheiten, in Feinheiten ausprägen. Die Haut war noch durchsichtig, und ihr Gesicht hatte nichts von den harten Zügen der Mutter. Um den Hals trug sie eine schlichte Kette mit einem kleinen grünen Stein in dieser typischen Tropfenform.

»Ist das Jade?« fragte er.

Sie drückte das Kinn an die Brust und zog den Stein aus dem Ausschnitt ihrer Bluse. »Damit kann man böse Geister verjagen«, vertraute sie ihm an. »Wenigstens hat das meine Großmama gesagt. Das ist ein Zauberstein. Ich hab ihn von ihr gekriegt, als ich geboren bin.«

»Er ist sehr hübsch. Und echte Jade. Du bist ein Glückspilz.«

Er stand auf. Sie hatte immer noch den Blick gesenkt, um sich ihren Stein anzuschauen. »Glauben Sie, daß er wirklich böse Geister verjagen kann?«

Er lachte. »Ich bin mir nicht sicher, ob ich weiß, was böse Geister sind.«

Aber das Mädchen hatte damit kein Problem. »Das sind Geister, die einem etwas tun.«

»Ich bin mir nicht sicher, was Geister sind.«

»Das sind Tote«, informierte sie ihn. Ihr Stimme klang jetzt herablassend. So etwas muß man doch wissen.

»Ich versteh nicht ganz, warum einem Tote etwas tun sollten. Aber der Stein ist wunderschön.«

»Vielleicht wollen sie einem nichts mehr tun, wenn sie sehen, wie schön der Stein ist.«

»So könnte es sein«, sagte er. »Oder vielleicht merken sie nur, wie zwecklos es wäre. Das kann einem mit Steinen schon passieren. Sie sind so alt, daß nichts mehr irgendeine Bedeutung hat.«

Sie betrachtete ihn unsicher. »Dann sollte ich ihn vielleicht der Mama geben?«

Peter setzte sich wieder hin. »Was soll das denn heißen?«

Sie zuckte die Achseln, schnitt so ein Comicgesicht, wie Kinder das tun.

»Niemand will deiner Mama etwas tun. Am allerwenigsten irgendwelche Toten.«

Und erst, als er das sagte, dachte er an den Vater des Mädchens.

Das Mädchen spreizte die Beine und schloß sie wieder. »Die Mama hat gesagt, wenn sie heute abend nicht zurückkommt, dann soll ich zu Ihnen gehen und mit Ihnen reden.«

»Zu mir?«

»Sie sind doch im Zimmer Nummer 221, oder? Mit ihrer Freundin. Die Mama hat gesagt, Sie haben eine Affäre.«

Peter hatte sich auf ein paar stille, verschwiegene Tage eingerichtet. Einfache Arbeit, erregender Sex. Keine Komplikationen, abgesehen von der Aussicht, daß er wieder zurück mußte. »Aber warum hat sie gedacht, daß sie vielleicht nicht mehr zurückkommen würde?«

»Weiß ich nicht.« Das Mädchen zuckte mit ihren schmalen Schultern.

»Na ja, was wollte sie denn erledigen? Ich hab gedacht, ihr wollt morgen wieder nach Hause.«

»Morgen abend.«

»Und du weißt nicht, was sie macht?«

»Sie hat gesagt, daß sie jemanden trifft.«

»Wegen dem Unfall deines Vaters?«

»Ja, wahrscheinlich.«

»Und du weißt nicht, wen?«

»Nein. Aber vielleicht hat sie auch überhaupt niemanden getroffen.«

»Ach, ja?«

»Manchmal läuft sie bloß herum und ist unglücklich.«

»Aha.«

»Und dann will sie mich nicht da haben, weil sie an Papa denkt. Sie hängt oft traurig rum und denkt an Papa.«

»Ich verstehe.«

»Sie sagt, daß er mit ihr redet.«

Peter zog die Luft ein. Er fragte: »Und was ist, wenn sie herausfinden würde, wer wirklich für den Unfall verantwortlich ist, was würde sie dann machen?«

»Sie sagt, sie würde ihn umbringen.«

Aber Peter dachte daran, daß er oft Mark und Sarah damit gedroht hatte, sie umzubringen, wenn sie nicht ins Bett gehen wollten.

»Und wie?«

Das Mädchen zuckte die Achseln. »Die Mama ist klug«, sagte sie. »Viel klüger als Papa.« Sie schnitt ein Gesicht. »Ich will bloß, daß sie jetzt endlich etwas macht, damit wir nach Hause können.«

Sie schwiegen beide einen Augenblick lang. Man hörte lautes Stimmengewirr in der Lobby, als ein Fremdenführer mit einer Gruppe von Skandinaviern das Hotel verließ. Dann wandte sich das Mädchen einfach wieder ihrem Heft zu. »Wenn es irgendein Problem gibt, dann klopf einfach an meine Tür«, sagte Peter.

Peter saß in Zimmer 221 und hielt ein Stück Papier in der Hand. Daß sogar die Ferien vom Leben einen bestimmten Rhythmus annahmen, eine bestimmte Routine entwickelten! Er stand morgens auf, wurde zur Werkhalle oder zum Steinbruch gefahren, aß sein Mittagessen, tat mit seiner Übersetzerin herum, kam wieder ins Hotel zurück, ging mitten am Nachmittag an den Strand, wo Margaret unter dem gemieteten Sonnenschirm lag: Schwimmen, Abendessen, Sex. Sogar wenn es nur ein paar Tage waren, stellte sich unvermeidlich dieses Gefühl ein, daß die Dinge einen bestimmten Ablauf haben mußten. Und irgendwo war Peter unendlich zufrieden. Zufrieden mit seiner Fähigkeit zum Handeln, zur Rechtfertigung seines Tuns, zur Beweglichkeit. Und dann war da noch ein deutliches Übelkeitsgefühl, fast so etwas wie Heimweh nach der alten Schichtfläche, nach den Tagen, deren langsames Dahintröpfeln sich vielleicht über Jahrtausende hingezogen hatte.

»Lieber Peter«, las er. Das Fax war mit der Hand geschrieben. Die Schriftlinien auf dem glänzenden Papier waren an den Stellen unterbrochen, an denen das Faxgerät sie nicht lesen konnte. Drei Seiten.

»Weißt Du noch, als wir letztes Jahr in den Lake District gefahren sind, und es hat geregnet und geregnet, und Du bist losgezogen und hast ein Tausend-Teile-Puzzle vom Erdbeben in San Francisco gekauft, mit dem die Kinder zwei ganze Tage lang beschäftigt waren, so daß sie nicht einmal dann nach draußen wollten, als der Regen aufgehört hatte. Ich hab heute vormittag daran gedacht und mich daran erinnert, wie sehr ich Dich dafür geliebt habe, daß Du sie damals so glücklich gemacht hast, weil mir die Geduld dazu fehlen würde, und wie komisch das war, daß ein so stiller, akribischer Mann wie Du sich so etwas wie ein Erdbeben aussuchte.

Peter, es sind jetzt zwei Tage, seit ich Dir gefaxt habe, daß wir ein drittes Kind erwarten. Natürlich habe ich gedacht, daß Du sofort anrufst. Ich habe sogar gehofft, Du würdest Dich freuen. Du warst immer so ein guter Vater. Ich habe gehofft, Du würdest liebevoll reagieren, und es würde zwischen uns wieder so warm und kuschelig werden wie früher und wir würden die Kälte dieses letzten Jahres vergessen, die ja eigentlich ziemlich dumm war. Es gab keinen Grund dafür. Ich sehe keinen Grund, warum wir jetzt nicht vollkommen glücklich sein können. Peter, stell Dir vor, wie schön das sein könnte. Laß uns nicht alles kaputtmachen.

Also, wenn Du nicht anrufst, wenn Du denkst, ich lasse mich hinhalten, während Du Dich ›auf Deine Arbeit konzentrierst‹, wenn Du Deine Geduld und Deine Akribie dazu verwendest, um Dich vor mir zu verstecken, dann lasse ich sofort abtreiben. Ich bin schon in der zwölften Woche. ANNA.«

Es war schon sonderbar, dachte Peter, daß sie »dieses letzte Jahr« schreiben konnte und nicht spürte, daß es schon seit einem Jahrzehnt abwärts ging, daß die Abwärtsbewegung das Bestimmende an ihrer Beziehung gewesen war. Er hatte die

Auswahl gehabt zwischen Pferden, die an einem Fluß grasten, Rhododendron mit einer goldenen Kutsche und dem Erdbeben. Natürlich hatte er das Erdbeben genommen.

Nicht daß er den Köder nicht gesehen hätte: dieses Gerede von warm und kuschelig, die Behaglichkeit und Geborgenheit, die darin lag. Er war nur einfach auf eine bestimmte Weise nicht traurig darüber, daß er jetzt unglücklich war. Es hatte etwas Zerstörerisches, aber das mußte eben so sein. Und während er sich mit geschlossenen Augen auf dem Bett ausstreckte und auf Murrays Rückruf wartete, ging ihm durch den Kopf, daß Männer und Frauen sich vielleicht immer mißverstanden. Aus irgendeinem Grund brauchte man das. Aber man brauchte die Mißverständnisse – auch wenn man das manchmal glaubte – nicht für sich selber. Nein, es gab immer etwas, das man tun mußte, das geklärt werden mußte, und die Mißverständnisse waren dabei der notwendige Katalysator. Die unerklärliche Kraft, der Zauber, der in ihnen steckte, half einem, irgendein Monster zu bezwingen und sich zu ändern. Zu etwas anderem zu werden. Aber dann war man hinter einem neuen Monster her und brauchte einen neuen Zauber. So klar wie durch polarisiertes Licht erkannte er, daß Margaret die scharfe Klinge war, die er brauchte, um die Hemmungen und Blockierungen des versteinerten Feiglings in ihm zu durchdringen. Und Thea war eine Art Spiegel, in dem er sein neues Selbst betrachten konnte, sehen konnte, wie er die Muskeln spielen ließ und wie – begleitet von einem köstlichen Schwindelgefühl – sein Bild sich verdoppelte. Während vielleicht das chamäleonhafte Monster dieses Wesen, das nicht oft genug bezwungen werden konnte, nur eine gewohnte Erscheinung war: das endlose mechanische Klirren, wenn der Stein in Platten geschnitten wurde, der Frühstückstisch, den man deckte, bevor man nachts ins Bett ging, die Pausebrote der Kinder im Kühlschrank, die Samstage, die Sonntage und die Ferien mit der Familie, jahrein, jahraus, das Schachbrettmuster, die Struktur die jeden freien Raum überzog, durch vier Dimensionen, und die Sägeblätter senkten sich Millimeter um Millimeter, Stunde um Stunde durch das Böse, das im Herzen des Steins saß, bis der Endschalter klickte, bis es klingelte und alles vorbei war. Der Block war nichts anderes als Grabsteine.

Es klingelte. Er hatte nicht gemerkt, daß er schlief. Seine Angst beim Aufwachen war so überwältigend, daß er schweißgebadet und mit seltsamen Lichtblitzen hinter den Lidern aufwachte. Das Zimmer nahm wieder Gestalt an, und es war, als wäre es aus großer Höhe heruntergefallen, als wäre es von dem unbarmherzigen Sonnenstrahl abgefangen worden, der seine Banalität so schonungslos offenbarte. Für einen Augenblick wußte Peter nicht, wo er war.

Der gleichmäßige Klingelton des Telefons bestätigte hingegen, daß es eine Welt der rechten Winkel gab, eine Welt praktischer Möbel, von Menschen geschaffener Geometrie, umschlossener Räume und elektronischer Unterhaltungen. Das mußte Murray sein, seine Arbeit, seine Identität.

»Hallo?«

Zuerst erkannte er die Stimme nicht. Ihre ironische Vertraulichkeit verwirrte ihn.

»Peter.«

»Oh, Thea. Hallo.«

Eine lange Verlegenheitspause.

»Du hast doch gesagt, du möchtest etwas mit unseren Prüfgeräten machen. Ich rufe an, um zu sagen, daß du sie jederzeit untersuchen oder benutzen kannst. Du mußt uns nur ein paar Stunden vorher Bescheid sagen. Die Farbmuster sind in dem Safe des Konstruktionsbüros über der Sägerei und werden auf Wunsch präsentiert. Du kannst auch die Gutachten der Universitäten Athen, Pisa und Sydney einsehen, die sich auf die Scher- und Bruchfestigkeit und die Kompression beziehen.«

»Danke.« Er zögerte. »Ich hab mir gedacht, ich komme morgen vormittag rüber. Ich möchte mir heute nachmittag eine eurer Sehenswürdigkeiten anschauen.«

Sie lachte. »Wir sind ganz schön förmlich miteinander.«

»Wenn ich mich richtig erinnere, dann sind wir nicht gerade sehr freundschaftlich auseinandergegangen.«

»Nein«, sagte sie. »Ich hab dich geschlagen.«

Er wartete, immer noch ganz benommen davon, daß sich eine Nachmittagsträumerei in einen Alptraum verwandelt hatte. Ein Blick auf seine Uhr sagte ihm, daß eine halbe Stunde vergangen war. Er würde zu spät zu Margaret kommen. Dann hörte er sie sagen: »Deine Naivität geht mir allmählich auf die Nerven.«

Er suchte nach einer Antwort. »Ich bin in einem fremden Land. Hab ich irgendwas falsch gemacht?«

Wieder versteckte sie sich hinter ihrem Lachen. »Du hast vergessen, mich mit ›Madam‹ anzureden.«

»Aber du hast mir doch gerade vorgeworfen, daß ich zu formell bin.«

Sie sagte: »Du hättest mir den Umschlag nicht zurückgeben sollen. Das war dumm.«

Wieder entstand eine lange Pause. Peter merkte, wie schnell er den Boden unter den Füßen verloren hatte. Er wurde unsicher, geriet ins Schwimmen, versuchte zu bluffen. »Es wäre charakterlos von mir gewesen, wenn ich mich anders verhalten hätte. Es war offensichtlich nicht für mich bestimmt. Außerdem war auch kein Brief dabei.«

Sie sagte: »Das ist doch lächerlich.«

Er sagte ärgerlich, daß man da, wo er herkomme, solche Dinge nicht mache.

»Aber man fängt sich was mit seiner Dolmetscherin an.«

»Das ist doch etwas völlig anderes.«

Ganz langsam und kühl sagte sie: »Vielleicht da, wo du herkommst. Aber du bist hier nicht zu Hause.«

»Hör mal«, sagte er und holte tief Luft, um sich zu beruhigen, »wenn du wegen irgendwas Bestimmtem angerufen hast, dann sag es jetzt. Ich hab nämlich einen anstrengenden Tag vor mir. Vielen Dank für den Anruf.«

»Peter Nicholson.« Er spürte jetzt wieder, daß sie seinen

Namen einmal voller Zärtlichkeit und Ironie ausgesprochen hatte. Nach einem kurzen Schweigen beendete sie ihren Satz: »Wir haben erst vor einer Stunde miteinander geschlafen.«

Die Wahrheit dieser einfachen Feststellung verwirrte ihn, und gleichzeitig ging ihm kurz durch den Kopf, daß Telefonate ganz leicht aufgezeichnet werden konnten. Sie waren hier in einem südeuropäischen Land, und es ging um sehr viel Geld. War es denn zum Beispiel wirklich nötig gewesen, ihnen den Stein zu zeigen?

»Vielleicht hab ich mich ja wirklich ziemlich naiv verhalten«, sagte er mit einem leisen Stöhnen. »Da kannst du schon recht haben.«

Sie war sofort wieder ganz fröhlich, wie mit einem Kind, das sich einsichtig gezeigt hatte. »Keine Sorge. Es gibt keinen Grund, warum irgendwas daraus entstehen sollte. Ich seh dich morgen früh. Der Fahrer kommt um die gewohnte Zeit.«

»Danke.«

»Und Peter...«

»Ja?«

»Du hast gefragt, wo ich herkäme und so weiter, erinnerst du dich?«

»Ja.«

»Es war vielleicht ein bißchen hinterhältig von mir. Ich hätte dir sagen sollen, daß Dr. Maifredi mein Vater ist.«

Peter erinnerte sich an das helle Sonnenlicht, in dem die Einzelheiten des Hauses sich scharf abzeichneten, erinnerte sich an die Intensität der Farbe, die in Quadrate und Rechtecke geordnet wurde, an glatten Stein, glatte Haut. Und wie rätselhaft diese Klarheit dann war. Er mußte vorsichtiger werden.

»Und hoffentlich können wir uns morgen nach dem Mittagessen noch einmal treffen. Das ist dein letzter Tag, oder?«

»Ja. Das wäre schön.«

Kaum hatte er den Hörer aufgelegt, klingelte das Telefon schon wieder, als wolle es ihn nicht so einfach in Ruhe lassen. Er streckte die Hand aus, nahm aber dann den Hörer doch nicht ab. Er war erschöpft und verwirrt und wußte nicht genau, wie die Dinge jetzt eigentlich lagen. Vielleicht wäre es ein Fehler, Murray etwas zu sagen. Er mußte zu einer Entscheidung kommen. Er zog Shorts und ein T-Shirt an und verließ das Zimmer.

Ein paar Minuten später kam er wieder zurück. Er nahm Hazel Owens Platte aus dem Koffer und schaute sich im Zimmer um. Aber hier konnte man sie nicht verstecken. Er ging auf den Flur hinaus. Draußen sah er den Wandschrank mit den Putzsachen, einen Servicewagen. Aber das war zu offensichtlich. Er fuhr mit dem Lift ins oberste Stockwerk und stieg die Treppe hinauf, die in allen Hotels aufs Dach führt. Die Eisentür war nur nachlässig verriegelt. Er stellte die Platte draußen aufs Dach. Sie lehnte unschuldig an einer niedrigen Brüstung.

Irgendwann entwickelt man plötzlich ein Gefühl dafür, wie lang das Leben und wie angemessen diese Länge ist. Man nimmt die eigene Position auf dieser Kurve wahr, deren Verlauf sich jetzt abzeichnet. Ihm war es um seinen vierzigsten Geburtstag herum passiert. Vielleicht in diesem Zug, in dem er die Anweisungen zu dem sich verschiebenden Wasserlauf gelesen hatte. Und man hat das Gefühl, man habe alles im Griff, so wie bei einem Rennen, bei einer schwierigen Aufgabe, der Augenblick kommt, an dem man weiß, daß man bis zum Ende das eigene Tempo bestimmen kann. Die Bahn der Kurve war jetzt deutlich genug. Man konnte sie bis zum Ende verlängern. Die Kontinente hatten sich soundsoweit verschoben und würden sich noch um soundsoviel weiter verschieben. Vielleicht würde sich nach der Ablagerung vieler Schichten eine Rente abzeichnen. Das sedimentäre Leben. Das war ziemlich erfreulich, das war beruhigend. Und vollkommen, vollkommen entmutigend. Warum sollte man eine Linie nachzeichnen, die ohnehin schon da war?

Margaret lag nicht unterm Sonnenschirm. Er ging ans Meer hinunter und schaute nach draußen. Die Leute im Wasser spritzten sich an, stießen irgendwelche Rufe aus. Hunderte von Leuten. Bunte Bälle flogen durch die Luft. Wasserspritzer funkelten ängstlich. Zersplitterten das Licht und die Dinge in ihrer Nähe. Dann die flache, ungegliederte Weite dahinter, die zu einem blauen Nichts verschmolz, aus dem nur der Kegel des Vulkans hervorstand. Plötzlich hatte er das Gefühl, er müsse sich den Vulkan ansehen.

Er drehte sich um. Am Rand des Wassers hatten ein Junge und ein Mädchen eine Sandburg gebaut: ausgedehnte Wälle, Zinnenreihen aus Sand. Aber die Flut hatte eingesetzt, und Wasser schwappte jetzt um die Burg. Der äußere Wall war nicht mehr aufnahmefähig, die Oberflächenspannung erreichte den Sättigungspunkt, der Böschungswinkel gab nach. Ein großer Sandbrocken rutschte ins Meer. Aber die Kinder nahmen das nicht hin. Sie schaufelten wie wild und reparierten den Schaden. Ihre schrillen Stimmen waren voller Trotz. Sie gruben Kanäle, um das Wasser abzuleiten. Sie richteten neue ansehnliche Wälle auf. Das Meer rollte mit ruhiger Beharrlichkeit heran. Die äußeren Wälle wurden wieder zu flachen Schlammfladen. Kichernd und über und über voll Sand legten die Kinder sich auf den Boden, um den zerfallenden Turm zu retten, und schaufelten mit den Händen Sand auf. Peter schaute zu, dachte an seine eigenen kostbaren Kinder, wie sie zu ihm standen, wie auf beiden Seiten sich Bindungen formten und auflösten, und daß man Sandburgen am besten immer am unsicheren Rand des Meers baute: die sonnenüberfluteten Teile der Burg lösten sich im Wasserschaum auf, und in den herandrängenden kleinen Wellen spiegelte sich ein leerer Himmel.

Eine Hand klopfte ihm auf die Schulter. Er sah Margarets perlfarbenes Gesicht vor sich. Sie hatte den Kopf auf die Seite gelegt. »Den Umschlag hier hat mir jemand für dich gegeben. Ich bin zum Café hochgegangen, um anzurufen.«

Während sie vom Wasser weggingen, drehte er sich um und sah, daß die beiden Kinder wieder aufgestanden waren. Sie hatten geahnt, wie das Ende aussehen würde und traten jetzt die Reste ihres Meisterwerks kaputt, bevor das Meer es zerstören konnte. Peter sah, mit welcher Begeisterung sie das Werk ihrer Geduld vernichteten. Auf ihren Gesichtern lag eine wilde Freude.

»Ich hab ihm gesagt, daß es dumm ist, den Umschlag hier bei mir zu lassen, wo doch das Hotel nur zehn Minuten entfernt ist.«

Sie gingen über den heißen, weißen, feinkörnigen Sand zu den Sonnenschirmen hinüber. Peter drehte das Päckchen um und sah, daß es einfach an der Stelle, an der er es aufgemacht hatte, mit Tesafilm wieder zugeklebt worden war. Thea mußte das gewußt haben, als sie mit ihn telefonierte.

»Wer hat dir das denn gegeben?«

»Ein Mann. Jung. Sehr nett. Ich hab ihm gesagt, daß das dumm ist, aber er konnte nicht Englisch.«

»Kann ich das Ding in deine Handtasche tun?«

»Willst du es denn nicht aufmachen?«

»Ich weiß, was drin ist.« Thea hatte offensichtlich angerufen, um sicherzustellen, daß er das Geld diesmal annahm. Um zu zeigen, daß es sich nicht um einen Witz handelte. Um zu sagen, daß sie Maifredis Tochter war. Keine unbeteiligte Dolmetscherin.

Er saß auf seinem Liegestuhl, und sie schauten sich an. Ihre Augen suchten nach etwas. Er schaute sie einfach an. Die eigenartige Komplizenschaft dieses ersten Blicks im Eisenbahnabteil vor vier Monaten war jetzt nicht mehr da. Es gab Dinge, die er ihr nicht erzählte.

»Was ist denn?« fragte sie.

»Mir ist heute nachmittag nicht nach Schwimmen. Die Sonne setzt mir ganz schön zu.«

Sie schaute ihn an. Ihr entging wirklich nichts.

Sie gingen am Strand bis zu dem kleinen Hafen und stiegen auf eines der Touristenschiffe, die zwischen den Inseln verkehrten. Die Fahrt dauerte eineinhalb Stunden. Es war spät am Nachmittag. Sie saß neben ihm im Schatten eines Vordachs, und sie schauten zu, wie die scharfen Konturen der Landschaft hinter dem Schaum ihres Kielwassers schrumpften und dunkler wurden. Sie wartete mit der außerordentlichen Geduld, die sie besaß, so wie jemand wartet, der weiß, daß der andere auch ohne Aufforderung schließlich etwas sagen wird. Schließlich sagte er: »Ich hab gestern gelogen, als ich dir gesagt habe, ich hätte meine Frau angerufen. Ich hab sie gar nicht angerufen.«

»Ach, und jetzt?«

»Nichts. Ich komme ganz durcheinander. Es passieren so viele Sachen. Als du gesagt hast, daß es vorbei wäre, wenn wir wieder zu Hause sind, da war es, als wäre mir das völlig egal. Als wäre mir alles egal. Ich hab mein Leben so klar vor mir gesehen, daß alles immer so weitergeht, wie es jetzt ist. Ich wollte das nicht mehr. Mir wäre das Durcheinander lieber.«

Es kam ihm so vor, als habe er diesen Zustand erfunden, während er diesen Satz aussprach. So gefährlich kann Reden sein. Er schlug mit der Faust auf den leeren Platz vor sich. »Gott, ich kann mir keine verfahrenere Situation vorstellen.«

»Ich finde sie völlig klar. Wir haben jetzt eine schöne Zeit. Dann fahren wir nach Hause. Zuerst ist es schön, und dann leiden wir.«

Diese brutale Klarheit, mit der jüngere Leute etwas aussprechen. Aber es klang etwas Zärtliches in ihrer Stimme mit.

Er hob den Blick. Wie ließ sie sich in die prosaische Bahn der Kurve einfügen, die sein Leben war? Was für einen Verlauf nahm dann diese Kurve? Aber der Versuch, sich das vorzustellen, war genauso schmerzhaft, wie wenn man sich das Hirn zermarterte, um sich an einen Traum zu erinnern, den man vergessen hatte. Oder eine Berechnung, die einfach nicht aufging. Er biß sich auf die Innenseite seiner Wange. »Weißt du, warum der Mann den Umschlag lieber bei dir am Sonnenschirm gelassen hat, statt ihn ins Hotel zu bringen? Weil sie mir zeigen wollten, daß sie wissen, daß es dich gibt.« Er erzählte ihr, daß Geld in dem Umschlag war. Sie wollten, daß er ein Gefälligkeitsgutachten schrieb.

Es war verständlich, daß es einige Sekunden dauerte, bevor sie das begriff.

»Also sind die doch daran schuld.«

»Nicht unbedingt. Es ist vielleicht in diesem Teil der Welt

völlig normal, daß man die Dinge so handhabt. Für einen reibungslosen Ablauf sorgt. Ich weiß es nicht. Es ist nicht sehr viel Geld. Sie glauben einfach nur, daß es so leichter geht. Aber wie gesagt – sie haben mir auch gezeigt, daß sie wissen, daß es dich gibt. Und daß sie dieses Wissen verwenden können.«

Sie schwieg einen Augenblick lang. Der stumpfe Kegel des Vulkans ragte jetzt vor ihnen auf, war höher und steiler, als er gewirkt hatte. Die Lavahänge besaßen nur eine spärliche, äußerst primitive Vegetation, und über dem Meereshorizont waren große Löcher und Höhlen zu sehen, die einmal Gasblasen im geschmolzenen Gestein gewesen waren.

»Und was machst du jetzt?«

»Was meinst du, was ich machen soll?«

Sie spitzte nachdenklich ihre vollen Lippen. »Wäre es schwer, ein Gefälligkeitsgutachten zu schreiben?«

»Ganz im Gegenteil. Ich mache einfach eine Menge kleine kritische Anmerkungen, die nichts zu bedeuten haben: die Arbeitshaltung der Beschäftigten, das Vorhandensein von Mikrobrüchen. Dann müssen sie bloß noch darauf hinweisen, daß andere Kunden glücklich und zufrieden sind, und sie sind aus dem Schneider.«

»Aber gibt es noch etwas, das du in das Gutachten schreiben willst und das da auch reingehört?«

Er erzählte ihr von der Platte.

»Dann hat Hazel also recht. Jemand war für den Unfall verantwortlich.«

Aber er sagte, das sei eine vorschnelle Schlußfolgerung. Es könne immer noch eine vollkommen einfache Erklärung geben. Zum Beispiel sei es möglich, daß versehentlich ein Block aus einem anderen Steinbruch für das Projekt Marlborough Place bearbeitet worden sei. Oder das Bauunternehmen habe noch woanders Platten gekauft, weil sie sahen, daß sie den Termin nicht halten konnten.

»Wäre es dann nicht wichtig, festzustellen, was wirklich passiert ist. Schließlich ist der Mann von dieser Platte erschlagen worden.«

»Ich will morgen einmal untersuchen, wie stabil der Stein ist. Sie haben ein paar Testgeräte hier. Vielleicht ist er genauso stabil wie der andere. In diesem Fall spielt seine Herkunft keine Rolle mehr.«

Peter wußte, daß das nicht möglich war. Aber es konnte auch sein, daß sie nichts davon wußten. Und es war auch möglich, daß dieses zweite Geldangebot nichts mit der Platte zu tun hatte. Auf jeden Fall war es ein glücklicher Zufall, daß Murray nicht dagewesen war, als er ihn angerufen hatte. Noch war nichts entschieden.

»Im Endeffekt läuft es doch darauf hinaus«, sagte sie, »daß du denkst, wenn du das alles in deinem Gutachten schreibst, dann erzählen sie vielleicht Anna von mir. Sie würden dich vielleicht erpressen.«

Ihm fiel auf, daß sie den Namen seiner Frau ganz beiläufig und normal ausgesprochen hatte. Er schwieg einen Augenblick. »Vielleicht. Aber das ist möglicherweise genau das, was ich will. Sie stünde dann vor vollendeten Tatsachen.«

»Nein. Wenn du es ihr sagen willst, dann sag es ihr selber«, sagte sie.

Er fühlte sich zurechtgewiesen. Sie hatte noch nie so mit ihm geredet. Dabei hatte er ihr noch nicht einmal die Hälfte erzählt. Das Gitterwerk war noch viel komplizierter, das Gleichgewicht viel unsicherer. Und er selber war jemand anders.

Verzweifelt, aber leise sagt er: »Ich liebe dich, Margaret. Ich war nie mit jemand anderem so fraglos ich selber wie mit dir.« Das stimmte auch.

Sie lächelte und umarmte ihn. Er spürte den Geruch ihres Haars, ihrer sonnenwarmen Haut. Er lehnte mit dem Rücken an der Reling, als das Schiff jetzt die Fahrt verlangsamte und in den Hafen einlief. Aus irgendeinem Grund fielen ihm die Kinder und ihre Sandburg ein und wie wild sie darauf herumgetrampelt hatten.

Schließlich löste sie sich von ihm. »Die Entscheidung liegt letzten Endes bei dir. Quäl dich nicht damit. Tu einfach das, was du tun zu müssen glaubst. Folge deinem Herzen.«

Aber Peter sagte, er habe kein Herz mehr. Es sei in drei, vier, fünf Teile zerbrochen. Zuviel Scherung, zuviel Verformung. Und er führte sie in das Gewühl der Passagiere, die sich an der Gangway versammelt hatten.

Über die Jahre hinweg hatte er eine ganz ansehnliche Steinsammlung zusammenbekommen. Als Junge war er immer mit dem Fahrrad zu Steinbrüchen oder zu Straßenbaustellen gefahren und hatte Ausschau nach Stellen gehalten, an denen es Erdrutsche und Felsstürze gegeben hatte. Vielleicht war das der Anfang seines geordneten Daseins gewesen. Man packte Hammer, Holzhammer und Meißel in seinen Rucksack. Anna saß da, machte Sandwiches und bat ihn, vorsichtig zu sein. Sein Blick schweifte über die Felswand, suchte nach etwas Interessantem, einer verräterischen Farbveränderung. Oder er betrachtete Trümmergestein, Brekzie, schob mit dem Fuß die Steinbrocken beiseite, um Ammonitbruchstücke herauszuholen. Und nicht der Besitz dieser Dinge war wichtig, sondern sie zu entdecken und zu bestimmen, was es war. Dadurch bekam man eine besondere Beziehung zur Welt. Man beherrschte sie irgendwie. Er brach mit dem Hammer ein Stück aus dem harten roten Devonkalk im Norden vom Plymouth, aus dem schwarzen Hoptonwood Stone von Derbyshire, brachte ein schönes Stück Marmor aus Nordirland mit nach Hause, einen gesprenkelten grünen Eklogit aus Gleneig. Auf der Insel Skye kostete ihn ein Skarn-Splitter ein Stück seiner Hornhaut. Das war auf ihrer Hochzeitsreise.

Man brachte die Steine mit nach Hause und meißelte sie zu Parallelepipeden mit einer Kantenlänge von zehn mal fünf mal drei Zentimetern. Er machte die beiden größeren Oberflächen flach, schrägte die Kanten so ab, daß die Einwirkungen des Hammers nicht zu sehen waren. Und wenn die Struktur es zuließ, dann polierte er den Stein. Dann wurde jedes Exemplar nach Fundort, Alter und Entstehung klassifiziert und in einem seiner mit Samt ausgeschlagenen Kästen untergebracht. Er hatte ein paar Dutzend solcher Kästen, die in dem freien Zimmer, das als sein Arbeitszimmer diente, übereinandergestapelt waren. Wenn die Kinder die Kästen über den ganzen Teppich verteilten, machte es ihm hinterher keine Schwierigkeiten, sie wieder in der richtigen Reihenfolge zu stapeln. Er überschaute mühelos Hunderte von Millionen von Jahren, Tausende von Mineralkombinationen. Und im Wohnzimmer stand eine Vitrine mit einem Glasdeckel, in der sich seine schönsten Trophäen befanden: polierter Larvikit, der wie ein Block aus blauem Eis aussah und den er von einer Reise nach Norwegen mitgebracht hatte, ein dunkelroter Griquait aus Südafrika, ein besonders poröser Travertin aus Lazio. Aber das waren die abenteuerlichen Ferien gewesen, bevor die Kinder kamen. Das letzte Stück, das er in seine Sammlung eingereiht hatte, war immerhin ein kleines pyritisiertes Fossil in mesozoischem Kalkstein gewesen. Als er es damals, als es noch frisch aus dem Stein geschnitten und scharfkantig war, Margaret in diesem Eisenbahnabteil zeigte, hatte er es mit sich verglichen. Ein anspruchsloses Weichtier aus einer vergangenen Zeit.

»Wieviel Zeit haben wir denn?« fragte er, als sie den Fahrplan studierte, der am Kai hing.

»Das letzte Schiff fährt um halb zehn hier weg. Drei Stunden.«

»Das ist ein Geologenparadies«, sagte er und schaute zu dem erstarrten Lavastrom hinauf. Aber es tat ihm nicht leid, daß er seinen Holzhammer und den Meißel nicht mitgenommen hatte. Deswegen war er nicht hierher gekommen. Obwohl er sich einen anderen Grund nicht denken konnte. Vom Kai aus war eine Straße zwischen Berg und Meer angelegt worden, die zu einer Stelle führte, an der die Erosion die Bildung eines flacheren Abschnitts zugelassen hatte. Eine Kirche fiel sofort ins Auge. Die Häuser waren einfache Würfel und bestanden zweifellos aus dem hellen, von Luftblasen durchzogenen Effusivgestein des Vulkans, waren dann weiß verputzt und mit einem Dach aus hart gebrannter Terrakotta gedeckt worden. Die steilen Hänge und scharfen Biegungen des Tals hatten einen Triumph der geraden Linien nicht zugelassen, sondern ein

Durcheinander erzwungen, ein Gemisch aus allem möglichen, das im klaren Licht der Sonne gleichzeitig heiter und gefährlich eng wirkte. Auf den steilen Hängen sah man Wanderer mit ihren bunten Rucksäcken. Die Wanderer konnten da oben die Silhouette des stumpfen Kegels nicht mehr wahrnehmen, so steil waren die Hänge. Graue Vernarbungen aus Tuff traten überall durch das dünne Erdreich, und wenn man das Dorf betrat, wurde man in vier Sprachen darauf aufmerksam gemacht, daß das Trinkwasser vom Festland mitgebracht werden mußte. Im ersten winzigen Schaufenster sah man Vulkane, die in Peperin geschnitten waren. Alles hier wurde anscheinend von dieser heftigen Explosion bestimmt, die diese Insel vor vierhundert Jahren zum letzten Mal wieder neu geformt hatte.

»Hoffentlich ist er nicht mehr aktiv«, sagte Margaret lachend. Sie stiegen auf einem Weg vielleicht eine halbe Stunde lang nach oben. Rechts lag das Meer ruhig und glatt unter der intensiven Hitze der Sonne, die jetzt schon schräg stand, so daß der Riß in einem Stück freiliegender Lava zu ihren Füßen sich schwarz vom Silbergrau des Steins abhob. Aber dann wurde der Abhang steiler und der Weg schmaler und felsiger, und sie kam mit ihren Sandalen nicht mehr weiter. »Geht nicht mehr«, sagte sie. »Tut mir leid.«

Ungefähr zehn Minuten lang standen sie auf einem Vorsprung, der nicht viel mehr war als ein Gesims über dem Meer, und unter dem hoch aufragenden Felsen, der wie ein Stöpsel dem Druck so lange widerstanden hatte. Die Farben unter ihnen waren dunkel, ein gläsernes Blau, über ihnen war das Blau heller und um sie herum ein unendliches Farbgemisch aus Grau- und Grüntönen. Der Geruch von Dornengestrüpp zog nach oben ins Weite, in die Luft, in der Möwen schwebten. Sie standen Arm in Arm auf diesem Sims über diesem zugestöpselten Loch in der Erdkruste, und er hätte ihr gerne gesagt, daß diese Vulkane wegen ihrer Pegmatite berühmt waren, und daß er sich manchmal ihre Liebe so vorgestellt hatte: All der flüchtige Reichtum des Lebens wurde in einem wunderbaren Gangstock zusammengepreßt, der explodierte und durch Tuffgeröll nach oben drängte. Aber sie schien ihren eigenen Gedanken nachzuhängen.

Als sie nach unten kamen, fiel ihm das Mädchen wieder ein, Wendy, die mit ihrem Jadeanhänger alleine in der Lobby wartete. Wo war Hazel Owen denn diesmal hingegangen? Und er dachte, auch wenn Murray nicht im Büro gewesen sei, so habe er doch zu Charlotte gesagt, daß er hinter einer großen Sache her sei. Es war also unklar, ob er schon Flagge gezeigt hatte. Das Problem lag darin, wie man zu diesem Entschluß kam. Denn wenn die Umstände ihn zwingen sollten, seinen Standpunkt zu verteidigen, dann würde er das tun, koste es, was es wolle. Daran hatte er keinen Zweifel. Er konnte sich ohne weiteres vorstellen, hinter einem ertrinkenden Kind in ein tosendes Meer zu springen oder jemanden aus einem brennenden Haus zu bergen. Er fand es nur schwierig, zu diesem Punkt zu kommen, an dem man über seinen Schatten springen mußte. Es gab ja nicht so oft einen Grund, seinen Hals zu riskieren.

Sie drückten sich gegen den Fels, um eine Gruppe von Deutschen vorbeizulassen. Der Weg war schmal, und die rauhe Struktur des Tuffsteins fühlte sich unangenehm an. Sie hielten sich an den Händen. Die Hände schwitzten. Es ging dreißig Meter steil nach unten. Die Tiefe war nur einen Schritt, einen Selbstmord entfernt. Als sie weitergingen, sagte er: »Mit Anna ist es nie so, daß wir so lange schweigen. Sie redet die ganze Zeit. So wie sie die ganze Zeit irgendwelche Faxe schickt. Beim Essen deckt sie mich immer mit ihrem Redeschwall zu. Sie nimmt mich regelrecht unter Beschuß.«

Das Mädchen lächelte.

Er fragte sie, woran sie denke.

»An den Tag, an die Sonne«, sagte sie.

Aber in seinem Kopf rasten die Gedanken wie verzweifelt, eine Verzweiflung, die der Vulkan nicht gelindert hatte. Es war, als würde er gleich explodieren, ausbrechen wie ein Vulkan. »Ich meine«, sagte er mit eindringlichem Ton, »findest du, daß es richtig ist, wenn sie mich so erpreßt, wenn sie sagt, daß sie abtreibt, falls ich nicht ein bißchen eheliche Zuwendung und Solidarität zeige?«

Margaret war stehengeblieben, um ihr Haar festzustecken. Er nahm die Eleganz ihres Gesichts wahr, die von dem Mangel an Ebenmaß ausging, und sah das Muttermal an ihrem Hals. Sie war achtzehn Jahre jünger als er.

»Ich glaube, sie will einfach das Kind nicht haben, wenn ihr nicht glücklich miteinander seid. Ich kann das schon verstehen.«

»Okay. Dann bin ich also gezwungen, für die Leute hier ein Gefälligkeitsgutachten zu schreiben, um meiner Frau eine Abtreibung zu ersparen.«

Sie lachte. »Rede doch keinen Unsinn, Peter.«

»Das tu ich gar nicht. Ich hab gesagt, sie haben dir das Geld gebracht, um mir zu zeigen, daß sie von dir wissen. Dann haben sie zweimal erwähnt, daß ich verheiratet bin. Ziemlich unverblümt. Bis jetzt hab ich nicht gewußt, was das sollte.«

»Beruhig dich doch.«

»Aber wie kann ich denn ruhig sein?« Seine Angst – das wußte er genau, als er das sagte – hing hauptsächlich damit zusammen, daß er befürchtete, sie würden Margaret etwas von Thea sagen. Nicht Anna von Margaret. Wie konnte er behaupten, daß er sie liebte und dann mit einer anderen schlafen? »Das ist eine Farce, ein billiges Theaterstück« – er begann jetzt, sehr rasch zu sprechen – »Ich werde zu den unmöglichsten Entscheidungen gezwungen. Ich brauche bloß das Gutachten schreiben, das sie wollen, und fertig.«

Sie näherten sich jetzt wieder den Häusern, bei denen Männer Netze über eine niedrige Mauer hängten. Margaret blieb stehen, so daß er auch stehenbleiben mußte. Sie schauten sich an. »Peter«, sagte sie. »Du mußt nicht dauernd zwischen allem einen Zusammenhang sehen. Wenn du wirklich glaubst, daß jemand an dem Unfall mit der Platte schuld war, dann schreib das doch. Dafür bist du da.«

Ihre Stimme war wie Salbe auf einer Wunde, aber das war diesmal nicht genug. Weil er ihr die wirkliche Wunde nicht gezeigt hatte. »Also schreib ich ein negatives Gutachten«, sagte er trotzig, »obwohl ich mir noch nicht einmal sicher bin, und sie sagen Anna Bescheid, und sie dreht durch und treibt ab. Und ich bin verantwortlich dafür. Es ist doch so, daß es zwischen den Dingen wirklich einen Zusammenhang gibt.«

»Dann mußt du sie trennen.«

»Aber wie denn?«

So dicht waren sie noch nie an einem Streit gewesen. Wenigstens hörte er in seiner Stimme eine unangenehm aggressive Enttäuschung. Was damit zusammenhing, daß er unfähig war zu sagen, was er sagen mußte.

Sie sagte: »Schreib ein ehrliches, objektives Gutachten. In dem unwahrscheinlichen Fall – und es ist wohl ziemlich unwahrscheinlich –, daß sie deiner Frau etwas von mir sagen, gibst du zu, daß es stimmt, und sprichst über eure Zukunft. Wenn sie sich für eine Abtreibung entscheidet, dann ist das ihre Entscheidung.«

»Und du?« sagte er leise, obwohl er nicht wußte, was er eigentlich hören wollte.

»Was soll mit mir sein?«

»Na ja...«

»Mich mußt du davon auch trennen«, sagte sie. »Und wenn du dich an diesem Punkt entscheiden solltest, daß du mit mir zusammensein willst, dann schick mir einen Einschreibbrief, und ich werde die Anfrage unverzüglich einer eingehenden Erwägung unterziehen.«

Er dachte, daß die Leute neben ihm ihrer selbst so gewiß waren, so klar und eindeutig. Und er war bloß der Raum zwischen ihnen. Und saß da in der Falle.

Als sie sein Gesicht sah, lachte sie. »Peter, ich versteh nicht, warum du dir solche Sorgen machst. Was soll denn ich erst sagen, wo mir noch meine blöden Prüfungsergebnisse bevorstehen?« Sie zog ihn mit ihrem schlanken Arm, den sie um seine Hüfte geschlungen hatte, fester zu sich heran, und dadurch wurde er sich plötzlich ganz intensiv bewußt, wie jung sie war, wie deutlich sich ihre Heiterkeit mitteilte.

Sie gingen zurück. In der Dorfkirche sah man auf einem Votivbild im Licht eines Blitzstrahls ein Segelschiff sinken, während eine Madonna mit einem blauen Schleier ihre Hand schützend durch die Gewitterwolken zu der ertrinkenden Besatzung hinunterstreckte. Man sah frische Blumen und Kerzenrauch vor dem Altar, der wohl auch aus dem perlgrauen Granit des Talava-Plutons bestand. »Anna geht jetzt immer in die Kirche«, sagte er, und als die leicht gebräunten Finger des Mädchens sich auf das glatte Holz der Altarbrüstung stützten, hätte er fast einen schrecklichen Entschluß gefaßt. Dann kam ein Mann in einer Soutane auf sie zu und monierte, daß sie beide nackte Arme hatten.

Sie saßen zwanzig Minuten bei einem Glas Wein hinter dem Perlenvorhang einer schäbigen Bar. Peter spürte jetzt, wie die Reise hätte verlaufen können: entspannend, voller Sex, leicht und unbeschwert. Am Ende des Kais war ein kleines Museum. Sie schauten auf die Uhr und kauften dann Eintrittskarten, die lediglich ein Stück Papier waren, auf das jemand mit einem Kugelschreiber ein Kreuz gemacht hatte. Im Museum waren Modelle des Vulkans ausgestellt, eine jahrhundertealte Leiche, die unter der Lava konserviert worden war, Haushaltsgegenstände aus der Zeit vor Christi Geburt, ein Löffel, ein Stößel, Tonscherben, Beispiele vulkanischer Asche, Obsidian, Lapilli, pyroklastische Blöcke und Bomben. Die Leiche war klein und kauerte in ihrer steinernen Haut, das Gesicht nur eine Maske des Todes, so wie Theas Gesicht, wenn sie miteinander schliefen, ihm wie eine Maske des Lebens erschienen war. Auf einer der Tonscherben sah man schwarz auf weißem Hintergrund das feine Profil einer Frau. Die Linien von Nase und Lippen schienen auf dem leeren Weiß des Hintergrunds zu schweben als gehörten sie nirgendwohin, als seien sie völlig losgelöst von der Welt und allen ihren Verwicklungen, ganz. Während er sich immer noch in einem Zustand befand, in dem die Dinge sich dauernd veränderten, Dinge, auf die man keinen Einfluß hatte, wie man selber zum Beispiel. Nur daß man für sich selber verantwortlich war. Und zwar auf eine Weise, auf die kein Mineral, keine Steinplatte – wie tückisch sie auch sein mochte – verantwortlich sein konnte. Und er dachte jetzt schon wieder an das Telefonat, an den Anruf bei Murray, an den Umschlag, den er nur zugeklebt hatte und der jetzt wieder in seiner Tasche steckte.

Wieder lehnten sie an der Reling des Schiffs. Es war spät am Abend. Das Wasser unter ihnen schäumte und leuchtete im dunklen Licht. Sie küßte ihn leicht auf den Hals, als neben ihnen jemand hüstelte. Es war Maifredi, eine absolut unpassende Gesellschaft in diesem Augenblick. Er hatte ein feistes Lächeln auf dem Gesicht. Sein weißes Hemd und sein Sakko hingen locker um seinen Bauch. Er hielt eine halb gerauchte Zigarre in der Hand.

»Es freut mich, daß Sie ein bißchen Zeit fürs Vergnügen finden, Mr. Nicholson. Ich hatte schon befürchtet, daß Ihre Verpflichtungen Ihnen nicht soviel Luft lassen.«

Er wandte sich mit einer leichten Verbeugung Margaret zu und zog die in Rauchschwaden gehüllten Augenbrauen hoch. Seine Stirn war im diffusen Licht des Abends mit Schweißperlen übersät, obwohl vom Bug her ein Wind kam. Peter stellte die beiden einander vor. Maifredi wußte, wie man sagte: »Sehr angenehm.« Sein Blick ruhte immer noch auf dem Mädchen, als er sagte: »Wirklich schade. Ich hätte sie selber durch das Museum geführt. Die besten Stücke sind nicht ausgestellt: zwei Vasen, die auf melischen Einfluß hindeuten.« Er kicherte.

Margaret erkundigte sich höflich danach, warum sie nicht ausgestellt waren.

»Das ist hier immer dasselbe«, sagte Maifredi lächelnd und stieß Zigarrenrauch aus. »Die wichtigen Sachen werden nicht ausgestellt. Oder nicht da, wo man sie erwartet. Auf einer ist der Abschied von Amphiarus beim Aufbruch nach Theben dargestellt, und auf der anderen die Opferung der Polyxene. Ich habe die Vasen fotografiert, weil ich Kopien davon machen lassen wollte.« Er klopfte auf eine Fototasche an seiner Hüfte.

»Ich studiere leider bloß Volkswirtschaft«, sagte Margaret ironisch.

»Ach, wie traurig«, sagte Maifredi leise. »Die alten Mythen sind viel schöner.« Sein Blick ruhte immer noch auf ihr. »Aber eine kluge Studienentscheidung in der heutigen Zeit.« Er wandte sich Peter zu. »Oder nicht, Mr. Nicholson?«

»Ich hätte nicht Volkswirtschaft studiert. Aber ich bin auch nie für meine Klugheit berühmt gewesen.«

Der dicke Mann stieß ein kehliges Lachen aus, weil er aus dieser Bemerkung wohl eine Anspielung heraushörte. »Oh, ich bin sicher, daß das nicht stimmt, Mr. Nicholson.« Er lachte laut und hustete dann. »Und Thea sagt mir, daß Sie mit allem zufrieden sind. Sie haben, was Sie brauchen.« Seine dikken Finger beschäftigten sich die ganze Zeit mit der Zigarre, klopften die Asche ab, führten die Zigarre zum Mund. Wie schon beim letzten Mal lenkte alles an ihm die Aufmerksamkeit auf seine wuchtige Körperlichkeit. »Doch, doch, doch, es wird sich jetzt alles sehr schnell einrenken, da bin ich sicher.«

»Ich werde meine Arbeit morgen abschließen, oder übermorgen.«

»Oh, so lange noch.« Wieder ein fragendes Heben der Augenbrauen, eine wissendes Lächeln. »Und dann gehen Sie wieder nach Hause zurück?«

»Ja«, sagte Peter.

Maifredi wandte sich dem Mädchen zu. Er klimperte mit Kleingeld in seiner Tasche und reckte den Bauch heraus. Seine schmierige Lustigkeit wirkte gleichzeitig entwaffnend und geschmacklos: »Hoffentlich war das ein guter Urlaub für die junge Dame. Und es war schön.«

»Wunderbar«, sagte sie. »Ich war die meiste Zeit am Strand.«

Der Laut, den er ausstieß, klang fast wie ein Kichern. »Wenn Sie hier wieder einmal Urlaub machen wollen, Sie beide, dann können wir da sicher etwas für Sie arrangieren. Dann können Sie sich die herrlichen Vasen in meinem Haus ansehen.«

»Sie meinen die Kopien«, sagte Peter.

Maifredi stieß seufzend Zigarrenrauch aus und schüttelte den Kopf, aber in seinen Augen blitzte es. »Ich hätte Ihnen das nicht sagen sollen. Es ist so schwer, sie zu unterscheiden. Amphiarus geht so nobel in den Tod!« Der dicke Mann warf die Zigarre über die Reling und ging wieder in den Aufenthaltsraum zurück.

Margaret schüttelte sich. »Jetzt versteh ich, was du meinst. Dieser Bursche sieht so aus, als könnte er eine ganze Armee schmieren!«

Aber Peter wollte darüber nicht reden.

Sie standen an der Reling. Das Meer war jetzt dunkel und besaß wie die Dunkelheit eine grandiose und gewaltige Eintönigkeit. Es war eine Zwiesprache, eine Vereinigung. Überall gingen das Wasser und die Nacht ineinander auf, waren nicht mehr voneinander zu unterscheiden, und während das Schiff sich dem Land näherte, wurden die kleinen Pünktchen der Lichter immer heller – die Lichter, die das Land bezeichneten, die scharfen Linien und Kurven der Landschaft, die beständig abgebaut und umgeformt wurde, Stück für Stück: Autoscheinwerfer ließen einen Olivenhain aufleuchten, ein Muster aus gelben Quadraten in einem vier- oder fünfstöckigen Häuserblock, Perlenschnüre aus Straßenlampen, die sich über die Hügel hinzogen. Der Schiffsmotor schien lauter und gleichmäßiger zu arbeiten, als sie um eine Landzunge herumfuhren und in die Bucht einbogen. Peter und Margaret standen Arm in Arm am Bug und gaben sich der seltsamen Mischung aus Gelöstheit und Anspannung hin, die sie in der Gegenwart des anderen empfanden.

»Und was ist, wenn wir für immer hierblieben?« sagte er plötzlich. »Wenn wir nie mehr zurückgingen?«

Aber das Mädchen lachte nur.

Auf der Uhr in der Lobby war es halb zwölf. Er bemerkte mit Erleichterung, daß die kleine Wendy nicht da war. Aber der Mann an der Granittheke der Rezeption sagte, es seien Anrufe für ihn gekommen: von seiner Firma und von einer Frau, die ihren Namen nicht nennen wollte. Peter sagte zu Margaret, sie solle schon auf ihr Zimmer gehen, fuhr mit dem Lift ins oberste Stockwerk und stieg die letzte Treppe zum Dach hinauf. Aber die Eisentür, die nach draußen führte, war jetzt abgesperrt. Er rüttelte an der Tür und ging dann wieder nach unten.

Sie duschte sich. Es war schon fast Mitternacht, als er seinen Computer einschaltete und folgenden Text eingab:

»Während der Granit, genauer gesagt Adamellit, der bislang untersucht worden ist, in situ keine signifikante Scherbelastung erlitten hat und sich nicht als geschiefert beschreiben läßt (lediglich ein kleiner Prozentsatz des Quarzes war verformt, und das nur schwach), verhält es sich mit dem Stein, durch den angeblich der Unfall verursacht wurde, der zu einer Verzögerung der Fassadenmontage und letztlich zu einer Neukonzeption der glasverstärkten Betonhalterung und dadurch zu beträchtlich gestiegenen Kosten geführt hat, folgendermaßen: Der Stein wies eine deutliche Schieferung auf, die mit der Kontaktaureole zusammenhängen kann und die zweifellos die Stabilität des Gesteins mindert, speziell an den besonders empfindlichen Stellen um die Bohrlöcher herum. Versuche, an den Wänden des Steinbruchs vergleichbare Proben zu entnehmen, erwiesen sich als erfolglos. Es sollte unverzüglich überprüft werden, ob und an welchen Stellen das minderwertige Material für die Fassade des Gebäudes verwendet worden ist. Besondere Beachtung verdient der Umstand, daß die Probe, die wir untersucht haben, einen geringeren Grad an Mikrobrüchen aufwies als die Platten aus Talava, was wahrscheinlich darauf zurückzuführen ist, daß das Gestein weniger Spannung abbauen mußte und daher dem ungeschulten Auge solider als der Talava-Stein erscheinen könnte. Nach Ansicht des Gutachters ist dieses anormale Gestein – verwendet man es unter angemessenen Umständen – vollkommen zur Verarbeitung in polierte Fassadenplatten geeignet, aber nicht in den sehr großen Plattenausmaßen, die ursprünglich für die Fassade von Marlborough Place vorgesehen waren, und auch dürfen dabei nur die üblichen Halterungen am oberen und unteren Ende der

Platten verwendet werden und keine Seitenhalterungen mit empfindlichen Bohrlöchern.«

Er starrte auf das Display. Es gab einem ein deutliches Gefühl von Macht, so etwas zu schreiben. Die Macht dessen, der etwas weiß, der analysiert, dessen Schlußfolgerungen unanfechtbar sind. Und er dachte, daß ihn am Ende vielleicht so eine Geste aus seinem persönlichen Schock befreien könnte, befreien von bitteren Briefen, von Beschämung und den abgelagerten, übriggebliebenen Gefühlen, die zur Lähmung führen. Er mußte sich ganz auf die Arbeit konzentrieren. Einen Augenblick lang war ihm bewußt, daß er seit Tagen schon jeden Gedanken an die Kinder absichtlich verdrängt hatte.

Er beugte sich vor, seine Finger flogen über die Tastatur: »Für den Fall, daß andere oder ähnliche Platten dieser Art an dem Gebäude gefunden werden (speziell, wenn sie als Zentralplatten verwendet werden), empfiehlt der Gutachtende ihre sofortige Entfernung.«

Margaret kam aus dem Badezimmer und sagte: »Weißt du, daß das jetzt das erste Mal war, daß wir jemandem als Paar gegenübergetreten sind, das erste Mal, daß du mich jemandem vorgestellt hast. Ich meine, er ist ja ein ziemlich schmieriger Typ, aber irgendwie hätte ich ihn küssen können.«

Sie hatte eine Nachtcreme aufgelegt, und sofort nahm er ihren Körper wieder wahr, spürte wieder die Verheißung unbegrenzter Entdeckungsmöglichkeiten. Deshalb sagte er jetzt wieder: »Also wirklich, was wäre, wenn wir nie wieder zurückgingen, wenn wir einfach hierbleiben würden? Oder irgendwo anders.« Er kam sich fürchterlich sentimental vor, wie jemand, der nach einem Strohhalm greift. »Und ich könnte dich allen Leuten vorstellen.«

Aber sie küßte ihn schon am Hals, unter dem Ohr, ihre schlanken Finger knöpften seinen Hemdkragen auf. Sie waren wieder in ihrer Routine. Vor dem Rückflug, dem Flug zu ihren Prüfungsergebnissen, in ihre Welt.

Tag fünf

VORMITTAG

Er saß bei einer Punktauszählung an seinem Gesteinsmikroskop, um den Modalbestand zu bestimmen. Sein Präparat war 30μ dünn geschnitten, und das Licht drang graugrün hindurch und brach sich an streuenden Verunreinigungen zu Farbe. Seine Kinder schauten abwechselnd durch das zweite Okular, und er entschuldigte sich wortreich bei ihnen für die Komplexität und Zerbrechlichkeit der Matrix, ihre Unberechenbarkeit. Und alles wurde noch schlimmer dadurch, daß zwischen den Kristallen immer wieder das Gesicht eines Mannes auftauchte, dessen Nase dem Verlauf der großen Mikrofraktur durch eine Reihe von Quarzkörnern folgte und plötzlich an Feldspat endete. Aber die Kinder reagierten gut, stellten die richtigen Fragen – was war denn dieses orangene Ding da, das aussah wie Glas? –, aber sie mußten laut brüllen, um den Lärm der Gattersägen zu übertönen, der aus einem anderen Teil des Gebäudes kam. Marks Stimme klang besonders schrill.

Er bewegte das Präparat ein bißchen, weil er hoffte, daß dadurch das Gesicht verschwand, aber es verschob sich nur, änderte seinen Ausdruck, grinste jetzt idiotisch, ein Totenkopfgrinsen. Die Augen waren zwei schwarze Biotite, und darunter sah man einen Zahn aus weißem Quarz, an dem ein Stück fehlte. Sarah kicherte. Mark kämpfte um das Okular, weil er auch etwas sehen wollte. Und Peter hatte jetzt den Punkt aus dem Auge verloren, an den er bei der Punktauszählung gekommen war. Er mußte wieder von vorne anfangen. Er versuchte, den Analysator zu justieren, damit das Gesicht verschwand, und erzählte dabei, daß die ganze Erde aus solchen und ähnlichen Mineralkombinationen bestand oder aus anderen, die auch wieder so ähnlich waren, und daß es unendlich viele Variationen gab. Schaut mal, wie die glasigen Quarzkörner miteinander verwachsen sind, und dann die Grundmasse der Feldspate mit dem mikroklinen Großkristall, der diese porphyrische Struktur ausmachte. Und man mußte sich vorstellen, daß diese Struktur, wenn man sie so nennen konnte, normalerweise dreidimensional war, und daß jede einzelne Konstellation – daß zum Beispiel dieses Kristall an das über ihm liegende stärker gebunden war als an das darunter –, daß also jede einzelne Konstellation und chemische Zusammensetzung mit dazu beitrug, wie stabil das Ganze war, so daß man so etwas nie genau berechnen konnte, sondern immer zufällig ausgesuchte Stücke zerbrechen mußte, um das herauszufinden.

Dann merkte er, daß Margaret im Zimmer war, mit übereinandergeschlagenen Beinen ganz nackt in einem bequemen Sessel saß, zuschaute und lächelte; aber nein, es war Thea, es war Thea, und das Lächeln auf diesem allzu vollendet geschnittenen Gesicht war ein Lächeln der Herausforderung. Sie mußte beim Hereinkommen die Tür offengelassen haben, weil der Lärm des Schneidens lauter als je zuvor war, und weil er vom Schreien ganz heiser wurde, aber er mußte das Interesse der Kinder wachhalten, sonst würden sie sich umdrehen und sie sehen, und sie durften sie nicht sehen. Sie dürften nichts von seinem anderen Leben wissen.

Mark schaute jetzt durch das Okular. Es sei also alles, brüllte er, ein ziemliches Durcheinander, aber war es nicht auch schön: diese leuchtenden grünen Stellen zum Beispiel, Spuren von Hornblende, jede einzelne einmalig nach Form und Position, nicht wie Dinge, die von Menschen gemacht waren, Plastik und Stahl hatten immer dieselbe Beschaffenheit. Und immer noch verschwand das Gesicht in der Matrix nicht. Wie sollte er denn, von allem anderen einmal abgesehen, die Punkte auszählen und den Modalbestand bestimmen, wenn die Modalreihe statt den Glimmerkörnern den Poren auf den leichengrauen Wangen dieses Mannes zu folgen schien? Ein rostfarbener Fleck von verwittertem Magnetit sah aus wie ein alter Blutfleck, und die Grundmasse war sein Haar. Es war zum Verzweifeln. Aber, Kinder, man mußte den Modalbestand bestimmen, und das hieß die Prozentanteile der verschiedenen Minerale im Gestein, man mußte ihn bestimmen, damit man das Gestein klassifizieren und sich eine Vorstellung von seinen Eigenschaften machen konnte, und damit man es der Welt der Gattersägen und polierten Fassadenverkleidungen zuführen konnte, der Ordnung des ewigen Gitterwerks aus Längen- und Breitengraden, den Einbauküchen glücklicher Ehen, den Straßen in den Städten, den kommenden Generationen, den Grabsteinen.

»Wieso verläßt du denn die Mami?« fragte Sarah plötzlich, wütend. »Wieso denn? Jetzt wo sie ein neues Brüderchen für uns in ihrem Bauch hat.« Die Stimme versagte ihm. Er konnte nicht sprechen. Wieso denn? Sie schrie. Die Gattersägen brüllten. Wieso denn? Das kleine Mädchen traktierte seine Knöchel mit wilden Tritten. Er war kurz davor, verrückt zu werden oder zu explodieren. Es stieg siedend heiß in ihm hoch. Sie trat ihn immer wieder gegen die Knöchel. Wieso denn?

»Peter«, rief eine andere Stimme. »Peter!« Es war also doch Margaret. Die Kinder mußten sie gesehen haben. Und das Licht unter dem Präparat kam ihm jetzt heller vor und der Lärm noch lauter, dieses unerträgliche Kreischen des Stahls im Granit. Er preßte sein Auge fest auf das Okular, um die letzten paar Punkte seiner Reihe zu zählen. Er mußte sich auf seine Arbeit konzentrieren. Mußte mußte mußte. Aber die Farben waren durch das überintensive Licht jetzt fast ausgewaschen worden, das Netz der Begrenzungen zwischen Mineral und Mineral löste sich auf und damit auch dieses aufreizende Gesicht, in dem er – gerade als es im grellen Licht verschwand – das Gesicht Jerry Owens erkannte.

Margaret hatte die Nachttischlampe angemacht. Sie flüsterte: »Peter, da ist jemand an der Tür.«

Der Andrang des Lichts verwandelte sich in die banalen

Dinge des Zimmers, die donnernden Gattersägen waren bloß ein Türgriff, an dem jemand rüttelte, und Fäuste, die gegen die Tür schlugen. Er stand auf, ging unsicher über Kleider, die auf den Bodenfliesen herumlagen, und als er den Schlüssel umdrehte, taumelte ihm das kleine australische Mädchen in die Arme.

Pluto ist nicht der einzige Gott, der mit Gestein in Verbindung gebracht wird. Es gibt auch noch den Christusfelsen, den Grundstein der Kirche, zu der seit etwa vier Jahren auch seine Frau gehörte. Anna war – kurz nachdem sie aufgehört hatten, regelmäßig miteinander zu schlafen – in die Gemeinde von St. Barnabas eingetreten, deren neugotische Kirche aus porösem Portland Roach erbaut war. Über dem Portal befanden sich ausgeprägte zweischalige Fossile, und Anna kniete bei der Kommunion auf Dioritstufen. So daß sie in ihrem Glauben so wie in der Art, auf die sie in ihrer Handtasche herumwühlte und grimmig entschlossen, nicht den kürzeren zu ziehen, sich auf Diskussionen einließ, sich nicht sehr von der Australierin unterschied, von Hazel Owen, die zu ihm auch von ihrem Glauben an Gott und die Gerechtigkeit gesprochen hatte. Gott und die Gerechtigkeit seien ein Schutz gegen eine egoistische, mechanisierte Welt, in der sich Investitionen rentieren mußten, gleichgültig wie viele Menschen dabei zugrunde gingen (so wie man ihm vorwerfen konnte, daß er sich selbst verwirklichte auf Kosten eines Lebens, das noch gar nicht begonnen hatte). Aber Gott ließ sich nicht leicht zum Eingreifen überreden, und jetzt war Hazel Owen bei ihrem Versuch, mit aller Gewalt Seine Hand ins Spiel zu bringen, damit ein Strom von Gerechtigkeit sich über die Erde ergieße, irgendwo da draußen in dieser Mittelmeernacht gefangen, hatte sich vielleicht verlaufen, war vielleicht verletzt. War sie die Frau gewesen, die ihn am Abend anrufen wollte? Wendy war in ihrem Zimmer vor dem Fernseher eingeschlafen, war dann um vier Uhr morgens aufgewacht und hatte gesehen, daß sie alleine war. Ihre Mutter war nicht zurückgekommen.

»Sie hat gesagt, ich soll zu Ihnen kommen. Sie würden schon wissen, was man machen muß.«

Margaret zog sich an. Sie schaute in den Kühlschrank und fand eine Dose Cola für das Kind. Dann machte Peter, weil er merkte, daß die Luft im Zimmer so verbraucht war, das Fenster auf und klappte die Fensterläden nach draußen. Der Platz unter dem Fenster lag in dem matten Gelb da, mit dem wir die Nacht erleuchten, aber die kleine Marmorfigur über dem kleinen Brunnen wurde von einem Scheinwerfer angestrahlt und ragte geisterhaft in den kühlen Luftstrom, der durch die Straßen wehte.

»Ist sie zur Werkhalle gegangen?« fragte er.

Das Mädchen schüttelte den Kopf. Sie wußte es nicht. Bevor sie eingeschlafen war, hatte sie noch ihren Mickey-Mouse-Pyjama angezogen. Peter spürte diese kleine kindliche Verletzlichkeit, die er so gut kannte. Er erinnerte sich an seinen Traum und nahm eine Schachtel mit einem Verhütungsmittel vom Nachttisch.

»Oder in den Steinbruch?«

»Ich weiß es nicht, sie hat nichts gesagt.«

Margaret gab dem Mädchen Schokolade, die sie in der Handtasche gehabt hatte, und setzte sich neben sie aufs Bett.

»Sie hat nichts gesagt. Nur daß ich zu Ihnen kommen soll. Sie hat gesagt, Sie würden schon wissen, was man machen muß.«

Das Mädchen aß ihre Schokolade und trank ihre Cola. Peter sah den Jadeanhänger, der sich unter dem Oberteil ihres Pyjamas abzeichnete. Als das Mädchen zu zittern begann, legte Margaret den Arm um sie. Das Mädchen fing an zu weinen. Sie wollte nach Hause. Wollte nicht hier sein. Es war ihr gleichgültig, was ihrem Vater zugestoßen war und ob irgend jemand dafür bestraft werden sollte. »Die Mama sagt, sie weiß, daß sie ihn wiedersieht, und daß sie ihn spüren kann. Aber das stimmt nicht. Das stimmt nicht. Nein, nein, nein.«

Peter und Margaret warfen sich einen Blick zu. Er ging zu seiner Aktentasche, suchte sein Adreßbuch und nahm es mit zum Telefon. Dann zögerte er, fragte sich, wo das alles hinführen sollte und was eigentlich los war. Er wußte nicht, ob sie den Stein vom Dach geholt hatten oder ob die Tür da oben nachts immer abgesperrt war. Und Hazel Owen war vielleicht auch bloß in den Büro- und Laborräumen der Werkhalle eingesperrt und wartete, bis sich am Morgen ein Schlüssel im Schloß drehte und sie wieder heraus konnte – mit irgendwelchen Beweisen, die sie da drin gesucht hatte. Ein Anruf konnte die Sache für sie durchaus verschlimmern. Einen Augenblick lang stand er erstarrt und untätig vor so viel Unbekannten, so wie ihm jetzt sein ganzes Leben erstarrt vorkam und doch gleichzeitig wohl oder übel weiterging – die gefährliche Stille des Wellenkamms, bevor die Woge wieder in das eintönige, gleichförmige Meer zurückstürzte. Er schüttelte sich. Dann tat er etwas völlig Unwahrscheinliches. Er rief völlig grundlos – oder aus demselben Grund, aus dem ein Krebs seitwärts krabbelt – Murray an.

Vielleicht war das der Augenblick der Entscheidung.

Die Frau seines Partners in Twickenham war am Apparat. »Um Himmels willen! Wie spät ist es denn?«

Im Hotelzimmer hatten Margaret und Wendy den Blick auf ihn gerichtet. Er spürte, daß er beurteilt wurde, abgeschätzt. Wie von den wachsamen Augen in seinem Traum. Kind. Frau. Das sind die, die uns beurteilen. Er zögerte, und durch das geöffnete Fenster flatterte ein riesiger Nachtfalter ins Zimmer.

Aber jetzt kam Murray an den Apparat und redete drauflos. »Peter, wo waren Sie denn? Ich hab den ganzen Abend versucht, Sie zu erreichen. Ich muß ungefähr zwanzigmal angerufen haben. Sie müssen morgen wieder zurückkommen, das heißt heute. Okay? Mit dem ersten Flugzeug.«

»Was?«

Der Nachtfalter schrammte immer wieder hörbar gegen den rosafarbenen Kunststoffschirm der Nachttischlampe. Margaret ging schnell ans Fenster und machte es zu.

»Die Australier haben sich heute abend gerührt und uns mitgeteilt, daß alle Beteiligten übereingekommen sind, die Sache durch einen außergerichtlichen Vergleich zu regeln. Sie können also wieder nach Hause kommen.«

»Das kommt aber sehr plötzlich.«

»Sie haben in ihrem Telex geschrieben, daß allein schon Ihre Anwesenheit gewirkt hat und daß wir eine Rechnung schicken sollen.«

Peter spürte plötzlich, daß ihm etwas um den Kopf schwirrte.

»Aber ich hab doch erst heute abend Maifredi getroffen, und er hat nichts von einem Vergleich gesagt.« Er schlug mit der Hand nach dem Falter. Gleichzeitig erinnerte er sich an das dauernde Funkeln im Blick des dicken Mannes, an seine unerklärliche Selbstsicherheit.

»Ich war im Büro, als die Nachricht um halb neun durchkam. Sie war vollkommen eindeutig. Es hat keinen Sinn, jetzt noch zu bleiben, wo sie sich für einen Vergleich entschieden haben.«

Peter wußte nicht, was er dazu sagen sollte. Es war, als wäre eine ganz neue Dimension hinzugekommen. Oder als wäre die ganze Situation umgekehrt worden. Der Nachtfalter, so groß wie eine Fledermaus, war wieder an der Lampe, und Schatten huschten überall herum. Wendy duckte sich.

»Aber davon mal abgesehen – wozu um Gottes willen rufen Sie denn um diese Zeit an?«

Peter erklärte, daß die Australierin verschwunden und daß ihre Tochter an seine Tür gekommen sei, weil sie Hilfe brauche. Er befinde sich in einem Dilemma, weil die Entwicklung der Dinge seine eigenen Untersuchungen gefährden könne.

»Rufen Sie die Polizei an«, sagte Murray. »Ganz einfach. Das ist nicht Ihr Problem.«

Peter bedeutete Margaret, sie solle ihm den Aktendeckel zum Bett herüberbringen.

»Ich wollte ihr bloß keinen Strich durch die Rechnung machen, falls sie irgendwelche Unterlagen oder sonst etwas gefunden hat und nur bis morgen früh warten muß, bis sie wieder zurückkommen kann. Ich hab gedacht, das könnte uns auch nützen. Ich wollte hören, was Sie davon halten.«

»Gestern wäre das vielleicht noch wichtig gewesen«, sagte Murray, »aber nicht jetzt, wo die Beteiligten sich auf einen Vergleich geeinigt haben. Sie sind nicht einmal an einem Gutachten interessiert. Sie wollen nichts wissen. Ach ja, und Anna liegt mir dauernd in den Ohren. Sie will wissen, wann Sie wieder heimkommen.«

Jetzt war es also so weit, daß er seinem Seniorpartner etwas von der verhängnisvollen Platte sagen mußte, ihrer ausgeprägten Schieferung und den deformierten Quarzen, verräterischen Fragmenten eines unvollständig aufgelösten Nebengesteins. Murray war in diesen Dingen eine Autorität. Er verstand die Gefahr. Aber Peter zögerte noch. Wütend wedelte der Nachtfalter mit seinen Flügeln Staub auf dem Lampenschirm auf. Margaret gab Peter den Aktendeckel.

Murray sagte: »Rufen Sie doch einfach die Polizei an und nehmen Sie das nächste Flugzeug nach Hause. Ach, und rufen Sie Ihre Frau an, bevor sie einen Nervenzusammenbruch kriegt oder mir einen verpaßt.«

Peter zögerte immer noch. Dann endlich, während er den Hörer ans Ohr hielt und den Blick von den beiden Gesichtern abwandte, die ihn besorgt beobachteten, wurde ihm klar, daß zu den vorhandenen Problemen nicht etwa noch ein weiteres Problem kam, sondern daß diese neue Entwicklung eine unerwartete Lösung für alle anderen Probleme bot. Mitten in der Nacht hatten diese kodierten Impulse, die ihn durch Faseroptik erreichten, sein Dilemma beseitigt, als hätte es nie existiert. Er brauchte sich nicht mehr zwischen einem soliden und einem unsoliden Gutachten entscheiden. Man wollte kein Gutachten von ihm. Die Angst, daß die Integrität bei der Arbeit das empfindliche Gleichgewicht zu Hause zerstören könnte, hatte sich in Luft aufgelöst. Er mußte lediglich die Polizei anrufen und gehen. Von hier verschwinden. Er hätte ja ohnehin seine Kinder nie verlassen können. Sein Traum sollte ihn daran erinnern. Und er konnte vielleicht wieder mit Anna glücklich sein.

Nicht einmal das neue Kind machte ihm etwas aus. Und das war ja die Lösung, die auch Margaret gewollt hatte. Er hatte das letzte Nacht gespürt. Eine plötzliche Abkühlung, die sie durch einen glatten Riß trennte. Sie liebte ihn. Aber sie wollte so etwas nicht am Beginn ihres Erwachsenendaseins haben. Ihre Beziehung sei eine Last, hatte sie gesagt. Und es war richtig gewesen, daß er sich mit Thea eingelassen hatte. Er hatte seinen Spaß gehabt. Konnte jetzt nach Hause zurück. Die Mikrobrüche waren nur Mikrobrüche. Er war unter der Belastung nicht zersprungen. Es war seltsam, daß sein Instinkt ihn im richtigen Moment hatte Murray anrufen lassen. Der Nachtfalter ließ sich endlich auf der weißen Wand nieder.

»Wird gemacht«, sagte er. »Entschuldigen Sie, daß ich Sie aufgeweckt habe.« Er legte auf und konnte dabei ein Lächeln nicht unterdrücken. Als hätte er sich verlaufen und fände sich plötzlich in seinem Wohnzimmer wieder. Es wäre verantwortungslos, die Polizei nicht anzurufen. Die Frau wurde vermißt, verdammt noch mal. Sie war vielleicht verletzt. Er hielt den Aktendeckel in der Hand, machte drei Schritte nach vorne und klatschte mit einem raschen Schlag das riesige Tier an die Wand.

Der Fußboden des Polizeireviers bestand aus billiger Brekzie, ein polygenes schwarzbraunes Gemisch, Sachen, die zuerst zerbrochen und dann wieder zusammengepreßt worden waren. Irgendwo tief unten in der Erde. Die Matrix muß allerdings ziemlich bröselig gewesen sein, weil fast auf jeder Fliese Spuren einer weißlichen Füllmasse zu sehen waren, die wahrscheinlich maschinell aufgetragen worden war. Eine glatte Oberfläche ist unbedingt notwendig. Aber man konnte gut mit dem Stuhl darauf herumrutschen. Daß man sie hierher gebracht und nicht im Hotel mit ihnen gesprochen hatte, ließ sich wahrscheinlich darauf zurückführen, daß die Polizei mit der Hotelleitung eine Übereinkunft getroffen hatte, um unliebsames Aufsehen zu vermeiden. Das paßte ihm nicht besonders, weil es dadurch möglicherweise schwierig wurde, Anna noch anzurufen, bevor das Flugzeug ging. Er mußte also schnell machen. Es war wahrscheinlich ohnehin in Mrs. Owens Interesse, wenn er im Zusammenhang mit ihrem Verschwinden nur die nötigsten Informationen über sie preisgab. Der noch etwas jüngere Mann, mit dem Peter sprach, war wohl aus dem Bett geholt worden, weil er über gewisse Grundkenntnisse in Englisch verfügte, und Peter erklärte ihm, daß der Mann der vermißten Frau durch eine Steinplatte ums Leben gekommen sei, die ihm auf den Kopf gefallen war. In Australien. Sie sei völlig verstört hierher gekommen, weil sie glaube, die hiesige Lieferfirma sei irgendwie verantwortlich dafür. Sie habe tags zuvor das Hotel um zehn Uhr vormittags verlassen und sei nicht mehr zurückgekommen, obwohl sie heute noch nach Hause fliegen wollte. Er machte eine Pause. Sie seien besorgt, sagte er dann, weil sie vielleicht einen Autounfall gehabt habe oder ihr sonst etwas zugestoßen sein könnte. Sie habe einen gelben Opel gemietet.

Zwischen billigen Schreibtischen und Aktenschränken besprachen sich die Polizisten in der Landessprache. Sie wußten nichts von einem Unfall. Ob er sich vorstellen könne, wo die Frau sich möglicherweise aufhalte? Margaret, die an der Wand saß und Wendys Hand hielt, beobachtete ihn mit einem seltsamen, fast kritischen Blick.

Peter zuckte die Achseln. Sie habe, sagte er, vielleicht versucht, in das Büro über der Sägerei einzudringen, weil sie gehofft habe, bestimmte Unterlagen zu finden. Wie er schon gesagt habe, sei sie von dem Gedanken besessen gewesen, daß ihr Mann dem verantwortungslosen Verhalten der beteiligten Unternehmen zum Opfer gefallen sein. Dann sagte er laut, was ihm im Kopf umging: »Oder vielleicht hat sie auch Selbstmord begangen.« In das Schweigen hinein, das danach entstand, sagte er: »Ich muß in drei Stunden nach London zurückfliegen. Meine Arbeit hier ist abgeschlossen.«

Auf der Fahrt ins Hotel drehte Wendy sich zum Fenster.

»Ich bleib bei ihr«, flüsterte Margaret. »Wenn du mir Geld leihst.«

»Was?«

Die Farben der Nacht oxydierten im Licht des frühen Morgens. Ihr Gesicht war grau. Ihr Lippen hatten die schwellende Intimität des vergangenen Abends verloren.

»Jemand muß sich um sie kümmern. Sie ist doch erst sieben.«

Jetzt, nur zwei Stunden vor dem Abflug, war ihm diese besondere Komplikation einfach nicht aufgefallen.

»Aber ich brauche Geld«, sagte sie.

»Ich hab nur meine Firmenkreditkarte.« Er ging in Gedanken rasch die verschiedenen Möglichkeiten durch. »Und wenn ich die Karte benutze, dann kommt es heraus. Auf der Rechnung wird alles einzeln aufgeführt. Und wenn du hierbleibst, und die Sache irgendwie in die Presse kommt, dann weiß jeder daß ich mit dir zusammen hier war.«

Ihr Gesicht hatte jetzt eine harte, glatte Struktur, von der er nicht wußte, ob er sie schon einmal an ihr wahrgenommen hatte. Ihre Augen wirkten groß in der feinkörnigen Fahlheit ihres Gesichts. Das kleine Mädchen saß da und preßte das Gesicht gegen das Fenster. Peter wußte, daß er sich gleichzeitig kleinlich, beschämend und vollkommen vernünftig verhielt.

»Wie lange würdest du denn bleiben?« fragte er.

»Ach, ich glaube, ihre Mutter wird irgendwann im Lauf des Tages wieder zurückkommen.«

»Und was passiert, wenn sie nicht kommt? Was ist, wenn...«

Die großen Augen wurden plötzlich ganz schmal. Das Mädchen saß ja direkt neben ihnen. Mach ihr doch um Himmels willen keine Angst! Er wandte den Blick ab.

Margaret flüsterte: »Wenn sie wirklich nicht auftaucht, dann kommt jemand aus Australien. Bis dahin muß ich hierbleiben.«

Einmal, als er bei Sidmouth unter einer tonigen Steilwand ein Grollen hörte, war er aufgesprungen und mußte vor den herabfallenden Felsbrocken um sein Leben rennen und spürte, daß seine nackten Füße auf dem tertiären Schiefer nur sehr mühsam vorankamen. Der Boden enthielt auch Feuerstein, und Peter zog sich an der Ferse schwere Blutergüsse zu. Aber das waren angesichts der Felsen, die hinter ihm herunterkamen, nur unwichtige Überlegungen. Und jetzt hatte er ziemlich genau dasselbe Gefühl: Er durfte sich jetzt, wo er davonlief, so schnell es ging, nicht aufhalten lassen. Es stand zuviel auf dem Spiel. Und er sagte ungehalten: »Das ist doch lächerlich, sich von dieser verrückten Frau in so eine Lage bringen zu lassen. Ich muß weg.«

»Peter, sie hat das nicht getan, um dich zu ärgern.«

Er sagte nichts dazu.

»Leih mir ein bißchen Geld. Ich gebe es dir wieder zurück.«

»Ich hab dir doch gesagt, daß ich keines habe. Ich hab nur die Kreditkarte.«

Sie sagte: »Dann gib mir das Geld, das du bekommen hast, damit du ein positives Gutachten schreibst.«

Er wandte sich ihr wieder zu, und sein Blick wurde weit. »Ach Gott, ja. Das muß ich ihnen noch zurückgeben. Das hab ich vergessen.«

»Gib es mir.«

»Das kann ich nicht tun. Das würde ja heißen, daß ich Schmiergelder nehme.«

»Peter!« Er schaute sie an und sah, daß ihre Augen einen unmißverständlich feindseligen Ausdruck angenommen hatten. »Du hast dich auf jede nur mögliche Art kompromittiert. Ich sehe keinen Grund, warum du ihr Schmiergeld nicht annehmen solltest. Es geht schließlich um einen Menschen. Ich gebe es dir sowieso wieder zurück, sobald ich kann. Aber ich lasse sie hier nicht alleine oder bei der Polizei oder sonstwo. Das wäre nicht recht.«

»Was meinst du damit – ich hätte mich kompromittiert?«

»Du weißt, daß irgend etwas läuft, und unternimmst nicht das geringste, um herauszufinden, was es ist.«

Er fand, sie hätte mehr Grund gehabt, sich darüber zu beklagen, daß er am Morgen, nachdem er sie gefragt hatte, ob sie mit ihm leben wolle, nichts Eiligeres zu tun hatte, als nach

Hause zu seiner Frau zu kommen. Als sei das der letzte Fluchtweg.

»Ich weiß nicht, wovon du redest«, sagte er. »Jedenfalls bin ich hier abgezogen worden. Mein Auftrag ist beendet. Die Firma hat keinen Grund mehr, für meine Spesen aufzukommen.«

»Aber du hast der Polizei gesagt, Hazel Owen sei völlig verstört und von ihrer Idee besessen, wo es doch nicht unwahrscheinlich ist, daß sie recht hat. Du hast ja selber gesagt, daß irgendwas mit dem Stein nicht in Ordnung ist.«

Wendy hatte sich umgedreht und hörte zu.

Er sagte: »Sie haben das wahrscheinlich gar nicht verstanden – ›völlig verstört‹.«

Sie waren angekommen. Er wollte aus dem Wagen in das blendende Licht des frühen Sonnenscheins hinaus, das auf den Porphyrpflastersteinen vor den Hotelstufen funkelte. Aber sie sprach weiter auf seinen Rücken ein: »Offensichtlich hat dieser außergerichtliche Vergleich etwas damit zu tun, daß du die Platte in die Hand bekommen und entdeckt hast, daß sie aus einem anderen Material besteht. Was hätte sie denn sonst dazu bringen sollen, daß sie es sich anders überlegt haben? Und jetzt läßt du die ganze Sache sausen.«

»Ich verhalte mich einfach nur professionell«, sagte er.

»Und ich bleibe hier, ob du mir nun Geld leihst oder nicht.«

Sie kam hinten um das Auto herum und hielt das Mädchen fest an der Hand.

»Wieso bist du denn so wütend?« fragte er. »Mein Auftrag ist beendet. Ich habe keine Wahl.« Er war nervös hier im grellen Licht der Sonne. In England wäre es kühler, die Umrisse wären weniger hart abgesetzt, alles wäre ins wohltemperierte Licht der Vorstadt getaucht. »Ich sehe keinen Grund dafür, warum du mich angreifst«, wiederholte er.

»Verdammt noch mal, das erwartest du doch von mir, oder? Daß ich helfe, damit alles ein bißchen leichter geht. Ich hab dich noch nie so erlebt. Aber du kannst das nicht auf Kosten eines kleinen Mädchens tun. Verstehst du?«

Sie starrten sich an. Standen sich lange so gegenüber. Als würde sich ihre gefährdete Beziehung in dem Augenblick, in dem sie den Blick voneinander lösten, in Nichts auflösen. »Margaret! Margaret! Ich muß jetzt zurück, das mußt du verstehen.«

Aber dann stand da die Telefonzelle.

Als Margaret durch die Drehtür gegangen war, ging sie zur Rezeption und fragte, ob Mrs. Owen vielleicht zurückgekommen sei. Peter ging schnell in den Korridor und in die Telefonzelle, um Anna anzurufen. Ihre Stimme kam sofort durch die Leitung, laut und deutlich, obwohl sie ja elektronisch zerlegt und wieder zusammengesetzt worden war. Während er sprach, hatte er den Blick auf den Fußboden gerichtet und war wieder von der Dreistigkeit des Imitats beeindruckt – der Boden wirkte wie roter Kalkstein, der grau und weiß angeschlagen war, und in jedem der maschinell hergestellten Quadrate war ein Fossil, das nie gelebt hatte. Ein Kind hätte das durchschaut. Ein Kind. Und er sagte: »Natürlich mußt du es haben. Natürlich wollen wir es.« Es tat ihm lediglich leid, daß man ihm bis jetzt nicht alle ihre Faxe gegeben hatte. Er hatte gedacht, daß ihm alle diese Sachen aufs Zimmer gebracht würden, aber man mußte an einem besonderen Schalter danach fragen. »Ich freu mich, daß du schwanger bist«, sagte er und hatte – als ihm diese paar Wörter fast automatisch entschlüpften – das Gefühl, daß er sich in zwei Hälften spaltete. Das hatte nichts mit Täuschung zu tun. So wie die Sache mit Thea eigentlich nichts mit Betrug zu tun hatte. Aber mit Schichten, die sich trennten, mit dem dürftigen Zusammenhalt des Agglomerats, das er war. Er freute sich wirklich für sie. Er wußte, daß sie das am meisten wollte, bevor die Jahre des Kinderkriegens vorbei waren. Und gleichzeitig – während ihre beiden Stimmen abwechselnd über die Leitung liefen – wußte er, daß er nicht daran teilhaben konnte, physisch nicht daran teilhaben konnte. Irgendwann im Verlauf des Gesprächs sagte er ihr, daß sie übergeschnappt sein müsse, wenn sie von Abtreibung rede, wo doch Geld da war und sie das Kind so sehr haben wollte. Verrückt.

»Du warst immer so weit weg«, sagte sie. »Als wolltest du dich vor mir verstecken.«

Er habe anzurufen versucht, sagte er. Aber sie sei nicht zu Hause gewesen. Und dann habe er so unheimlich viel zu tun gehabt.

»Ich hab das letzte Jahr gemeint«, sagte sie. »Die zwei letzten Jahre. Ach, Peter!«

Er trat mit der Schuhspitze auf das größte Einsprengsel. Es war nichts Schlimmes an einem Imitat, solange man davon nicht dasselbe erwartete wie von einem Original. Darauf kam es an. Wie sollte er denn noch einmal Vater werden? Ein Kaolinit, der zu Staub zerfiel. Und ihm wurde klar, daß die Reihe der Metamorphosen für ihn noch nicht abgeschlossen war. Er war noch nicht angekommen. Er konnte nicht nach Hause. Oder lag es nur daran, daß er so viel wissen wollte, daß dies das einzige Ziel war, mit dem sich seine Persönlichkeit zusammenhalten ließ? Er erinnerte sich daran, wie wohl er sich letzte Nacht an seinem Schreibtisch gefühlt hatte. Er hatte einfach eine Steinplatte beschrieben. Er wollte wieder zu seinem Laptop zurück, wollte wieder diese Macht spüren.

»Peter, bist du noch da?«

»Schlechte Leitung«, sagte er. Er erkundigte sich, wie es mit Sarahs Theaterstück gegangen war.

»Toll, sie war ganz toll. Es war wirklich ein wunderbarer Abend.«

»Es hat ihr nichts ausgemacht, daß ich nicht dabei war?«

»Sie hat es nicht einmal erwähnt. Willst du mit ihr sprechen?«

Er erinnerte sich an Sarahs Kichern, als sie das Gesicht in dem Stein gesehen hatte. Die Dinge, die sie ihm vorgeworfen hatte. Warum? Wenn er dieses Ding doch nur auf seine Belastbarkeit hin hätte untersuchen können. Das wäre dann ein unwiderlegbarer Beweis gewesen. Und er sagte: »Ich bin morgen abend wieder daheim.«

»Oh. Aber Murray hat gesagt, heute. Ich wollte schon das Tranchiermesser wetzen.« Sie lachte unsicher.

»Im Flugzeug ist kein Platz mehr«, sagte er. »Hier ist irgendeine Messe, und es ist alles ausgebucht. Morgen. Morgen bin ich wieder daheim.«

Ein paar Augenblicke später lief er, weil der Aufzug besetzt war, die gelbbraunen Treppen des Hotels hoch. Bis zum Dach hinauf.

Alle Tiere suchen und finden. Aber ihre Suche ist an die Gattung gebunden. Eine Suche nach Fressen, nach einem Geschlechtspartner, nach Material für den Nestbau. Oder sie suchen nach etwas, weil es ihnen gehört: ein Junges, das sich verlaufen hat, einen vergrabenen Knochen. Nur der Mensch sucht nach etwas, das einzigartig ist, aber nicht ihm gehört, das etwas Persönliches ist, aber nicht für ihn – einen Gegenstand, den er im endlosen Fluß des Lebens haben muß: einen Faden, der aus einem Labyrinth führt, einen Talisman, einen wertvollen Stein. Der Mensch hängt mit einer unendlichen Intensität an der unbelebten Welt, an der Vorstellung, er könne sich in Dingen auflösen, neu erschaffen und finden: in Denkmälern, Beziehungsgeflechten, Vasen, Grabsteinen. Und wenn wir alle, alle Lebewesen, letztlich wie Flechten am Gestein hängen, uns durch den Boden von den Produkten seines langsamen chemischen Zerfalls ernähren, so ist doch nur der Mensch in den Fels eingedrungen, um die Diamanten und das Erz herauszuholen, das Innere der Erde nach außen zu wenden und Granit und Marmor in den Himmel zu hängen. Nichts ist heilig. Und sein Schuldgefühl und die drängende Ungeduld kommen vielleicht aus der Angst, daß diese Dinge ihm nicht gehören. Sie ordnen sich vielleicht nicht zu der geeigneten Struktur, nehmen nicht die gewünschte Form und Wirklichkeit an. Vielleicht treten Risse auf, werden Fragen gestellt. Große Scheiben von blauem Spiegelglas fallen durch einen kalten Wintermorgen in Massachusetts. Oder Plattenhalterungen brechen in einem Sturm in Queensland. Und der Mensch richtet sich darauf ein, mit gezogenem Schwert sein Schachbrett zu verteidigen, sein System, seine von Maschinen gemachte Welt, sich selber. An diesem Punkt, wenn er verloren hat, was ihm gehört, oder wenn er den Talisman nicht findet, der alles zusammenhält, der die Struktur stützt – an diesem Punkt wird er selber vielleicht gefährlich, rachsüchtig, bösartig. Jedenfalls hatte derjenige, der Peters Zimmer in seiner Abwesenheit durchsucht hatte, die Geduld verloren. Die Koffer waren aufgebrochen und ihr Inhalt auf den Boden gekippt worden. Sogar die beiden Matratzen waren vom Bett gezerrt worden. Die Kommodenschubladen lagen in einem wirren Durcheinander in der Mitte des Zimmers.

Margaret und Wendy standen da und starrten ins Zimmer. Als Peter zum Zimmer kam, trug er die Plastiktüte mit der Platte unter dem Arm. Das Chaos im Zimmer, das sie in ordentlichem Zustand verlassen hatten, rief Angst und gleichzeitig ein Hochgefühl in ihm hervor. Aber im Gegensatz zu dem Durcheinander, das er vorfand, war Peters Kopf ganz klar – geschliffen und geschärft. Er ging an den Computer und sah auf das Laufwerk. Die Diskette, und damit auch sein Gutachten, war weg. Ebenso das Notizbuch, das neben dem Computer gelegen hatte.

Aber deswegen waren sie nicht gekommen. Das hätten sie auch finden können, ohne so ein Durcheinander anzurichten.

»Ich hab mich entschlossen, noch zu bleiben«, sagte er zu Margaret. »Wir sollten vielleicht zur Rezeption gehen und fragen, ob wir das Zimmer noch eine Nacht behalten können.«

Aber jetzt klingelte das Telefon.

»Vielleicht ist das die Mama«, sagte Wendy. Sie spielte mit ihrem Anhänger.

Peter nahm den Hörer ab. Es war Viertel vor neun.

»Hallo?« Die Stimme klang ruhig und akzentfrei. »Ich hab mir gedacht, ich rufe an, um dir auf Wiedersehen zu sagen und zu fragen, ob unser Fahrer dich zum Flughafen bringen soll. Ich nehme an, du mußt abreisen.«

Er zögerte.

»Verstehst du, ich wollte eigentlich mitkommen und mich zu dir auf den Rücksitz setzen. Ich fand es ziemlich traurig, daß es mit uns schon zu Ende ist.«

Sogar jetzt noch spürte er die Verführungskraft dieser Stimme, ihren seltsamen Mangel an Persönlichkeit und Gewicht.

Er sagte: »Du weißt sehr gut, daß ich mit meiner Freundin reise.«

»Ja. Eigentlich wollte ich sehen, was sie für eine ist. Ich wollte sehen, ob es irgend etwas gibt, womit sich erklären läßt, warum du sie so schlecht behandelst.«

Peter spürte ein Ziehen an einer Stelle, die er schon für sehr gut geschützt gehalten hatte. »Ich kann jetzt darüber wirklich nicht reden.«

»Ja, das glaube ich auch.« Und sie fügte hinzu: »Weiß du, mir gefällt diese Geschichte ziemlich gut. Schade, daß wir nicht mehr darüber reden können.«

Wendy hatte sich auf eine der Matratzen auf dem Fußboden gesetzt. Auf Margarets Gesicht lag ein fragender Ausdruck. Hatte es irgendeinen Sinn, sich zu fragen, ob er sie liebte?

Er sagte ganz ruhig und beiläufig: »Das läßt sich schon einrichten. Wenn ich meinen Flug auf morgen verschiebe, dann könnten wir uns leicht zum Mittagessen treffen. Ich habe auch ein paar Dinge, über die ich reden möchte.«

Sie war überrascht, daß er offensichtlich umdisponiert hatte. Deshalb fügte er hinzu: »Zum Beispiel darüber, daß jemand gerade mein Zimmer durchsucht hat. Und warum sich gewisse Leute so plötzlich auf einen außergerichtlichen Vergleich geeinigt haben.«

Das Geräusch, das sie von sich gab, lag irgendwo zwischen einem Kichern und einem Seufzen. »Peter, ich glaube, du solltest dein Flugzeug nehmen.«

»Wieso denn?«

»Flieg einfach. Mach nicht diesen Fehler.«

Dieses mysteriöse Getue, dachte er, hatte sie mit seiner Frau gemeinsam. Anna weigerte sich manchmal zu sagen, von wem ein bestimmter Anruf kam. Irgendwo gab es eben immer irgendwelche Überschneidungen. Er sagte: »Ich kann nicht weg, solange ich dir den Umschlag noch nicht zurückgegeben habe.«

»Ach, rede doch keinen Unsinn.«

»Das wäre gegen meine Prinzipien.«

Ihr Stimme klang plötzlich hart und kalt, als sie fragte: »Fliegst du nun, oder fliegst du nicht?«

»Nein. Noch nicht. Ich will noch ein bißchen was über den Stein wissen, den ich gefunden habe. Zum Beispiel, wieviel davon verwendet worden ist.«

Es entstand eine kurze Pause, wie bei einer Maschine, die nachdachte, wartete. Dann sagte sie mit dem alten herausfordernden Ton: »Wenn du versprichst, daß du mit mir schläfst, dann hol ich dich um halb eins in der Lobby ab.«

Er spürte jetzt, daß er vollkommen in die Irre gegangen war. Aber das war nicht der richtige Vergleich. Wie konnte man denn in die Irre gehen, wie konnte man sich denn verlaufen, wenn es keinen Ort gab, an den man hätte zurückgehen können? Der Anruf bei Anna hatte das bestätigt. Aber bei all seiner Verwirrung hatte er sich noch nie so lebendig gefühlt. So fähig zum Handeln. Seine Persönlichkeit, die zu Trümmern zerfallen war, kannte keine Zwänge und Beschränkungen mehr. »Sagen wir ein Uhr«, sagte er.

Margaret fragte: »Wieso in aller Welt hast du denn mich erwähnt?«

»Ich mag einfach nicht mehr lügen«, sagte er. »Jedenfalls können sie die Erpressung vergessen, wenn ich mich so verhalte, als würde ich jedem die Wahrheit sagen.«

Wendy fragte: »Kann ich bitte was zu essen haben. Ich bin am Verhungern.«

Nur das Rätsel bot jetzt noch einen Zusammenhalt, einen Sinn. Obwohl die Gefühle und Empfindungen sich in alle Richtungen zerstreut und aufgelöst hatten, blieb noch die Erregung der Jagd, gleichgültig, welche Rolle man dabei spielte, ob Verfolger oder Verfolgter. Das bedeutete nicht, daß er das Zusammensein mit Margaret nicht ungeheuer genoß. Jetzt sogar noch mehr als in der Zeit, in der man sich über so viele Dinge den Kopf zermartern mußte. Es zeigte sich, was für eine wertvolle Partnerin sie doch war. Es war ihre Idee, daß sie in Hazel Owens Zimmer nachsehen sollten. Das Zimmer war, wie ihr eigenes auch, durchwühlt und der Inhalt der bereits gepackten Koffer auf den Boden gekippt worden. Und es war ihre Idee, daß es falsch sei, die Direktion damit zu belästigen. Dadurch ließe sich nichts erreichen. Während sie Hazel Owens Kleider wieder aufhängte und Wendy ihre Puppen einsammelte, machte Peter sich daran, die Unterlagen durchzusehen, die verstreut in der Duschkabine lagen. Er fand Dinge, die die Australierin ihm nicht gezeigt hatte: eine ziemlich schrille Aktennotiz, in der die Gewerkschaft behauptete, die Arbeiter würden gezwungen, mit unsicherem Material zu arbeiten; eine kurze Anleitung über den Gebrauch von BRG Pentaerythrittetranitat bei der Kammersprengung; eine Kopie der offensichtlich befriedigenden Kennwerte der Bruchtests, die in Sydney durchgeführt worden waren; zwei Flugtickets; und da und dort verstreut, wie bunte Illustrationen zu einem Verzeichnis leukokraten Gesteins, eine Reihe Fotos von einem Familienurlaub. Wahrscheinlich dem letzten.

Er sammelte die Fotos ein, steckte sie in den Umschlag, in den sie gehörten, und bemerkte dabei, daß Hazel fast alle Fotos gemacht hatte, so daß Jerry manchmal Schwierigkeiten hatte, zu lächeln und seinen abgeschlagenen Zahn zu zeigen, während Wendy etwa auf der Hälfte der Fotos lächelte und auf der anderen Hälfte nicht. Auf einem der Bilder stand sie an einer weißen Holzkirche neben ihrem Vater, und auf ihrem Gesicht lag ein zurückhaltender, angestrengt geduldiger Ausdruck, wie ihn Kinder manchmal haben – derselbe Ausdruck, den ihr Gesicht jetzt zeigte: als langweile sie die Welt der Erwachsenen. Sie wirkte weniger verletzlich als resigniert, abwartend. Es war eigentlich so, daß das Kind jetzt, wo es nicht mehr alleine in der Dunkelheit war, durch die Abwesenheit seiner

Mutter nicht besonders beunruhigt zu sein schien. Eher verärgert. Sie mußte einfach wieder einmal mit einem der Dinge zurechtkommen, die sich dem nervtötenden monomanischen Charakter dieser Frau verdankten: daß sie von Australien bis hierher gekommen war, daß sie den Leuten mit dem Unfall ihres Vaters auf die Nerven ging, daß sie unentwegt mit der Kamera herumfotografierte, um glückliche Augenblicke festzuhalten, versteinern zu lassen. Wie sie dasaß und eines ihrer Asterix-Hefte aufschlug, wirkte das schlanke kleine Mädchen auf eine rührende Art unendlich klug. Sie wollte einfach nur spielen.

Dann ging Peter auf, daß die Liste mit Zahlen, die er in der Hand hielt, sich auf die Lieferungen beziehen mußte: wie viele Steine wann angekommen waren. Hazel hatte ihm diese Unterlagen schon einmal gezeigt, aber er hatte sie sich eigentlich gar nicht angesehen. Das Blatt trug die Seitenzahl zwölf, und Peter brauchte zwanzig Minuten, bis er sich in dem Stapel ungeordneter Papiere zu Seite eins vorgearbeitet hatte und dann weiter zu Seite fünfzehn. Er war dabei auf eine Idee gekommen. Und als er gerade in Erregung geriet und gleichzeitig befürchtete, die Berechnungen würden seine Fähigkeiten übersteigen, klingelte das Telefon wieder. Die Frau an der Rezeption hatte sich gedacht, daß sie ihn in diesem Zimmer erreichen würde. Der junge Polizist, der nicht besonders gut Englisch sprach, kam ans Telefon und sagte, der gelbe Opel sei jetzt gefunden worden: auf den Klippen über dem Meer zehn Kilometer südlich.

Als er den Hörer auflegte, fragte Margaret, warum er der Polizei gegenüber die Platte nicht erwähnt habe und daß das Zimmer durchsucht worden sei. Peter wußte selber keine Antwort darauf. »Sie würden es nicht verstehen«, sage er. »Zu viel technische Einzelheiten.« In Wirklichkeit hatte er das Gefühl, daß der Stein irgendwie sein Eigentum war. Das Rätsel gehörte ihm. Er mußte es lösen. Das war das einzige, das ihm eine erkennbare Richtung wies, einen Weg, an dessen Ende es offensichtlich ein Ziel gab. Sonst gab es nur das zunehmend verwickelte Durcheinander seiner persönlichen Beziehungen, die Routine, die er wollte und nicht wollte, den Mutterboden, die Matrix der Familie, die er nicht zu zerstören wagte und auf die er sich gleichzeitig nicht mehr einlassen wollte. Nein, wenn er und Margaret für immer außerhalb der Zeit stehen könnten, wenn sie das Rätsel dieses irregulären Steins lösen könnten, und wenn diese Aufgabe sie nur ein bißchen länger zusammenhielte, dann könnte er vielleicht glücklich sein. Und er fragte das Mädchen, das er liebte, ob sie einigermaßen mit einem Taschenrechner umgehen könne.

»Du Chauvi«, sagte sie. Sie erwartete seine ersten Angaben.

»Wenn ich dir die verschiedenen Abmessungen des Turms und des Einkaufszentrums gebe, könntest du dann die gesamte Oberfläche berechnen? Wobei du beachten mußt, daß die Hauptfassade gekrümmt ist.«

Sie machten sich an die Arbeit. Wendy schaltete den Fernseher ein und fand eine Donald-Duck-Sendung in der Landessprache. Seine Kinder hatten das Video davon. Und während er die Abmessungen vorlas und überlegte, ob er wohl die Fensterfläche schätzen konnte, hatte er wieder den Eindruck, daß im Fremden ein vertrautes Muster zum Vorschein kam, daß er sowohl zu Hause als auch nicht zu Hause war, gleichzeitig er selber und nicht er selber. Und dann, noch während sie über Donald lachte, der in einem Fleischwolf zu Würfeln geschnitten wurde, sagte das kleine Mädchen unvermittelt: »Die haben den Stein gesucht, der den Papa erschlagen hat, oder? Deswegen waren sie hier im Zimmer.«

Peter schaute hoch. »Wahrscheinlich.«

»Stimmt damit etwas nicht?«

»Na ja, irgendwas ist schon sehr seltsam dabei.«

»Deswegen haben Sie ihn versteckt?« Das Mädchen schaukelte beim Reden auf ihrem Platz vor und zurück.

»Ja.«

»Weil Sie gewußt haben, daß vielleicht jemand anders den Stein haben will.«

»Ich...«

Donald schnatterte heftig.

»Und was ist, wenn die genau jetzt ins Zimmer kommen? Dann könnten sie Ihnen den Stein wegnehmen.«

Sie brachte diese Überlegung vor wie jemand, der an der ganzen Sache kein persönliches Interesse hatte, aber durchaus gewillt war zu helfen. Gleichmütig fügte sie hinzu: »Der Papa hat gesagt, daß der Stein nichts taugt. Und die Mama hat gesagt, daß er immer jammert und daß er entlassen wird und wir nichts zu essen haben, aber dann hat er gesagt, daß alles in Ordnung ist, weil sie es gegen etwas Besseres ausgewechselt haben.«

»Sie haben es ausgewechselt?«

Sie sagte, während ihr Blick wieder zum Bildschirm zurückwanderte: »Der Papa hat dauernd über die Arbeit geredet. Das war immer sehr langweilig.«

Seine Kinder langweilten sich auch immer, dachte Peter, wenn er ihnen erklärte, daß das Steak auf ihren Tellern dreißig Gramm reines Gesteinsmaterial enthielt, oder daß die weiße Farbe, die sie benutzen, aus dem Ilmenit in schwarzen Sandablagerungen gewonnen wurde. Sie schoben dann immer ein Video in den Recorder und schauten sich an, wie Donald immer wieder umgebracht wurde und wieder auferstand. Jetzt wurde er gerade von einer Dampfwalze plattgedrückt.

Margaret sagte: »Vielleicht sollten wir den Stein verstekken.«

Peter nahm die Plastiktüte mit dem Stein und ging wie am Tag zuvor damit ans Fenster, obwohl jetzt diese Seite des Gebäudes im Schatten lag. Er zog den Stein ein paar Zentimeter heraus und betrachtete im diffusen Licht eingehend die polierte Seite. Das Blut blätterte ab. Das war bedauerlich. In der Plastiktüte fanden sich feine Steinbrösel, die von der Bruchstelle stammten. Aber davon abgesehen hatte die Platte ihren kurzen Fall und die lange Reise fast ohne Kratzer überstanden. Sie war so stabil, daß sie nicht zersprungen war. Wenn man aber andererseits die gezackte Bruchlinie betrachtete, dann sah man, daß die Kristalle eine Vorzugsorientierung hatten. Höchstwahrscheinlich eine Fließstruktur. Mikrogranit von irgendeinem Gang oder Lagergang. Aber wie sollte er Proben entnehmen und das Ding untersuchen, wenn er keinen Zugang zu ihrem Labor hatte? Das vielleicht ohnehin nicht entsprechend ausgerüstet war. Wie konnte er behaupten, daß irgend jemand schuld sei? Und er wußte, wenn er nach Hause ginge und sich vornähme, es in London zu untersuchen, dann würde er es nie tun. Wenn er nach Hause ginge, dann hieß das, daß er die Routine akzeptierte und nicht durch diesen Riß schaute, der sich darin aufgetan hatte. Das Abenteuer hatte damit zu tun, daß er hier war, daß er mit Margaret zusammen war, hier auf dieser Insel, die für ihn ein Nirgendwo war.

Wieso hatte Hazel gedacht, daß er wisse, was zu tun sei?

»Ich komme in einer halben Stunde wieder«, sagte er. »Bleib du da, falls jemand anruft.« Er erklärte Margaret, was sie mit der Liste der Lieferdaten und seiner Kopie der Ausschreibung tun solle, in der stand, wie sich die Gesamtfläche berechnen ließ, die mit dem tatsächlich gelieferten Stein verkleidet werden mußte. Dann mußte sie noch den Ausschuß einkalkulieren, so wie er in dem Telex beschrieben worden war, das er ihr neulich morgens vorgelesen hatte – und das hier irgendwo sein mußte: da, hier war es –, und dann konnte sie berechnen, in welchem Stockwerk – auf eins oder zwei mehr oder weniger kam es nicht an – sie Mitte Mai waren, als die Platte, die er jetzt unterm Arm hielt, sich aus ihrer Halterung gelöst hatte und heruntergekommen war. Sie hatten gesagt, das sei am zwanzigsten gewesen. »Hast du alles?«

Sie sah sofort, was er vorhatte, und lächelte ihn auf eine ganz neue Art an. Es war das Lächeln einer engagierten, intelligenten Komplizenschaft. Anna wäre dazu nicht fähig gewesen. Anna wäre hysterisch geworden. Aber andererseits war Anna eine erstklassige Mutter und sang im Chor von St. Barnabas mit ihrer wunderbaren Altstimme: Händel, Bach, alte und neue Musik. Und als er in den Lift stieg, fragte er sich, ob es nicht vielleicht darauf ankam, alles im richtigen Fach zu lassen, in das es gehörte, oder es dezent im richtigen Abstand von sich zu halten. So daß man sich immer berührte, aber sich nie traf. So wie Atome sich zusammenballen und dann Kristalle. Wenn die Fächer, die Einteilungen der Natur zusammenbrachen, dann überstürzte sich alles. Obwohl auch das die Natur war. Meistens passierte das, wenn man die Temperatur erhöhte.

Peter schüttelte den Kopf. Noch nie waren ihm Gedanken so schnell und so unberechenbar durch den Kopf gegangen. Er war trunken vor Erregung. Das war auch eine Art von Selbstzerstörung. Er blieb in der Lobby stehen und überlegte, ob der, der die Zimmer durchsucht hatte, ihn nicht vielleicht hier erwartete, um ihn anzusprechen. Eine kleine Gruppe Asiaten hatte sich an der Drehtür versammelt. Die Leute standen auf etwa einem Dutzend der Syenitplatten des Fußbodens. Kein besonders attraktiver Stein.

Jetzt rief ihn die Frau am Empfang zu sich. Sie hatte London in der Leitung. Die Zelle war belegt, deshalb nahm er den Anruf direkt am Rezeptionsschalter mit seiner Platte aus mit Mikrobrüchen durchzogenem Grey Pearl an, wo ihm der Zigarettenrauch der jungen Frau in die Augen stieg. Ihr kurzes, wie ein Helm geschnittenes Haar wirkte wie ein Teil ihrer Uniform. Sie lächelte, beobachtete ihn. Und ihr Lächeln wirkte auch wie ein Teil ihrer Uniform.

Murray sagte: »Ich höre, Sie kommen jetzt erst morgen. Was ist denn los?«

Peter antwortete instinktiv: »Herrgott, wieso reden Sie denn so oft mit Anna?«

»Ich kann doch nichts dafür, wenn sie mich anruft. Sie hat sich Sorgen gemacht, weil ich ihr gesagt hatte, daß Sie heute zurückkommen.«

»Ich versteh nicht, wieso sie sich Sorgen macht. Ich hab doch eine sehr gute Ausrede benutzt.«

»Ach, es war also eine Ausrede.«

»Hören Sie, diese Australierin ist verschwunden. Ich weiß nicht, was los ist. Ihre Tochter ist erst sieben, und sie ist vollkommen alleine. Ich wollte sichergehen, daß jemand sich um sie kümmert.«

»Und ich will Sie so schnell wie möglich wieder hier haben.«

»Morgen ist Samstag«, sagte Peter. »Ich hab kaum geschlafen. Ich versteh nicht, warum jetzt auf einmal alles so eilig ist. Ich komme für alle Spesen selber auf, wenn da das Problem liegt. Heute ruh ich mich einfach aus.«

Es entstand eine Pause. Man hörte ein leise rasselndes Geräusch in der Leitung. Stahlfedern klangen auch so, wenn sie belastet wurden. Die Frau an der Rezeption lächelte. Er spürte im Arm das Gewicht des verhängnisvollen Steins. Peter begann leicht zu schwitzen und sagte: »Murray, hören Sie, Sie wissen nicht zufällig mehr über die Situation hier unten, als Sie sagen? Sie wissen, ich habe...«

»Kommen Sie einfach nach Hause«, sagte der Seniorpartner, der jetzt offenkundig sehr gereizt war. »Die Behörden kümmern sich schon um das Mädchen. Wir sind ja kein Wohltätigkeitsverein.«

»Sagen Sie mir doch«, sagte Peter, »welches der Unternehmen den Vergleich angestrebt hat. Weil...«

Murray lachte, was selten vorkam. Und dann benutzte er, was auch selten vorkam, den Namen seines Juniorpartners: »Peter, seien Sie kein Esel. Ihre Frau erwartet Sie. Am Montagmorgen müßten Sie zu einem Steinbruch wegen einer Machbarkeitsstudie. Eine paar Tage in Derbyshire. Sie können Ihre junge Freundin mitnehmen, falls das Ihre Sorge ist.«

»Was für eine junge Freundin denn?« Aber anscheinend war wieder ein Fach verschwunden. Seine Hand, die auf dem polierten Granit lag, zitterte.

»Aber Peter. Das weiß doch jeder. Sie sind ja die letzten drei Monate wie ein hypnotisierter Furz rumgelaufen. Es ließe sich schwer behaupten, daß Sie sehr diskret gewesen wären. Wieso, glauben Sie denn, ist Ihre Frau völlig durchgedreht? Seien Sie jetzt vernünftig, setzten Sie sich in ein Flugzeug, und ich seh Sie gleich Montag früh, wenn wir die Unterlagen für den neuen Auftrag besprechen.«

Wenn man die Ohren vor den Hintergrundgeräuschen der modernen Zeit verschloß, wenn man die perfekten rechten Winkel übersah, die Reihen der geparkten Autos, die unwiderstehlichen Neonreklamen hinter den Schaufensterscheiben, dann trat ganz deutlich die fossile Struktur hervor, in der die untergegangene Kultur dieser Inseln überlebte. Sie waren das Zentrum der damaligen Welt gewesen, brachten die Vasen und Statuen hervor, die ihre Mythen und Geschichten beglaubigten, schufen die Gußformen, die es erlaubten, einen Gegenstand oder ein Kunstwerk immer und immer wieder zu kopieren, das geschriebene Wort, mit dem sich alles reproduzieren ließ. Oder nichts. Peter ging durch irgendein offenstehendes Tor, weil er sehen wollte, ob er wirklich verfolgt wurde oder bloß an schleichendem Verfolgungswahn litt, und war auf einmal mitten unter Säulenstümpfen und Steinen, die einmal ein kleiner Tempel gewesen sein mußten und sich jetzt im Vorhof eines Regierungsgebäudes befanden.

Er stand da, las die Inschrift einer Tafel und schaute dabei die ganze Zeit über die Schulter nach hinten. Eine Gruppe eifriger Touristen verwandelte durch die Objektive ihrer Kameras die alte Geometrie in die neue. Es war bloß 2500 Jahre her, und unter dem verschmutzten Glas einer Vitrine sah man auf dem Bruchstück eines Frieses zwei weibliche Figuren in langen Gewändern. In vier Sprachen stand auf einer Tafel: »Doppelte Nemesis – identische Figuren der Nemesis, Hüterin der sittlichen Weltordnung. Eine Figur hält ein Winkelmaß, die andere die Urne, mit der Lose geworfen wurden.« Peter schaute die Figuren an. Er sah, daß es sich bei dem Stein um einen feinkörnigen, schon stark verwitterten Kalkstein handelte. Das war nicht anders zu erwarten.

Als er auf der breiten Straße weiterging, die zum Meer hinunterführte, dachte er daran, daß er jetzt den fünften Tag auf der Insel war, und daß sich das Wetter nie geändert hatte. Immer dieses übermäßig blendende Licht und die glühende Sonne, von der man wußte, daß sie da war, aber in die man nicht schauen konnte. Sie war gleichzeitig vollkommen und bedrückend. Als habe das Licht, das Parkuhren, Palmen und Stuckfassaden so sauber ausschnitt und in die Landschaft klebte, ihn irgendwie von seinem früheren Leben oder irgendeiner vorstellbaren Zukunft abgeschnitten. Er erstarrte hier im Mittagslicht einer schmerzlindernden Sinnlichkeit. Ferienwetter.

Und zu Hause wußten sie alle Bescheid.

Er überquerte die Straße, die am Meer entlanglief, und stieg drei Stufen zum Strand hinunter. Fast augenblicklich wich das gereizte Tosen des Verkehrs, der sich durch seine vorgeschriebenen Bahnen zwängte, dem schrilleren Geräusch menschlicher Laute, dem Rufen, dem Gelächter und den Unterhaltungen auf dem heißen weißen Sand zwischen den Sonnenschirmen. Und auch wenn alles noch so bedrängend war, so war es doch unmöglich, die Mädchen zu übersehen. Was für eine Leidenschaft, was für eine Besessenheit mußte da die Triebkraft gewesen sein, daß jemand diese Kurven und Linien in Stein kopierte, die Stellung von Oberkörper und Schenkel. Ja, wahrhaftig – doppelte Nemesis! Warum mußte es zwei davon geben? Und warum hatte er plötzlich das Gefühl, daß es eigentlich keinen Anlaß zur Eile gäbe, obwohl die Ereignisse sich überstürzten?

Das Meer lag reglos da. Er ging die Reihen entlang, bis er die Koordinaten des Sonnenschirms fand, den sie gemietet hatten: fünfte Reihe von oben, zweiundzwanzig nach innen. Zwei Liegestühle lehnten an einem Zementsockel. Er klappte einen der Stühle auseinander, setzte sich darauf, legte sich die Plastiktüte mit dem Stein unter die Füße und drückte und drehte langsam – während überall Kinder spielten, Väter rauchten, Mütter Zeitungen lasen oder ins Wasser gingen – dieses Stück Eruptivgestein in den Quarzsand. Er dachte, daß er gern ein Tourist gewesen wäre, seinen Körper in der Sonne gebadet und die Ruinen fotografiert hätte. Aber er hatte das noch nie gemacht, hatte sich immer schwergetan, zwischen Arbeit und Spiel einen Übergang zu finden. Er sammelte eigentlich immer nur, suchte nach Körnern und Kristallen in Steinen, sah im Schwung eines Baumstamms, daß sich die Landschaft senkte, schloß vom Festgestein auf den Boden, den es hervorbrachte. Anna beklagte sich; er erledige manche Sachen nicht, wenn es Zeit sei, sie zu erledigen; er entspanne sich nicht, wenn es Zeit zum Entspannen sei. Aber die Dinge, die ihm auffielen und die er beobachtete, beruhigten ihn. Das ging über irgendwelche religiösen oder gesellschaftlichen Vorstellungen hinaus. Vielleicht sogar über seine Liebe zu Margaret. Margaret, die ihn gleichzeitig aus seinen Träumereien und Spekulationen gerissen und das ganze wieder neu in Gang gesetzt hatte. Er sah sie ja immer so, wie er diese oder jene Verbindung betrachtete, oder eine Struktur, eine Farbe, irgend etwas Schönes.

Margaret. Die wie eine Perle war. Seine Margaret.

Peter drückte den Stein, der offensichtlich einige Leute störte, tiefer in den Sand hinein. Die Platte war jetzt gut zugedeckt, war vielleicht fünf oder sieben Zentimeter unter der Oberfläche. Niemand käme auf den Gedanken, hier zu suchen. Dann, als er aufstand, um zu gehen, sah er Mrs. Owen.

Er erhaschte durch das Kaleidoskop aus Sonnenschirmen, Badeanzügen und dem Hitzeflimmern über dem Sand einen kurzen Blick auf sie. Sie trug wieder Schwarz – ein Makel, ein Schatten mitten in den schmerzhaft leuchtenden Farben und dem Licht. Peter wollte losgehen. Auf einmal stand ein großgewachsener Schwarzer vor ihm und streckte ihm seinen Bauchladen mit Schmuck hin. Jetzt hatte er Mrs. Owen aus den Augen verloren. Es waren ja so viele Menschen da. Er trug ein Hemd und lange Hosen und konnte sich mit seinen großen Clark's-Schuhen nur mit Mühe durch den Sand bewegen. Er schwitzte. Sie war unten am Meer gewesen. Vielleicht paddelte sie sogar im Wasser herum. Er konnte in dem nachgiebigen Sand nicht laufen. Alle anderen bewegten sich so langsam, so ziellos. Es war, als träumte er, ein Teil seines Körpers sei gelähmt – alles wurde zu einem Hindernis. Er stolperte durch den Gang zwischen den Sonnenschirmen, wich einem Tennisball aus, lief um die Sandburg eines Kindes herum. Dann, als er sie, ein ziemliches Stück weit entfernt, unten am Wasser wieder sah, rief er ihren Namen. »Hazel. Hazel!« Sie war nicht alleine. Sie ging neben einem großen Mann her, der blaue Shorts anhatte. »Hazel!« Seine Stimme ging in den Rufen und im Stimmengewirr des Strandes unter. Es drehte sich nicht einmal jemand nach ihm um. »Hazel!« Er sah sie in einer dichten Menschentraube am Wasser, wie sie langsam und aufrecht durch die Jogger und die Badenden ging. Die Dicken füllten ihre Lungen mit Jod, die Mütter saßen mit ihren kleinen Kindern im seichten Wasser. Es waren immer noch fünfzig Meter. Er lief um ein Segelboot herum, das gerade auf den Strand gezogen wurde, dann am Hochsitz der Rettungsschwimmer vorbei. Links schimmerte groß und flach das Meer, das man nur wahrnahm, weil man den Kegel des Vulkans sah. Dann der ständig sich bewegende Himmel, die Vögel, das Hochhausgitter der Strandhotels, die steifen kantigen alten Berge dahinter. Er hatte sie wieder aus den Augen verloren.

Er blieb stehen, atemlos, geschwächt von der Hitze, die zu verlangen schien, daß er irgend etwas anderes anzog, sich anpaßte. Sein Blick schweifte über den Abschnitt des Wassers, in dem sie sein mußte. Er hatte sie an ihrem Gang erkannt, ihrem Haar. Oder an etwas anderem. Woran man andere Menschen eben erkannte. Etwas, das deutlich wahrnehmbar war. Wahrscheinlich ihre Einzigartigkeit. Obwohl er sich nicht vorstellen konnte, wieso sie hier unten am Strand war. Vielleicht hatte sie sich hier mit jemandem verabredet. Mit jemandem aus der Firma, der bereit war, ihr etwas zu erzählen. »Hazel!« Da war sie wieder. Weiter entfernt, als er erwartet hatte. Eine Frau in einem schwarzen Kleid, ein Mann in blauen Shorts, einem weißen T-Shirt. »Hazel!«

Aber jetzt war das Brummen eines Motors zu hören. Ein Summen, das rasch zu einem Dröhnen wurde. Kinder kreischten und winkten. Seine Schuhe und seine Hosenbeine wurden naß, als er die Linie entlanglief, die der Schaum des Meeres am Strand bildete. Ein kleines Flugzeug tauchte auf, das in geringer Höhe parallel zum Strand flog. Aber er würde sie jetzt einholen, auch wenn seine Stimme nicht zu hören war.

Das Flugzeug raste über den Himmel. Es zog ein Reklametransparent für eine Limonade hinter sich her, ein riesiges längliches Rechteck aus irgendeinem orangefarbenen Kunststoff, das vom Wind und der Geschwindigkeit gestrafft wurde. Das Flugzeug zog wie ein Messer eine gerade Linie an der Küste entlang, als wolle es das Meer vom Land abtrennen. Aber er erkannte jetzt die Handtasche, in der sie herumgewühlt hatte. Der Strand lief hier sehr flach ins Meer, so daß sie auch fünf oder sechs Meter weit draußen nur bis zu den Knöcheln im Wasser stand. Peter schrie so laut er konnte, aber sie hörte ihn einfach nicht. Sie hatte immer noch das schlichte schwarze Kleid an wie bei dem Frühstück, das der Anfang vom Ende seines Idylls mit Margaret war. Und sie und der große Mann neben ihr bewegten sich langsam durchs Wasser, hatten Peter den Rücken zugewandt, und der Arm des Mannes lag um ihre Hüfte. Er hatte direkt unter der Schulter eine dunkle Tätowierung.

Ohne Rücksicht auf Schuhe und Hose rannte Peter durchs Wasser hinter ihnen her.

»Hazel, was in Gottes Namen machen Sie denn hier?«

Er blieb etwa einen Meter hinter ihnen plötzlich stehen. Sie waren auch stehengeblieben. Schauten aufs Meer hinaus. Zum Vulkan hinüber. Der Arm des Mannes lag um ihre Hüfte, und er zog sie leicht zu sich heran. Sie strich mit den Fingern ganz sanft über die weiße Haut auf der Innenseite seines Ellbogens. Sie lehnte sich an den Mann. Hazel Owen hatte doch gesagt, daß ihr Mann ihr so wichtig sei. Daß es nie wieder einen Jerry in ihrem Leben geben könne, daß sie nur noch Jagd auf die Leute machen könne, die ihn so leichtsinnig und unbekümmert dem Räderwerk ihrer Maschinerie geopfert hatten. Er starrte die beiden rätselhaften Figuren an. Irgend etwas stimmte nicht mit ihnen. Hazels Kopf lag jetzt auf der Schulter des Mannes. Neben der dunklen Tätowierung. Sie trug ein rosafarbenes Band um den Hals, das er bis jetzt noch nicht an ihr gesehen hatte, und direkt unter dem schwarzen Saum ihres Kleides klebte ein Stück Seetang an ihrer Wade. Ihre Körper strafften sich, als wollten sie sich umdrehen.

Peter rannte davon, rannte durch hochspritzendes Wasser zum Strand zurück. Er lief ohne sich umzusehen über den Sand. Der Sand behinderte ihn jetzt offenbar nicht mehr, sondern trieb ihn sogar dazu, noch schneller zu laufen. Und auch die drückende Last der Sonne war plötzlich nicht mehr zu spüren. Die Luft war kühl, ließ sich einatmen, war sogar kalt. In der ersten Bar im Hafenviertel trank er einen doppelten Brandy mit Eis und betrachtete die marmorne Tischplatte, ein feines Geflecht von Verunreinigungen mit Magnetit.

Ein Viertelstunde später, als er durch die Drehtür des Hotels ging, sah Peter, daß Margaret am Rezeptionsschalter einen Telefonhörer in der Hand hielt und ungeduldig darauf wartete, daß sich am anderen Ende der Leitung jemand meldete. Sie war offensichtlich sehr erregt, suchte in einer Tasche und gab ihm ein zerknittertes Stück Papier. Die Schrift auf dem Zettel war eine sympathische Kinderschrift, rund und ungeformt wie die Gesichter von ganz kleinen Kindern.

»Ich war gerade unter der Dusche«, sagte Margaret zur Erklärung.

Wendy hatte geschrieben: »Ich suche die Mama und sage ihr, sie soll mich nach Hause bringen. Sie müssen sich keine Sorgen um sie machen. Sie ist schon öfter mal verschwunden. Sie sind sehr nett zu mir gewesen. WENDY.«

Margaret hatte fast eine Stunde lang die Straßen der Umgebung abgesucht. Während sie sprach, betrachtete er den energischen, ungeduldigen Ausdruck auf ihrem Gesicht, und es wurde ihm wieder bewußt, wie jung sie war und wie vernünftig. Als sie die Verbindung schließlich bekam und der Polizei Bescheid gesagt hatte, gingen sie aufs Zimmer hinauf, um da auf die Polizisten zu warten. Auf dem Flur schob eine Frau eine Bohnermaschine mit langsamen Bewegungen über den Fußboden. Ein stickiger Geruch nach Wachs und Mausoleum lag in der Luft. Unter ihrer Zimmertür lag ein Umschlag mit einem handgeschriebenen Fax: »Peter, ich wollte dir nur sagen, wie froh ich bin. Es war so schön, deine Stimme zu hören. Ich bin morgen am Flughafen. Es gibt nur einen Flug, oder? Verzeih mir, daß ich immer so hysterisch bin. Aber ich bin eben so. Alles Liebe. ANNA. Ps: Vergiß nicht, den Kindern etwas mitzubringen!«

Peter ging zum Telefon und wählte die Nummer der Werkhalle. Eine schroffe Stimme meldete sich. Peter sagte, er wolle den Betriebsleiter sprechen. Die Stimme sagte etwas Unverständliches. Aber Peter konnte sich nicht mehr an den Namen des Betriebsleiters erinnern. »Den Betriebsleiter«, wiederholte er. »Jemanden, der Englisch spricht.« Die Stimme sagte vielleicht dreißig Sekunden lang etwas. Der Ton war deutlich ungeduldig, das bekam Peter schon mit. Aber was die Stimme sagte, war unverständlich. Er wartete einen Augenblick. Wieder sagte die Stimme etwas, und wieder war es unverständlich. Er legte auf.

»Du hättest der Polizei sagen sollen, daß sie da sofort hinfahren. Wendy hat vielleicht ein Taxi genommen.«

»Ich glaub nicht, daß sie Geld gehabt hat.«

Sie saßen in ihrem Zimmer, Margaret auf dem jetzt wieder neu gemachten Bett, er am Schreibtisch vor dem Computer, aus dem sein Gutachten gestohlen worden war.

»Das ist furchtbar«, sagte sie schließlich.

»Margaret«, sagte er.

Sie schaute hoch, schüttelte immer noch den Kopf. »Ich weiß nicht warum, aber ich fühl mich schuldig.«

Er suchte ihren Blick und wartete. Etwas zwischen ihnen war anders geworden. Eine neue Intimität hatte sich entwikkelt, bitterer als die alte.

»Ich denke nur dauernd an diese Frau, und auch an Anna. Ich fühle mich verantwortlich. Ich meine, ich mache hier einfach Ferien, während sie...« Sie seufzte, schüttelte den Kopf. Aber jetzt schaute sie hoch, schüttelte den Kopf. »Peter.« Sie sprach seinen Namen gerne aus. »Es ist komisch, wenn wir zusammen sind und nicht miteinander schlafen, oder?«

Er ließ ein paar Sekunden verstreichen, während er in diesem tristen Zimmer saß. Diese neue Verwicklung hatte ihm jeden Schwung genommen. Sie konnten nichts tun, bevor die Polizei kam. Dann sagte er: »Das war die beste Zeit in meinem Leben, diese letzten drei Monate. Als wäre ich auf eine Ader gestoßen, von der ich noch nicht einmal wußte, daß sie existiert.«

»Du meinst mit Ader natürlich eine Erzader?« sagte sie lächelnd.

»Nein, eine Ader in einem Edelstein«, lachte er, »durch die aber auch warmes Blut läuft.«

Sie hatten sich schon immer und oft nachdenklich und voller Erstaunen in die Augen geschaut.

»Blutstein, wenn du willst«, sagte er.

»Gibt es denn so was?«

Er seufzte. »Chalcedon mit Flecken von rotem Jaspis. Aus der Gruppe der Silikatminerale.« Dann fügte er hinzu: »Am Ende auch bloß irgendein Stein, Margaret.«

Sie sagten beide nichts. Von draußen hörte man das Summen des Verkehrs, der unruhig an seiner steinernen Zwangsjacke scheuerte.

»Auch bloß irgendein Stein«, wiederholte er.

Dann sagte sie etwas, das ihm sehr vernünftig erschien: »Wir hätten nie hierherkommen sollen, Peter. Wir hätten uns auf das alles hier nicht einlassen sollen. Vorher war alles in Ordnung. Wir hatten unsere Welt. Und das hier hat alles kaputtgemacht.«

»Ich möchte mit dir schlafen«, sagte er.

Wieder lächelte sie. »Ich werde den Gedanken nicht los, daß das alles nicht passiert wäre, wenn ich nicht mitgekommen wäre. So als wäre das, was zwischen uns ist, irgendwie an allem schuld. Wenn du alleine gewesen wärst, dann hättest du die Situation gleich von Anfang an in den Griff gekriegt.«

»Wenn du nicht hiergewesen wärst, dann wäre ich gleich nach Hause geflogen, als man das von mir erwartete. Es hätte keine ›Situation‹ gegeben.«

Als sie sich anschauten, spürte er, daß er voller Zuneigung war. Er hätte nie mit Thea ins Bett gehen sollen. Aber vielleicht war es genau diese Zerstörung ihrer Komplizenschaft, die sie wieder zusammengebracht hatte, die dazu geführt hatte, daß sie einander wieder suchten.

»Nehmen wir einmal an, wir fliegen morgen wieder zurück«, sagte er voller Entschlossenheit. »Wie wäre das, wenn ich sofort mit dir zusammenziehe?«

Sie schwieg.

»Murray hat angerufen, als ich unten in der Lobby war. Anscheinend wissen alle über uns Bescheid.«

Sie sagte kein einziges Wort. Aber der Blick ihrer großen braunen Augen hielt seinen Blick fest.

»Er hat gesagt, so wie ich mich aufführe, könnte mir das doch jeder anmerken.«

»Auch Anna?«

»Das hat er angedeutet. Er hat gesagt, sie warteten alle darauf, daß ich ›es hinter mich bringe‹.«

Sie runzelte die Stirn. »Und trotzdem will sie, daß du nach Hause kommst. Du mußt heute früh am Telefon etwas sehr Nettes gesagt haben.«

Er verzog das Gesicht.

»Es muß ihr wirklich sehr viel an dir liegen.«

»Ja.«

Aber er wußte, daß Annas Verhalten eine instinktive Reaktion war, die mit den Kindern zu tun hatte, mit ihrer Unreife, ihrer Schutzlosigkeit, ihrer Unfertigkeit. Alle fühlten sich so verantwortlich für sie. Als seien Eltern die einzigen Erzeuger, die nur die passende Form schaffen und dann warten mußten, daß sie die Form ausfüllten. Aber die Zeit und die Abkühlung waren wahrscheinlich genauso wichtig wie alles andere.

Er sagte: »Das müßte mich eigentlich beruhigen. Aber das, was ich wollte, das habe ich mit dir gehabt.« Beide merkten, daß er in der Vergangenheit sprach. Was noch vor ein paar Tagen undenkbar gewesen wäre. »Ich hab gedacht, es würde etwas Wunderbares mit uns passieren.«

»Peter.«

Sie schauten sich an. Dann schüttelte sie ganz langsam den Kopf.

»Also, Murray wollte am Telefon sagen, daß ich sofort nach Hause kommen sollte, daß ich seiner Ansicht nach nur hierbleibe, weil ich noch länger mit dir zusammensein möchte.«

»Und ist das so?«

»Als ich mich zum Bleiben entschlossen habe, hab ich nicht daran gedacht. Ich hab gedacht, ich wollte herausfinden, was hier wirklich ablief. Aber vielleicht hat er recht. Vielleicht will ich einfach nicht loslassen, oder ich will einfach nicht nach Hause. Deswegen meine Einladung. Die ernst gemeint ist. Das ist nicht irgendeine Tagträumerei.«

»Ich sag also ja, und wir gehen nach Hause und leben glücklich bis ans Ende unserer Tage, während Anna die Kinder versorgt?«

»Na ja...« Es klang wirklich ganz unwahrscheinlich, wenn man es so brutal formulierte, wie eine wacklige Hypothese hinter einem teuren Experiment, das sich nur durch Regierungsgelder finanzieren ließ.

Und er sagte: »Ja. Warum nicht?«

»Nein«, sagte sie.

Das Telefon klingelte. Die Polizei war an der Rezeption.

Als sie im Lift nach unten fuhren, sagte sie: »Ach ja – sie hätten im fünfzehnten Stockwerk sein müssen. Nicht im zwanzigsten.«

»Was?«

»Mit der Verschalung. Ich hab es ausgerechnet. Es kann um ein oder zwei Stockwerke differieren, das hängt von der Fensterfläche ab. Aber sie hätten im fünfzehnten Stock sein müssen.«

Es gibt Elemente, die verändern sich so vollständig, daß es den Anschein hat, sie seien verschwunden. Sie sind in einer Verbindung verborgen oder in die Atmosphäre entwichen. Auch der größte Einfallsreichtum reicht nicht aus, sie wieder zurückzugewinnen. Und trotzdem versucht man es. Peter und Margaret beschrieben Wendy und gaben den beiden Polizisten ein paar Fotos, erinnerten den einen von ihnen, der über gewisse Englischkenntnisse verfügte, daß er das Mädchen am Vormittag ja selber schon gesehen hatte, und fügten hinzu, daß sie jetzt eine weiße Bluse und einen rosafarbenen Rock anhatte. Mehr persönliche Einzelheiten brachten sie nicht zusammen. Schon jetzt, wo sie noch gar nicht lange weg war, war es schwer, sich genau daran zu erinnern, wie groß sie war, wie schlank oder was auch immer. Falls die Polizei unter den Tausenden von Leuten, die am Strand herumliefen, nach ihr suchen mußte, wäre das ein absolut hoffnungsloses Unterfangen. Aber wenn sie sich auf den Weg in die Hügel gemacht hatte, weil da ja auf den Klippen der Wagen gefunden worden war, dann würde sie auf der dunklen Teerstraße in der leeren Landschaft mit ihrem rosafarbenen Rock auffallen.

»Ich habe mich entschlossen, erst morgen abzureisen«, sagte Peter gerade, als eine Hand ihn am Ellbogen faßte und eine Stimme sagte: »Ich glaube, wir haben eine Verabredung.« Thea.

Die beiden jungen Polizisten, Margaret und er standen in einem unauffälligen Winkel der Lobby, in den die Empfangsdame sie geführt hatte. Die beiden Frauen tauschten lediglich Blicke aus.

»Ich muß mich mit Dr. Maifredi zum Mittagessen treffen«, sagte Peter als Begründung für Margaret. »Kannst du die Stellung halten? Zwei Stunden?« Leise fügte er hinzu: »Ich bring aus denen schon noch was heraus.«

Thea lächelte. Sie trug ein helles klassisches Kostüm, ihr schwarzes Haar war mit einer schlichten weißen Spange auf ihrem Kopf festgesteckt und fiel dann auf ihre Schultern hinunter. Margaret nahm anscheinend kaum Notiz von ihr. Sie suchte in ihren Taschen nach dem Zettel, den das Mädchen zurückgelassen hatte, erklärte dabei, wann das gewesen war, und erwähnte die Straßen, in denen sie sofort nach dem Kind gesucht hatte. Nur der jüngere der beiden Polizisten zog die Augenbrauen hoch: »Dr. Maifredi?« sagte er mit respektvollem Tonfall und nickte Thea höflich zu.

Im Wagen sagte Peter schroff: »Also, hör mal. Sag mir sofort, ob du weißt, wo sie sind?«

»Das Mädchen wird jetzt auch vermißt, oder?«

»Ja. Seit ein paar Stunden.«

Thea nutzte die Zeit, die sie für die Handgriffe brauchte, mit denen sie den Wagen startete, zu einer Kunstpause. Sie fuhren um die kleine Statue herum und bogen dann rasch in eine der breiteren Straßen ein.

»Wieso sollte ich denn wissen, wo sie sind?«

Obwohl die Umstände, wie er fand, sich dramatisch geändert hatten, ließ sie sich nicht auf mehr ein als auf das lakonische Hin und Her ihrer früheren Unterhaltungen. Verärgert sagte er: »Weil Hazel Owen wußte, daß das ein anderer Stein war, und weil sie dazu entschlossen war, den Grund dafür herauszufinden. Sie ist wahrscheinlich in die Werkhalle gegangen und wollte sehen, ob sie ein paar Unterlagen einstecken konnte. Oder zu einem der anderen Steinbrüche, die der Gesellschaft gehören, um zu sehen, was da abgebaut wird. Und vielleicht hat es auch etwas damit zu tun, daß jemand sich am selben Tag für einen außergerichtlichen Vergleich entschieden hat.«

Der heiße Asphalt flimmerte unter dem blendenden Licht der Mittagsonne. Thea trat auf die Bremse, fuhr an den Straßenrand und sagte einen Augenblick lang nichts. Sie schaute nach vorne, und ihr Profil war wie aus einer Zeitschrift ausgeschnitten, kühl und distanziert. Er sah die reine Linie ihrer Brüste. Jetzt, wo der Fahrtwind nicht mehr durch die Fenster hereinkam, war die Hitze plötzlich unerträglich.

Sie fragte mit der gewohnten Ironie: »Also, schlafen wir jetzt miteinander oder nicht?«

Peter sagte: »Zuerst will ich diese andere Geschichte erledigen.«

Sie schaute ihn an. »Ist dir das wirklich so wichtig, was mit diesem Mann passiert ist, diesem Jerry Owen?«

Er sagte: »Ja.« Aber es kam zu automatisch. Ihr Parfüm tat seine Wirkung, erregte ihn schon, erinnerte ihn an ihre Umarmungen.

»Wieso? Du hast den Mann doch nie gesehen. Du hast ihn doch gar nicht gekannt.«

Peter suchte nach einer Antwort. Wenn er an Jerry Owen dachte, fiel ihm immer der kaputte Zahn ein. Das einzige Merkmal, das sie gemeinsam hatten. Er sagte. »Es interessiert mich.«

»Es interessiert dich. Wieso denn?«

»Er war ein Mensch, ein lebendiger Mensch, und jetzt ist er tot. Das ist ein großer Unterschied.«

»Das passiert jeden Tag ein paar Millionen anderen auch.«

»Er ist durch einen Stein umgekommen. Ich bin ein Experte für Steine.«

»Aber er ist ja wohl nicht gesteinigt worden. Es war ein Unfall.«

Peter sagte: »Das ist alles eine Frage der Nähe. Die Sache geht mich jetzt etwas an. Ich hab Mrs. Owen und ihre Tochter ein bißchen näher kennengelernt. Die Leute werden dann etwas Besonderes. Ich mag sie. Ich hab gesagt, daß ich helfe.«

»Aber wie willst du denn helfen? Du überraschst mich. Ich hätte gedacht, du wärst intelligenter.«

»Ich will dabei helfen, festzustellen, ob sich jemand strafrechtlich schuldig gemacht hat. Die Frau wollte das unbedingt wissen.«

Thea sagte: »Mrs. Owen ist ein hoffnungsloser Fall. Was nützt es ihr denn, wenn sie sich dauernd noch um ihn sorgt? Er ist nicht ermordet worden. Sie sollte an ihr Kind denken. Sie sollte sich wieder einen Mann suchen. Wozu sich denn so an jemand anderen hängen, als wären wir nicht Einzelwesen, die ihr eigenes Leben leben? Er ist tot.«

Peter spürte die Überzeugungskraft dieses Arguments. »Sie hat ihn geliebt.«

Thea lachte laut auf. »Und du liebst deine kleine Freundin?« Sie wartete nicht auf eine Antwort, sondern startete den Wagen wieder und fuhr mit ziemlich hoher Geschwindigkeit los. Aber dann wendete sie an einer Tankstelle.

»Wo fahren wir denn hin?«

»Zum Haus meines Vaters.«

»Dann schlafen wir also nicht miteinander?« Er spürte die unvermeidliche Mischung aus Erleichterung und Enttäuschung. Und sofort stieg wieder das Verlangen nach dem Schuldgefühl und der Erregung auf, die er noch einen Augenblick zuvor empfunden hatte. Diese beiden Dinge gingen eine schreckliche Verbindung miteinander ein, widerstanden allen Versuchen, sie zu trennen oder einer angenehmeren Kombination zuzuführen.

»Willst du denn mit mir schlafen?« fragte sie.

»Willst du denn?«

Sie sagte ja.

»Warum?«

»Weil ich es mag. Weil ich dich mag.«

»Trotz meines kleinen Mädchens?«

Sie lachte wieder, lachte wie jemand, der die Dinge immer von oben betrachtet, aus der Distanz. »Vielleicht wegen ihr. Warum sollte es mir etwas ausmachen, daß du eine Freundin hast? Ganz im Gegenteil, es erregt mich. Sie sieht sehr nett aus. Wenn du willst, können wir uns vorstellen, daß sie uns dabei zuschaut.«

Peter zuckte zusammen. »Aber willst du denn nie eine... eine Beziehung haben? Etwas für immer. Nein, okay, okay, ich weiß schon, es gibt nichts, das für immer wäre. Ich meine, willst du nicht in einem besonderen Verhältnis mit jemandem leben, wissen, daß jemand dir auf eine besondere Art zugetan ist?«

Sie sagte kühl: »Ich habe eine Beziehung zu meinem Vater. Das ist alles, was ich brauche.« Und sie fügte hinzu: »Wenn wir Lust dazu haben, können wir in seinem Haus miteinander schlafen. Er hält seine Siesta. Ich schwimme hinterher immer gerne, wenn ich mit jemandem geschlafen habe.« Sie wandte den Blick kurz von der Straße und schaute Peter an. Ihre

Stimme klang plötzlich aufrichtig. »Soweit ich weiß, hat nie jemand erklärt, wieso man sein Leben nicht genießen soll, wenn man das will. Ich mag dich wirklich, Peter. Ich war traurig, als ich gehört habe, daß du abreist.«

»Aber ich versteh nicht, warum wir ins Haus deines Vaters gehen sollen.«

Sie lachte jetzt und sagte: »Weil er mir gesagt hat, daß ich dich zu ihm bringen soll, wenn du dich zum Bleiben entschließt.«

»Dann hast du mich also angerufen, um herauszufinden, ob ich abreise, und um mich zu deinem Vater zu bringen, falls ich nicht abreise.«

Sie zuckte die Achseln.

Sie schwiegen. Es ging steil und durch viele Kurven in die Berge hinauf, in jeder Kurve Zypressen, der Schein des trockenen Lichts lag auf hell gesprenkeltem Gestrüpp, die scharf gestochene Kontur eines prähistorischen Turms, Zeugnis einer ersten tastenden Annäherung an den Zwang zur Geometrie, der jetzt in einer Kette von riesigen Masten triumphierte, die sich von der Küste in die Berge heraufzog. Er sagte: »Es gab einen Zeitpunkt, da hatte ich den Eindruck, daß du vielleicht vorhast, mich zu erpressen. Damit ich ein Gutachten schreibe, das euch genehm ist. Ich meine, durch Sex zu erpressen.«

»So ganz falsch ist das nicht«, sagte sie lachend.

Er fragte vorsichtig tastend, als würde er über Feuerstein gehen: »Und dein Vater hat das gewußt?«

»Natürlich. Wir haben keine Geheimnisse.«

»Man hat dir gesagt, daß du mich verführen sollst?«

»Ich tu das, was mir gefällt«, antwortete sie leichthin.

Er sagte: »Da siehst du, wieviel man über Leute nicht erfährt, wenn man sie bloß anschaut.«

Wieder das unvermeidliche helle Lachen. Die kleine Demonstration von Überlegenheit, die darin lag. Oder als würde sie immer auf dem Recht bestehen, den Ton eines Gesprächs zu bestimmen, die Stimmung, die Substanz.

»Es gibt solches und solches Wissen«, sagte sie. »Ich glaube übrigens, daß du das sehr gut gewußt hast. Genau das fandest du ja so erregend.« Und sie fügte mit sarkastischer Offenheit hinzu: »Es gibt zwei Gründe, warum mein Vater will, daß ich viele Männer habe. Erstens glaube ich, daß er sich das gerne vorstellt und sich an solchen Phantasien hochzieht. Zweitens verringert sich dadurch die Wahrscheinlichkeit, daß ich heirate. Er mag diese Mythen, in denen viele Freier vorkommen, von denen keiner das Mädchen heiraten kann. Und dann natürlich, wenn so eine Affäre auch dem Geschäft nützt – umso besser.« Sie schwieg einen Augenblick. »Wir werden deiner kleinen Freundin davon erzählen, wenn du dich unseren Vorstellungen nicht anschließt. Das verstehst du doch, oder? Und deiner Frau auch.«

Gleich nachdem sie diese Drohung ausgesprochen hatte, legte sie ihre freie Hand auf sein Bein. Wieder die schlanken Finger, das Gold und der Diamant, ihr Parfüm und ihre leise Stimme. Die Verwirrung wurde zu einem köstlichen Gefühl. Und unter dieser Verwirrung hatte er wieder den Eindruck, ausgewählt und einer besonderen Belastung ausgesetzt zu sein, das Objekt eines aggressiven Experiments, bei dem alle darauf warteten, daß das Versuchsobjekt zersplitterte, so daß die Belastung gemessen werden konnte, die Temperatur, der Druck, und daß man schließlich sagen konnte: Ja, fertig, das kann man also auch von anderen erwarten, die so sind wie der da.

»Männer sind schon komisch«, sagte sie lachend. »Daß du sie betrogen hast, zeigt doch, daß du sie auch zur Ehefrau gemacht hast. Männer brauchen immer eine Frau, die sie betrügen, und eine, mit der sie sie betrügen. Irgendwie schaffe ich es immer, daß ich zu der zweiten Gruppe gehöre.«

Er konnte nichts dazu sagen. Aber es tat ihm weh. Sie machte etwas Banales aus ihm. Und Margaret hatte nein gesagt.

»Wahrscheinlich«, sagte sie, als seien diese Dinge allgemein bekannt, »wahrscheinlich hat es überhaupt nichts mehr bedeutet, daß du deine Frau betrogen hast, weil du sowieso nicht mehr mit ihr geschlafen hast.«

Er hatte das Gefühl, er müsse widersprechen. Sie machte ihn zu einem Stein, der wehrlos den Schlägen eines Hammers ausgesetzt war. Und dabei sollte er doch jetzt an die Frau denken, die verschwunden war, an ihre Tochter.

Sie sagte leise: »Ich werde mit dir vögeln, und ich vögle jetzt mit dir. Und du wirst dich gut fühlen und schuldig, damit du weißt, daß du lebst. Dann wirst du mit meinem Vater reden, und wir bringen diese dumme Geschichte in Ordnung, und du kannst nach Hause.«

Ohne es zu wollen, sagte Peter: »Mit dir ist es reiner Sex, bloß das Leben. Aber mit Margaret ist es Margaret.«

Er begriff sofort, daß das der Schlüssel war. Er hatte etwas Wichtiges gesagt. Und sie trat jetzt fest auf die Bremse. Der Wagen war mit hoher Geschwindigkeit auf einem geraden Abschnitt einer Straße entlanggefahren, die sich an einem Hügelkamm entlangzog. Links lag das Meer in seinem ewigen Dunst, rechts sah man das klar gegliederte Muster von Hügel und Tal, das von Straßen zerschnitten und mit Dörfern, Villen, Türmen, Masten durchsetzt war. Der Wagen hielt neben einer Steinmauer. Der Griff ihrer Hand auf seinem Schenkel wurde fester. »Bloß das Leben!« Sie schüttelte den Kopf, und ihr Mund verzog sich zu einem spöttischen Lächeln. »Bloß das Leben, bloß der Tod, ja?« Sie lachte übertrieben laut, als habe sie sich ausnahmsweise einmal nicht in der Hand, und fuhr dann wieder auf die Straße hinaus.

Fünf Minuten später an dem automatischen Tor, fragte sie: »Kennst du die Geschichte von Oinomaos und Hippodameia?«

Er gab keine Antwort.

»Er war ihr Vater. Ein König. Er tötete ihre Freier und ließ ihre Köpfe vor dem Tor des Palasts aufhängen. Mein Vater hat eine Vase mit diesem Motiv.«

»Und irgendwann hat ihn dann wohl jemand umgebracht«, sagte Peter. Dann spürte er so etwas wie Entschlußkraft in sich aufsteigen. Das kam ganz plötzlich oder vielleicht, weil er sich von allem, was zwischen ihnen vorgefallen war, tief erniedrigt fühlte, und er sagte: »Ich will nur deinen Vater sehen. Ich bin nicht daran interessiert, mit dir zu schlafen.«

Sie sagte ganz fröhlich: »Was bist du doch dumm.« Und sie war so unendlich schön, wie sie da aus dem Wagen stieg und über den mit einem Rechen gepflegten Splitt ging, war so sehr die vollkommene Ausprägung ihres Geschlechts, daß er schon wieder bittere Reue empfand.

Tag fünf

NACHMITTAG

Die ersten Fossilien von Hominiden tauchen im Pliozän des Tertiärs auf. Wie lange hatte es wohl gedauert, bis der Mensch gelernt hat, die feindselige Natur zu kopieren, die ihn umgab, Büffel und Speer an die Wand zu kritzeln? Bis kurz vor dem Beginn der Geschichte. Aber die Natur war schon eine meisterhafte Fälscherin ihrer selbst: Zwillingsbildungen von Argonit wirken häufig wie einzelne Kristalle einer höheren Symmetrie. Im Alpenvorland kann Frühjahrsschnee auf dunklen Ästen aussehen, als habe man Meilen von blühenden Kirschbäumen vor sich. Und jeder Frosch weiß, wie man so aussieht wie Baumrinde oder Wasserpflanzen. Als der Mensch entdeckte, daß er sich tarnen konnte, kopierte er lediglich die Natur, wenn sie sich selber kopierte. Und von da an vermehrten sich die Kopien wie in einem Spiegelkabinett. Vielleicht sind das die Dinge, aus denen die Geschichte besteht: Götterbilder, Zeichnungen, Steinhunde, die ägyptische Grabmale bewachen, Haushaltsgegenstände, Verhaltensmuster, Institutionen, Formen. Bis alles mit einem Grundmuster übereinstimmt, einem immer dichter werdenden Gewebe. Was vielleicht notwendig ist. Und ganz bestimmt setzen sich die Kopien jetzt immer weiter fort, wie kleine Wellen sich nach außen fortsetzen – der Prozeß läßt sich nicht umkehren –: durch Drähte, durch die Luft, auf Leuchtschirmen. Es ist ein ungeheures Ordnen und Neuorientieren. Peter saß auf dem Terrassendach Maifredis und war beeindruckt, wie jede Oberfläche, jede Form, jede Fliese etwas anderes widerzuspiegeln oder zu wiederholen schien. Das begann mit dem kompakten rosafarbenen Rechteck des Hauses und setzte sich dann in der quadratischen Terrasse mit ihrem Schachbrettmuster aus Granit fort; darunter war der Pool, ein Rasenparallelogramm mit einem Sprinklersystem, die Reihen der gepflegten Blumenbeete, ein behutsam angelegter Terrassengarten spiegelte sich im Lack blankpolierter Autos, und dann wieder die Obstbäume, die am Spalier gezogen wurden und deren Äste in rechten Winkeln abstanden, der Kalksteinsplitt zwischen den hübschen Porphyrbegrenzungen der Auffahrt, und so weiter bis hin zu der Mauer, die das Grundstück umgab, und der bedrückenden Aggressivität, mit der das Gitter auf der Mauer in den Himmel ragte.

Das wäre ihm wohl nie aufgefallen, wenn er nicht an einem fremden Ort gewesen wäre. Aber hier war es unverkennbar. Ein zentrales Motiv war isoliert, vervollkommnet und dann in verblüffend rascher Folge immer und immer wieder reproduziert worden. Man wurde fast geblendet davon, so wie man von dem Raster auf einer Buchseite geblendet werden konnte. So daß nichts ganz für sich selber stand, nichts eindeutig war. Sondern immer nur ein Teil. So wie er selber nie genau wußte, was er außerhalb der Beziehungen war, die er den anderen abgeschaut hatte. Die er kopiert hatte. Was außerhalb der Beziehungen zu den Menschen war, die ihn umgaben: außerhalb von Ehe, Arbeit, Elternschaft. Und wenn man aus diesem Rahmen flüchtete, weil man nach Identität suchte, dann wurde nur noch deutlicher, wie eingesperrt man war. Jeder hatte eine Geliebte. Das war ihr Zimmer mit Aussicht. Jeder hatte noch ein wilderes Abenteuer, konnte noch einmal die Zehen in die Leere hinter den Dingen tauchen und hörte dann bloß jemanden mit einem unechten Lachen sagen: »Bloß das Leben, bloß der Tod.« Dann zogen sie schnell wieder die Füße ein. Wenn also jetzt einer der schweren rechteckigen Fensterläden direkt über ihm herunterfallen sollte, wenn einer der quadratischen Dachziegel aus Terrakotta über die kupfernen Regenrinnen rutschen und ihm den Schädel spalten sollte, dann hätte Peter nicht genau sagen können, wer das denn war, den diese Todeswerkzeuge erschlugen.

Er ging zur Brüstung und schaute zum Pool hinunter. Thea schwamm in einem chemisch blauen Element hin und her, mit dem das Meer kopiert wurde, in dem der Himmel sich spiegelte. Heute war sie nackt. Auf den Betonboden waren zwei schwarze Linien gezogen worden, die verhinderten, daß man von der geraden Bahn abwich. Wenn sie an das Ende des Beckens kam, machte sie eine elegante Wende, und jede dieser Wenden war die genaue Kopie der Wende, die sie zuvor gemacht hatte. Peters Blick war auf die geschmeidigen, langsamen Bewegungen ihres Oberkörpers und ihrer Schenkel gerichtet – eine Göttin beim Baden. Peter wandte sich um, als das asiatische Mädchen auf die Terrasse kam und ihm mit einer Bewegung bedeutete, er könne ins Haus kommen.

Maifredi war beim Essen. Der große antike Tisch stand in dem modernen offenen Raum zwischen der Terrasse und der Treppe. Ein zweiter Mann saß neben ihm an der Längsseite des Tisches. Maifredis Frau strickte am Fenster wie schon zwei Tage zuvor. Oder waren es drei? Das gleichmäßige Klappern der Stricknadeln, dessen Rhythmus alles beherrschte, klang unnatürlich laut. Vasen standen in einer Reihe. Dann führte das Mädchen ihn zu einem schon gedeckten Platz dem Mann gegenüber, den er nicht kannte.

»Willkommen!« Wie nicht anders zu erwarten, war Maifredi betont laut und herzlich. »Ich muß Ihnen Mr. Dick Frye vorstellen. Er arbeitet für Ihren Klienten. Es ist gestern abend angekommen.«

Sie aßen etwas, das wie Tauben aussah. Zwei oder drei kleine Körper auf jedem Teller. Jetzt brachte das Mädchen einen Teller für ihn. Maifredi sprach mit vollem Mund. Frye war steifer und förmlicher: groß, nordisch blond und von einer großknochigen Ernsthaftigkeit. Maifredi bat Peter, ihm sein Glas zu geben, und schenkte einen dunklen, rubinroten Wein ein. Hinter Fryes Kopf, Peter gegenüber, hing eine etwa zweieinhalb Meter lange gerahmte Schwarzweißfotografie, auf der ein Tempelfries abgebildet war. Das war Peter bei seinem ersten Besuch nicht aufgefallen. Und es war erstaunlich, wie geschmeidig die Bewegungen von Pferd und Krieger sich in dieser steinernen Nachbildung ausnahmen, die jetzt hier als eine Fläche aus Silberphosphat an der Wand hing. »Prost«, sagte Maifredi. »Essen Sie erst einmal was, dann reden wir.«

Peter spürte, daß ein sorgsam kalkulierter und abgestimmter Zwang auf ihn ausgeübt wurde, daß sein Drängen beständig unterlaufen und abgeschwächt werden sollte. Aber er fühlte sich unfähig, diesem Zwang zu widerstehen, als sei er dazu gezwungen, auf seinen kleinen Auftritt in diesem komplizierten, durchchoreographierten Ganzen zu warten. Die winzigen Vögel auf seinem Teller waren dunkelgrau, und Maifredi erklärte seinen beiden Gästen, daß man die Köpfe zwischen die Zähne nahm, sie zerbiß und aussaugte. Die Köpfe seien das Beste. Er besaß eine Vase, auf der dargestellt war, wie man vor mehr als zweitausend Jahren die Vögel mit Netzen fing, eine Tradition, die auf der Insel – wenn auch illegal – immer noch gepflegt wurde. Die Tiere hatten etwas schrecklich Embryonenhaftes, dachte Peter. Sie erinnerten ihn an junge Vögel, die im Frühjahr auf die Bürgersteige fielen. Aber sie schmeckten hervorragend. Er trank von seinem Wein und sagte knapp und direkt: »Jemand hat heute vormittag mein Zimmer durchsucht.«

Maifredi kaute, wobei ihm Flüssigkeit aus dem Mund aufs Kinn lief. Frye saß mit steinernem Gesicht da. Maifredi wischte sich mit der Serviette ab und lachte. »Ich habe Ihnen doch gesagt, daß unser Geologe ein ganz außergewöhnlicher Mensch ist.«

Frye sagte rasch: »Ich nehme an, Ihre Firma hat Ihnen mitgeteilt, daß wir Ihren Auftrag als beendet betrachten. Das gilt seit gestern. Die ganze Angelegenheit ist außergerichtlich beigelegt worden. Sie haben uns sehr geholfen, und wir bedanken uns dafür.« Er sagte das höflich, aber bestimmt.

Peter sagte: »Aber damit ist noch nicht erklärt, warum jemand mein Zimmer durchsucht hat.«

Dröhnendes Lachen. Wie seine Tochter benutzte Maifredi Heiterkeit als ein Mittel der Einschüchterung. »Wissen Sie«, sagte er kichernd, »als ich gehört habe, daß Sie noch bleiben wollen, habe ich gedacht, Sie wollten Ihr hübsches kleines Mädchen noch ein paar Tage – wie sagt man doch gleich? – bohnern. Aber nichts dergleichen! Statt dessen zerbrechen Sie sich immer noch den Kopf über diesen langweiligen Stein!«

Peter sagte gleichmütig: »Wahrscheinlich hat sich auch noch jemand anders den Kopf darüber zerbrochen, sonst wäre mein Zimmer nicht durchsucht worden. Ich möchte wissen, warum.«

Maifredi seufzte, schüttelte den Kopf und wandte sich wieder seinem Teller zu. Aber Frye sagte steif: »Diese Platte ist übrigens Eigentum des Marlborough Place Project.«

»Aber bitte, bitte!« Von den Lippen ihres dicken Gastgebers spritzten kleine Tröpfchen auf den Tisch. »Bitte, bitte.« Er griff rasch nach seinem Glas und leerte es. »Warum streiten wir uns denn? Wir sind doch alle in derselben Branche. Ich bestehe darauf, daß wir zuerst essen und dann diskutieren. Was wir hier machen, verrät keine guten Umgangsformen.«

Peter aß ganz mechanisch, während sich in seinem Kopf die Gedanken überschlugen. Er spürte eine seltsame Kraft in sich aufsteigen, die ihm gleichzeitig auch angst machte. Es wäre bestimmt klüger, wenn er jetzt im Flugzeug nach Hause säße. Oder wenigstens mit Margaret zusammen wäre, solange er das noch konnte. Das einzig Wichtige waren die Frau und ihre Tochter, die verschwunden waren, aber er sah keine Möglichkeit für sich, da etwas zu unternehmen. Die Polizei würde sie bald irgendwo auf der Insel finden. Vielleicht sollte er einfach die Zusicherung verlangen, daß keine Platten mehr von der Fassade fallen würden. Mehr konnte man eigentlich nicht von ihm erwarten. Er konnte eine Darlegung der technischen Maßnahmen verlangen, die sie bestimmt getroffen hatten. Mit denen sie sich als verantwortungsvolle Unternehmer zeigten. So tollkühn konnten sie doch nicht sein.

Frye aß langsam, lustlos. Das knochige Gesicht hätte sehr gut aus einem zerklüfteten australischen Ausbiß herausgemeißelt worden sein können. Während der Unterbrechung wurde das gleichmäßige Klappern der Stricknadeln immer deutlicher hörbar, wurde störend laut und machte das Schweigen zu einem Gewebe aus eintöniger Resignation. Was strickte sie wohl in dieser Hitze? Warum saß sie nicht mit am Tisch und spielte die Gastgeberin? Peter schaute zu der großen Vase hoch, die hinter Maifredi auf einem Regal stand, und fragte unvermittelt: »Warum hängen denn an der Frau da diese ganzen Bänder herunter?«

Maifredi ließ den Blick über seine Gäste schweifen, als freue er sich über diese Gelegenheit, als habe der Wechsel des Themas ihn aufgemuntert. Sein dicker Körper räkelte sich auf dem Stuhl, die Masse seines Fleisches verteilte sich neu, streckte sich und kam wieder zur Ruhe. Auf der Vase, die etwa neunzig Zentimeter hoch war, sah man – rot auf weiß – eine Gruppe von Gestalten in langen Gewändern, die um einen Altar gruppiert war. »Das ist eine Hochzeit«, sagte Maifredi, ohne sich beim Essen zu unterbrechen. »Das Band, das sie trägt, symbolisiert den Schleier. Ja, der Schleier trennt…«

Thea war durch die offene Terrassentür hereingekommen. Maifredi sprach etwas lauter und sagte etwas zu ihr in der Landessprache. Es war seltsam, daß eine Stimme dieselben Töne beibehalten und plötzlich undurchsichtig werden konnte und die Laute keinen Sinn mehr ergaben. Thea, in einem roten Bademantel und mit feucht glitzerndem Haar kam an den Tisch herüber. »Der Schleier? Der trennt das Heilige vom Profanen. Unsere Welt von der anderen. Genaugenommen waren das Wollquasten, und die Leute behängten die Bräute damit und auch Tiere, die geopfert werden sollten, und wenn man starb, wurden sie ans Bett gehängt.«

Maifredi sagte wieder etwas. Thea fügte hinzu: »Und die Athleten bekamen sie, wenn sie ihre Rennen gewonnen hatten. Sie banden sie sich um die Knie und Knöchel.«

Aber der dicke Mann war damit immer noch nicht zufrieden. Das Thema begeisterte ihn. »Es ist noch komplizierter, Mr. Nicholson. Der Schleier bezeichnet auch den Zustand, wenn man über das Leben hinausgeht, wenn man von dem

Anderen berührt wird, das heißt von einem Gott. Man verliert die Gewalt über sich. Der Schleier bezeichnet alles, das mehr ist als bloße – na ja –, als bloße Routine.«

Frye war mit dem Essen fertig und richtete sich mit unbewegtem Gesicht auf. Peter betrachtete die anmutigen Figuren, die vom Hintergrund abgesetzt waren, aber sich als harmonische Gruppe in fließenden Bewegung in ihrer Zeremonie zusammenfanden.

»Wenn Sie öfter kommen, werden Sie sich vielleicht dafür interessieren«, sagte Maifredi herzlich. »Sie werden mir allmählich sympathisch, Mr. Nicholson. Man braucht ein gutes Auge, damit einem solche Details wie die Bänder auffallen. Ich meine, sie sind natürlich immer auf den Vasen und den Friesen, aber niemand sieht sie.« Sein Lächeln schien aufrichtig zu sein. »Das Angebot, das ich auf dem Schiff gemacht habe, war ernst gemeint. Kommen Sie hierher, wann Sie Lust haben. Bringen Sie Ihre Freundin mit.«

Jetzt war es vollkommen still. Das Klappern der Nadeln war sofort wieder zu hören. Frye wandte sich Maifredi zu und musterte ihn. Maifredi machte jetzt zum ersten Mal den Eindruck, als habe er seine gute Laune verloren. Seine Augen verschwanden in seinen fetten Wangen.

»Entschuldigen Sie, Mr. Nicholson, aber...«

»Ich hab Mrs. Owen gesehen. Sie hatte am Hals ein Band hängen. Ein rosafarbenes.«

Wieder wurde es still. Thea schaute ihn mit großen Augen an, während ihre Finger sich fest in die Schultern ihres Vaters gruben.

»Was Sie nicht sagen«, sagte Frye schließlich. »Gut.« Aber er musterte Peters Gesicht mit einem wissenden Blick.

Peter zögerte. »Es war am Strand. Ich konnte nicht mit ihr sprechen. Ein Mann war bei ihr.« Er erinnerte sich an die Mischung aus Hitze und grellem Sonnenlicht, an das Flugzeug mit der Fanta-Reklame. »Ich habe sie nur von hinten gesehen.«

Frye sagte mit einem herablassenden Lächeln: »Dann war

sie es vielleicht gar nicht.« Es war seltsam, daß er denselben australischen Akzent hatte wie die Frau.

Peter sagte: »Ich habe meistens eigentlich keine Probleme damit, Leute zu erkennen.«

Theas Hände kneteten immer noch die Schultern ihres Vaters. Alles Blut war aus seinem Gesicht gewichen. Seine Hängebacken waren kreideweiß. »Ein Band?« sagte er leise. Aber sie beugte sich vor und flüsterte ihm etwas zu. Es sah fast so aus, als würde ihre Wange sein Gesicht ganz zärtlich berühren. Frye schaute von Maifredi zu Peter und wieder zu Maifredi. Thea sagte: »Mein Vater würde sich gerne zu seiner Siesta in sein Zimmer zurückziehen. Wir können diese Angelegenheit später besprechen.«

»Nein«, sagte Peter mit fester Stimme. »Nein, ich muß nur ein paar Fragen stellen. Es hat keinen Sinn, noch zu warten.« Er unterbrach sich, war überrascht, daß man sich so leicht Gehör verschaffen konnte. Die Spannung war fast mit Händen greifbar. Die Stricknadeln machten in ihrem Rhythmus weiter, und die Wolle bewegte sich in kurzen Rucken. »Ich will lediglich wissen, warum Ihre beiden Unternehmen sich auf einen außergerichtlichen Vergleich geeinigt haben.«

»Das geht Sie absolut nichts an«, schnappte Frye. »Wie ich das sehe, gibt es nichts zu diskutieren. Sie geben uns den Stein wieder und verschwinden von hier.«

Peter betonte jede Silbe, als er langsam sagte: »An der Fassade sind schon mindestens fünf Stockwerke mit diesen Platten verkleidet. Ich verstehe nicht, warum Sie sich ausgerechnet über diese eine Platte solche Sorgen machen.«

Frye richtete sich auf seinem Stuhl auf, und sein Blick wurde starr. Er wandte sich hilfesuchend an Maifredi. Der dicke Mann war immer noch bleich und sagte etwas zu Thea in ihrer eigenen Sprache. Sie ging an ein Schränkchen und kam mit einer Flasche an den Tisch zurück. Das asiatische Mädchen, das bereitgestanden hatte, ging, wahrscheinlich um Gläser zu holen, aus dem Zimmer.

Thea fragte: »Möchten Sie vielleicht etwas zum Dessert? Wir können einen Servierwagen hereinbringen lassen.«

»Ich nehme an«, sagte Peter, »daß die Zahl der Steine, die von den Arbeitern abgelehnt worden sind, die Einhaltung des Zeitplans unmöglich gemacht hat, was beträchtliche Verluste für den Bauherrn und Strafen für das Bauunternehmen bedeutet hätte. Als das deutlich wurde, hat sich jemand – Bauunternehmer oder Bauherr – an einen anderen Lieferanten gewandt und von da einen anderen Stein beschafft, der für diese Anforderungen besser geeignet war, nicht die Mikrobrüche aufwies, an denen die Gewerkschaften sich so störten, aber auch nicht so belastungsfähig war. Nachdem ich gestern die Platte in den Steinbruch gebracht habe, mußten Sie davon Kenntnis haben, Dr. Maifredi, und das hat es Ihnen ermöglicht, unseren gemeinsamen Klienten innerhalb von nur wenigen Stunden zu überzeugen, daß Sie Ihre Streitigkeiten außergerichtlich klären oder die Sache ganz fallenlassen sollten. Trotzdem gilt folgendes: Wer immer diesen Stein akzeptiert hat, ist vielleicht durchaus im strafrechtlichen Sinn für den Tod von Mr. Owen verantwortlich. Es handelt sich um einen Mikrogranit mit einem offensichtlichen Fließgefüge und deutlicher Schieferung. Er kann nicht dieselben mechanischen Eigenschaften besitzen, die in der ursprünglichen Ausschreibung für den Stein vorgeschrieben wurden, ganz zu schweigen von den Eigenschaften, die nach Einführung der neuen Halterungen vorgeschrieben wurden.«

Wie am Abend zuvor, als er das alles in so großer Eile auf dem Computer geschrieben hatte, spürte Peter jetzt wieder dieses Gefühl von Macht, die aus dem Begreifen kommt, ein herrlich wohliges Gefühl, gepaart mit dem Bewußtsein, daß es ein Ziel gibt. Gleichgültig, wie gefährlich die Situation sein mochte.

Frye hatte die Finger seiner großen, klobigen Hände auf dem Tischtuch ineinander verschränkt, verstärkte abwechselnd den Druck und ließ wieder los. Maifredi trank mit einer einzigen Bewegung seines Glases seinen Brandy aus, schob seinen Stuhl vom Tisch zurück, machte den Gürtel seiner weißen Hose auf und seufzte. »Das trifft alles zu«, sagte er. »Du meine Güte.«

Er nahm sich eine kleine Zigarre und warf die Schachtel auf den Tisch. »Es trifft auch zu, daß Mr. Frye heute vormittag in Ihr Zimmer gegangen ist, um den Stein zu holen.«

Der andere Mann wandte sich ihm zu, offensichtlich, um dagegen zu protestieren.

»Keine Angst, Mr. Frye. Keine Angst. Wichtig ist, daß wir wissen, was Mr. Nicholson will. Dann lösen wir das Problem.«

»Ich will, daß diese Steine vom Gebäude entfernt werden.«

»Das würde uns um Monate zurückwerfen«, wandte Frye ein.

»Die Platten sind gefährlich. Sie müssen weg.«

»Wir haben uns doch schon darauf geeinigt, daß alle weiteren Platten halbiert werden.«

Peter sagte einfach, was er dachte: »Die Platten, die schon oben sind, müssen auch halbiert werden.«

»Unmöglich.«

»Das kann jemanden das Leben kosten.«

»Bis jetzt ist noch niemand zu Schaden gekommen.«

»Bis auf Jerry Owen.«

»Das hing damit zusammen, daß der Kran gegen das Gerüst gestoßen ist.«

Sie schwiegen. Frye fügte zornig hinzu: »Wenn unsere Lieferanten ihre Verpflichtungen erfüllt hätten, dann wäre das alles nicht passiert.«

»Aber jetzt ist es passiert«, sagte Peter.

Dann beugte Maifredi sich vor. Er lächelte und sagte leise und freundlich zu Peter: »Wissen Sie, als Sie heute hierhergekommen sind, habe ich gedacht, Sie wollten bloß wieder mit meiner Tochter ins Bett gehen. So wie gestern und vorgestern, ja?«

Dick Frye wandte den Kopf und tauschte einen schnellen Blick mit Thea, die jetzt sehr attraktiv wirkte, wie sie da in der

Mitte des Zimmers stand und sich das Haar auskämmte. Ihr Gesicht war vollkommen ausdruckslos. Der Australier wandte sich wieder ab und starrte über den Tisch ins Leere.

Peter war der Blickwechsel nicht entgangen, und er spürte, daß er zitterte. »Durften Sie auch mal ran?« fragte er. Es kostete ihn große Beherrschung, diesen Satz auszusprechen.

»Halten Sie den Mund!« brüllte Frye. »Okay? Halten Sie doch den Mund.« Der Mann hatte plötzlich etwas Gewalttätiges. »Sie stecken bis über den Kopf in der Scheiße, okay? Wir können jederzeit dafür sorgen, daß Sie geschaßt werden.«

»Ich will, daß diese Steine wieder vom Gebäude entfernt werden«, wiederholte Peter. »Sie sind eine große Gefahr.«

Maifredi schüttelte langsam den Kopf und lehnte sich gleichzeitig auf seinem Stuhl noch weiter zurück, als wolle er Schwung holen, um seinen Bauch auf seine Tischgenossen zu schleudern. Er sprach einen Augenblick mit Thea, und sie ging aus dem Zimmer. Als Frye etwas sagen wollte, hob Maifredi die Hand, und seine Lippen formten lautlos ein Wort: Halt. Das Klappern der Stricknadeln drang wieder in das neu entstandene Schweigen. Die Frau hatte kein einziges Mal hochgeschaut. Eine Maske der Häuslichkeit. Oder als würde sie ein großes Netz stricken, das sie am Ende über sie alle werfen würde. Das Mädchen kam mit dem Servierwagen herein, auf dem die Desserts standen. Maifredi nahm sich etwas von einer pappigen bräunlichen Masse. Als Peter den Mund aufmachte, hob Maifredi wieder die Hand. »Wir warten auf das letzte Glied im Muster. Dann haben wir unsere Symmetrie. Und alles ist in Ordnung.«

Thea kam wieder zurück, schlank, mit wiegendem Gang, und ihr Bademantel saß aufreizend locker an ihrem Körper. Sie warf ein Päckchen vor Peter auf den Tisch. Der Name Kodak auf einem schwarzgelben Hintergrund wurde plötzlich auf eine beunruhigende Weise bedeutsam, so wie am Strand die Fanta-Reklame hinter dem Flugzeug und am Vormittag das Quäken Donald Ducks in der Landessprache.

»Schau sie dir an.«

Aber Peter steckte das Päckchen sofort in die Innentasche seines Sakkos. Er hatte keinen Zweifel, daß in diesem Päckchen seine Lust und seine Schwäche auf kleinen rechteckigen Schnappschüssen festgehalten war. Alle konnten sehen, daß er zitterte, als er sagte: »Ich habe keine Zweifel an Ihren Fähigkeiten als Fotograf, Dr. Maifredi. Ich nehme an, das ist die einzige Art, auf die Sie einen hochkriegen.«

Thea drehte sich herum und beugte sich über den Tisch, um Peter ins Gesicht zu schlagen. Wie schon einmal. Peter fuhr mit dem Kopf zurück und wäre dabei fast vom Stuhl gefallen. Von dem Adrenalin in seinem Körper war ihm ganz übel. Maifredi brüllte Thea an. Sie wich zurück, ihr Gesicht war so rot, wie es im Bett nie gewesen war, und sie mußte ihren Bademantel wieder über eine ihrer Brüste ziehen, die herausgerutscht war.

»Sie fragen sich sicher, warum ich von Symmetrie gesprochen habe, Mr. Nicholson...«

»Überhaupt nicht«, fiel Peter ihm in Wort. »Sie meinen in Wirklichkeit Erpressung. Und weil wir gerade dabei sind – Sie können das da wiederhaben.« Er holte den Umschlag heraus, den Margaret am Strand bekommen hatte. »Ich hab es nicht gezählt.«

»Dann bist du ein Idiot«, sagte Thea kalt.

»Und impulsiv«, fügte Maifredi hinzu. »Symmetrie, Mr. Nicholson, herrscht dann, wenn die Dinge sich die Waage halten, im Gleichgewicht sind, so daß...«

»Hat er das zu Ihnen und Ihren Leuten gesagt, damit Sie sich auf eine außergerichtliche Einigung einlassen?« sagte Peter zu Frye.

Der Australier sagte: »Sagen Sie, was Sie meinen, Maifredi. Bringen wir es hinter uns.«

»So daß es keine Bewegung gibt«, fuhr Maifredi mit offenkundigem Vergnügen fort. »Oder die Bewegung ist angehalten, gebändigt, wie in der Kunst, an einer Vase.« Er kicherte. »Wir wissen zuviel über Sie, Mr. Nicholson, und Sie über uns. Das ist wie eine Umarmung, ein Band. Sie können nichts über uns ausplaudern und wir nichts über Sie. Sonst verlieren wir alle das Gleichgewicht. Wir gehen zusammen unter.« Er unterbrach sich. »Wenn Sie Schwierigkeiten machen, werden Ihre Kinder diese Fotos zu sehen bekommen, Mr. Nicholson. Ihre kleinen Kinder, Ihre Frau, Ihre wunderschöne Geliebte.«

Fryes großknochiges Gesicht drückte Erleichterung und Zufriedenheit aus. Er sagte: »Deutlicher werden Sie das nicht zu hören bekommen.«

Im Zimmer herrschte eine Stille wie bei den Männern im Steinbruch, wenn der Schieber der Zündmaschine heruntergedrückt ist und sie darauf warten, daß der Staub sich wieder legt.

»Und Mrs. Owen?« fragte Peter schließlich.

»Mrs. Owen ist tot, Mr. Nicholson. Ein paar Minuten, bevor Sie hier angekommen sind, hat Ihre Freundin angerufen und wollte Ihnen sagen, daß die arme Frau auf den Felsen im Meer gefunden worden ist.« Er schwieg. Seine Stimme war leise und freundlich, die Stimme von jemandem, der stillschweigend voraussetzt, daß der andere sich fügt. »Sie haben heute vormittag ihren Geist gesehen. Das finde ich wirklich erstaunlich. Das weckt mein Interesse an Ihnen. Es ist von den Göttern nicht jedem gegeben, Geister zu sehen.«

Peter schob seinen Stuhl zurück. »Ich muß gehen«, sagte er.

»Seien Sie doch nicht ungeduldig, Mr. Nicholson. Thea wird Sie bestimmt in etwa einer Stunde wieder zurückbringen. Wir müssen noch ein paar Einzelheiten klären.«

»Nein, ich gehe jetzt.«

Als er aufstand und ein wenig schwankte, nahm er für einen kurzen Augenblick die ungewöhnliche Eleganz dieses Raumes wahr, den behutsamen Ausgleich zwischen den verschiedenen Winkeln, die Kühle des Marmorbodens, die Art, auf die Pflanzen und Vasen die Linienstruktur ergänzten, die allem zugrunde lag. Jetzt mußte er aus dieser Welt voller Leichtigkeit in das intensive Licht und die Hitze des Nachmittags hinaus.

»Der Stein«, sagte Frye mit scharfem Unterton. »Wir wollen den Stein zurückhaben.«

»Nur keine Angst«, kicherte Maifredi. »Ich glaube, Mr. Nicholson hat die Lage begriffen.«

Peter drehte sich um. Thea schaute ihn an. Mit größerem Interesse als je zuvor. Er sagte: »Den Stein nehme ich mit nach London zurück, wo ich ihn umfangreichen Tests unterziehen werde. Falls nicht sofort Klarheit geschaffen wird, daß alle Steine dieser Art von der Fassade entfernt werden, sehen wir uns gezwungen, die australischen Behörden zu verständigen.«

Sie schwiegen wieder. Als das Geräusch der Stricknadeln wieder laut und deutlich vernehmbar wurde, schrie Maifredi plötzlich etwas in seiner Sprache, nahm einen Löffel und warf ihn durch das Zimmer in Richtung seiner Frau. Das Klappern hörte auf, und Peter ging ungehindert durch die Terrassentür.

Thea holte ihn ein, als er die Treppe neben dem Pool nach unten lief. Sie nahm seinen Arm. Er schüttelte sie ab. Sie war barfuß und blieb abrupt stehen, als sie an den Kalksteinsplitt kamen. Peter ging weiter. Sie kam über ein Blumenbeet hinter ihm her. Man hörte das langsame Zischen eines Rasensprengers.

»Peter! Das ist dumm. Was willst du denn beweisen?« Sie suchte sich ihren Weg über Erdklumpen und Steine, vergaß alle Eleganz.

Er ging weiter. »Daß man mich nicht einfach herumschubsen kann.«

»Aber wozu denn? Das ist doch Selbstmord.«

Jetzt blieb er stehen und drehte sich um: »Ich tue nur eine ganz einfache Pflicht. Ich will sicherstellen, daß von diesen Steinen keiner mehr auf irgendwelche Leute fällt. Die Steine müssen aus der Fassade entfernt werden.«

Sie holte ihn ein, als er nur noch ein paar Meter von ihrem Wagen entfernt war, der am Tor stand. Sie war außer Atem, verwirrt, und in ihrem Gesicht zuckte es, aber gerade deshalb war sie noch attraktiver als je zuvor. Und menschlicher.

Er fragte: »Also, wieso unterstützt ihr diese Leute denn so rückhaltlos, du und dein Vater?«

»Jetzt bist du naiv.« Sie legte ihm die Arme um den Hals,

und ihr ironisches Lächeln lag wieder auf ihrem Gesicht. Sie glaubte, daß sie ihn immer noch verführen könne. »Sie schulden uns eine Menge Geld. Wenn sie pleite gehen, gehen wir auch pleite. Komm jetzt, wir können das sicher alles noch in Ordnung bringen.« Sie preßte sich an ihn, und er spürte ihren Körper durch den Bademantel hindurch.

Er schob sie weg. »Ich tue meine Pflicht.« Er wiederholte diesen Satz, ohne nachzudenken.

Sie schüttelte den Kopf und sagte etwas in ihrer Sprache. Etwas, das traurig klang und spöttisch.

»Was?«

»Mach's gut, Peter.« Sie drehte sich um und ging.

»Was hast du gesagt?«

Jetzt war sie es, die einfach weiterging.

Er rief hinter ihr her. »Hör doch, Thea, warum hilfst du mir denn nicht? Du weißt, daß ich recht habe. Wie sollte ich auch nicht recht haben? Und wir mögen uns doch.«

Sie blieb stehen und drehte sich um. »Ich bin nicht Medea«, sagte sie ironisch.

Er sagte: »Du könntest wenigstens den Film zu diesen Fotos vernichten.«

Aber das sei doch gar nicht nötig, sagte sie. Niemand würde die Fotos je sehen, wenn er sich vernünftig verhielte. Sie veränderte ihre Tonlage noch einmal und fragte aus fünf Metern Entfernung: »Also, soll ich Mr. Nicholson wieder mit in die Stadt zurücknehmen? Unter dieser Voraussetzung? Wir könnten immer noch bei mir miteinander schlafen.«

Sie meinte das vollkommen ernst. Peter drehte sich um und ging zum Tor hinaus.

Es heißt, im Grunde stammten alle Minerale und Steine auf der Erde von chondritischen Meteoriten ab, Steinmassen, die aus den Gasnebeln rund um die Sonne kondensiert sind. So daß ein Rätsel auf ein anderes zurückverweist, der Boden unter unseren Füßen auf das Licht über unserem Kopf, wenn man wirklich in Begriffen wie oben und unten denken kann. So daß am

Ende die Geologie und alle anderen Geowissenschaften sich vollkommen verkehren, wieder zu den Sternen und Planeten zurückführen, die von schwindelerregender Unberechenbarkeit sind und die verführerischen Namen ewig abwesender Götter tragen, Chiffren unseres Ursprungs. Die Erde, die Sonne; und zwischen diesen Rätseln, hier auf der glasierten Oberfläche der Dinge, die sorgsam konstruierten Gehege, in denen wir handeln und uns bewegen müssen, die zweckmäßig verputzten Oberflächen, die senkrechten Mauern und Wände, die sich ausbreitenden Beziehungsgeflechte, die Wertskalen. Peter hatte das Wort »Pflicht« benutzt; ein Wort in dem riesigen, beruhigenden System, das die Sprache war, die Struktur, die alle anderen Strukturen umschloß und ihnen Ausdruck verlieh. Thea hatte in ihrer Sprache geantwortet, obwohl sie wußte, daß er nichts verstehen konnte. Warum hatte sie das getan, hatte einfach seinem System ein anderes entgegengestellt, das er nicht verstand? Mit diesem traurigen, spöttischen Ton. Als sei er jetzt an dem allerletzten Trugschluß angelangt. Peter stolperte im grellen Licht der Sonne über Steine – eine kleine Gestalt in einer riesenhaften Landschaft. Wenigstens hatte er nicht seine Seele verkauft, bloß damit er im Auto in die Stadt mitgenommen wurde.

War es möglich, daß er wirklich einen Geist gesehen hatte? Außerhalb des geometrischen Paradieses, das von Maifredis Mauer umschlossen wurde, war die Landschaft formlos, ein Gewirr von mediterranem Gestrüpp, Heidekraut und hohen Pinien, hier und da Granitausbisse, Geröll auf den steileren Hängen. Nur das dunkle Band der Straße forderte Konturen, fand den Weg durch die Täler – Ariadnes Faden, der von dem Ungeheuer weg wieder ins Freie führte. Aber er hatte das Ungeheuer nicht getötet, ganz und gar nicht, und die Prinzessin hatte ihm auch nicht ihre Hilfe angeboten.

Wo konnten Geister sich denn aufhalten in einer Welt, die nicht mehr war als ein beständiger Fluß von Material? Waren sie eine Nachempfindung, ein Nachbild des menschlichen Geistes? Wenn man zum Beispiel ein Profil sah, das gar nicht mehr existierte? Oder eine anomale Polarisation des Lichts, bei der man auf einmal etwas wahrnahm, das immer dagewesen war? Vielleicht war die Luft voller Geister. So wie sie voller Radiowellen war. Es war bloß...

Hazel war tot.

Peter blieb stehen. Die graugrüne Landschaft zitterte in der Hitze. Weshalb dachte er in diesen Begriffen? Weshalb suchte er beständig nach Analogien, anstatt rasch und vernünftig mit den Fakten umzugehen, weshalb jagte er beständig den vagen Theorien hinterher, die einem vorm Einschlafen durch den Kopf gingen? Es war, als bewege sich sein Denken im Leerlauf und als trete er wild aufs Gaspedal. War es möglich, daß Hazel wirklich Selbstmord begangen hatte? Hätte sie das nicht so gemacht, daß dadurch diejenigen bloßgestellt worden wären, die sie für verantwortlich hielt? Wo sie doch soviel von Rache geredet hatte. Ganz zu schweigen von der offenkundig ernstgemeinten Absicht, nach Hause zu fliegen: die Tickets waren gekauft, die Koffer gepackt.

Hoch oben in der Luft kreiste ein Bussard über den verwitterten Abhängen dieser uralten Erhebung. Peter fühlte sich krank von den Dingen, die er gegessen hatte, und von dieser gnadenlosen Sonne. Dazu kam das allgemeine Unbehagen, das mit Margarets Nein vom Vormittag zusammenhing. Margaret hatte nein gesagt. Nein, nein, nein. Er blieb ganz unvermittelt stehen, drehte sich um. Seit einer Viertelstunde war kein Wagen mehr die Straße entlanggekommen. Sein Blick ging über die im grellen Licht daliegende Vegetation hinweg, und er sah auf einem entfernten Hügel einen Turm, denselben Turm, so kam es ihm vor, den er auf dem Weg zum Steinbruch und zur Werkhalle gesehen hatte, nur wahrscheinlich von der anderen Seite, aus dem nächsten Tal. Peter schaute lange hinüber und ging instinktiv – wie jemand, der bewußt eine falsche Entscheidung trifft – in die offene Landschaft hinaus.

Sie dachten, daß der Stein jetzt, wo er an der Fassade hing, nicht mehr herunterfallen würde. Das war sehr gut möglich – für fünf, zehn, zwanzig Jahre. Sie dachten, sie könnten das

Geld einstecken und damit durchkommen. Oder genauer gesagt: ganz normal leben. Er stolperte über einen Stein. Der Boden war sauer und nicht sehr kompakt. Das glasige Dunkelgrün der Myrtensträucher wucherte in Mulden und Senken. Warum sollte er sich in zwanzig Jahren noch etwas aus einem Tod machen, aus einem Unfall, der jetzt passiert war? Warum sollte er sich mehr daraus machen als aus irgendeinem anderen Großprojekt, das sicher auch seine Opfer fordern würde: der Kanaltunnel, ein dürftig geplantes Bergwerk auf dem indischen Subkontinent. Die Zivilisation rechnete mit ihren Opfern. Sie gehörten alle dazu. Schuld, das war etwas, das alle betraf. Kollektivschuld, unteilbar. Jeder Fleischfresser hatte auch das Schlachtmesser in der Hand. Warum also nahm er, Peter Nicholson, für sich in Anspruch, Verantwortung zu tragen? Wieso hatte er es zugelassen, daß er in eine Lage geriet, in der sein Selbstgefühl von dieser Geste abhing, mit der er seine Integrität zeigte?

Er hatte seiner Frau gegenüber keine Integrität gezeigt.

Auch seiner Geliebten gegenüber nicht. Arme Margaret. Sie hatte nein gesagt.

Aber vielleicht war Integrität bloß eine Tarnung für Flucht.

Er spürte einen Knoten in seinem Magen. Einen festen Knoten, der immer fester wurde. Peter zog sein Sakko aus, suchte in den Taschen, nahm Geldbörse und Fotos heraus, steckte sie in seine Hose und warf das Ding dann einfach irgendwo zwischen die Steine und das Gestrüpp. Sein Bürosakko. Er knöpfte sein Hemd an den Manschetten und am Kragen auf und atmete tief durch. Die Luft fühlte sich in seinen Lungen warm und trocken an. Aber das reichte nicht. Die Landschaft flirrte und zitterte. Er würde vielleicht ohnmächtig werden. Plötzlich steckte er sich die Finger in den Hals, beugte sich weit vor und übergab sich.

Er fühlte sich jetzt ein bißchen besser, setzte sich auf einen Fels und nahm die Fotos aus seiner Tasche. Sie waren so falsch. So widersinnig. Viel mehr als irgendein Geist. Von Geistern erwartete man, daß sie ein Gesicht hatten, das man kannte.

Man erwartete nicht so billige Pornofotos. Auf einem Bild sah man seine Zunge auf ihrer Brust, sein nicht sehr ausgeprägtes Profil. Der Spiegel an der Wand muß ein Spionspiegel gewesen sein. Sonderbar, daß man so etwas machte. Er sah sich nur die ersten vier oder fünf Bilder an. Sonderbar auch, daß Maifredi gesagt hatte, er würde sie seinen Kindern schicken. Noch vor der Frau und der Geliebten. Man schämte sich vor den Kindern. Vor den Kindern wollte man unschuldig dastehen. Wenn nun die erste Platte auf ein Kind fiel?

Er warf die Fotos ins Gras. Sie würden die Bilder nicht abschicken, bevor sie es nicht wenigstens noch einmal mit ihm versucht hatten. Mit einem anderen Druckmittel. Sie würden sie wahrscheinlich nie abschicken. Sie wollten ihn bremsen und nicht sich an ihm rächen. Es war eigentlich überraschend, daß sie ihm nicht folgten, wo er sie doch zu der Platte hätte führen können. Er stand auf und schaute sich um. Maifredis Villa wurde von einer niedrigen Hügelkette verdeckt. Die Straße auch. Er machte sich an den langen Aufstieg zu dem Turm hinauf.

Ein Flugzeug zog eine gerade Linie über den Himmel, geräuschlos, weit oben. Unten mußte Peter im Zickzack den Hang hinaufsteigen, Ginsterbüsche umgehen und große Felsbrocken. Dann trat er auf eine Schlange. Sie hatte ausgesehen wie irgendein alter, vertrockneter Stecken. Aber jetzt wand sie sich heftig und schnappte nach seiner Hose. Sein ganzer Körper war steif vor Schreck. Das Tier machte sich schon wieder davon. Es war einen guten halben Meter lang, hielt den Kopf hoch, und eine Welle lief über den Körper wie kleine Wellen über stilles Wasser. Peter zog sein Hosenbein hoch, aber die Haut war unverletzt. Als er wieder hochschaute, hatte er das Gefühl, daß die Gegend sich irgendwie verändert hatte, der Turm war näher, zog die Landschaft enger an sich.

Oben am Himmel verzog sich der Kondensstreifen schon in den Luftströmungen der Stratosphäre und löste sich auf.

Morgen abend konnte er zu Hause bei seiner Frau und den Kindern sein. In seinem eigenen Quadrat, seinem eigenen Fach in der Welt. Falls er das wollte.

Sie hatten den Turm auf die Spitze des höchsten Hügels in der Umgebung gestellt. Wahrscheinlich, um von da aus Botschaften auszusenden, und weil diese Position für die Verteidigung günstig war. In der Broschüre hatte es geheißen, daß es im Norden Schottlands ähnliche Anlagen aus ähnlichem Stein gebe. Diese alte Neigung, überall dasselbe zu machen: rechteckige Blöcke, die geschickt ineinandergefügt ein rundes Gebäude bildeten, das sich nach oben hin verjüngte. Wahrscheinlich stammten die Steine aus dem Geröll, das in der Umgebung im Übermaß vorhanden war. Fünfzehnhundert Jahre waren kein so langer Zeitraum, die Landschaft hatte wahrscheinlich ziemlich genauso ausgesehen wie heute. Die einzelnen Blöcke waren nur grob behauen, aber die Wirkung war nicht unelegant. Und der Turm war früher einmal höher gewesen. Vielleicht irgendein Tempel. Stein, der vom Boden aufgesammelt worden war und zu den Sternen hinaufzeigte: die uralte Fixierung auf den hoch emporragenden Stein. Etwas, das man anbeten konnte.

Peter fuhr mit der Hand über die vertraute Oberfläche von verwittertem Granit, ging um den Turm herum, bis er eine kleine Öffnung fand. Es stank. Ein junger Mann lag auf dem Boden, hatte den Kopf auf einen Rucksack gebettet. Zwischen den Steinen, die vom Dach heruntergefallen waren, ein Gewirr leuchtender Farben: Coladosen, die Aluminiumfolie einer Keksverpackung – Material, das einem anderen Stein auf einem anderen Kontinent entrissen worden war. Eine Spritze steckte in einem verkohlten Holzstück an einer Feuerstelle. Augen öffneten sich in einem bärtigen Gesicht: »Hallo.«

Peter sagte nichts.

»Wandern Sie auch auf den prähistorischen Linien, den alten Pfaden?«

»Nein«, sagte er. Er ging wieder. Und auf der anderen Seite des Turms öffnete sich das nächste Tal, als sei es für mögliche

Botschaften so weit geöffnet worden. Felsige Gipfel, spärliche Vegetation, die dichter wurde, je weiter sie sich zu einem Dorf hinunterzog, das noch weit entfernt war. Sorgsam gepflanzte Weinstöcke wirkten auf den niedrigeren Hängen wie Netze, die herabfallende Felsen auffangen sollten. Hoch oben, auf der anderen Seite, entdeckte sein Auge schließlich eine dunkle Verfärbung und den winzigen, gelben Arm eines Krans.

Er hatte den säuerlichen Geschmack des Erbrochenen im Mund. Er mußte etwas trinken. Er war jetzt nach einer schlaflosen Nacht drei Stunden lang dauernd in der Sonne durch unwegsames Gelände gegangen und hatte das Gefühl, er würde gleich ohnmächtig werden. Er wußte auch, daß das Masochismus war, daß er sich absichtlich quälte. Er hatte aufgehört, an den Stein zu denken, an das hohe Gebäude auf der anderen Seite der Erde, an Maifredis Drohungen, Theas Reize. Das alles hatte etwas ziemlich Oberflächliches. Diese Schwierigkeiten waren bloß wie ein goldenes Netz, das über etwas Tieferes und Dunkleres geworfen worden war, über ein Problem, zu dem der Verstand nicht ohne weiteres durchdringen konnte, wo die Felsen sich in tellurischer Schwermut gegeneinander schoben. Während er ein trockenes Flußbett überquerte, um Ginsterbüsche herumging, sich seinen Weg zwischen Felsbrocken suchte, versuchte er sich immer wieder vorzustellen, wie das wäre, wenn er am nächsten Abend heimkäme: wie er und Margaret im überfüllten Gang des Flugzeugs stehen würden, während alle ihr Gepäck aus den Fächern über den Sitzen zerrten, wie sie zusammen durch die Paßkontrolle gingen, über die alten Fotos lachten, nebeneinander an der Gepäckausgabe standen und zuschauten, wie Koffer und Rucksäcke auf dem Förderband ihre Runden drehten, wie sie am Zoll vielleicht einen letzten müden Witz darüber machten, daß sie nichts zu verzollen hätten, und wie sie sich dann, sofort danach, vielleicht zwei, drei Meter vor der automatischen Tür, durch die man zu den langweiligen Fliesen der Ankunftshalle geschleust wurde, wie sie sich dann trennen würden – sie würden sich trennen, weil sie nein gesagt hatte, und danach würde er...

Aber an diesem Punkt ließ ihn seine Phantasie im Stich. Immer wieder. Es war wohl keine Absicht, sondern es war, als ob das Gemisch, die Verbindung zwischen ihm, Anna, Mark und Sarah, nachdem sie einmal getrennt worden war, nicht mehr zusammengeschmolzen werden konnte, wenigstens nicht ohne dieselbe Hitze und denselben Druck, unter denen sie ursprünglich entstanden war. Er konnte sich einfach den Gesichtsausdruck seiner Frau nicht vorstellen, konnte sich nicht denken, auf welche Art sie sich umarmen würden.

Also wieder zurück zum Flugzeug, zur Stewardeß, dem Essen, das angeboten wurde, zu leichten Küssen bei einem Whisky vielleicht, zum Fenster, durch das man die Alpen sah...

Würde er wohl die Steinplatte dabeihaben? Um sie in London zu testen? In seinem Koffer, im Bauch des Flugzeugs.

Das war jetzt kaum mehr wichtig, obwohl er jetzt genau deshalb zu Fuß durch die Gegend ging.

Wie sich die Gedanken auflösten in einem Wirbel aus Beobachtungen, Einzelheiten, Überlegungen: die außergewöhnliche Zeichnung eines Schmetterlings, einigen Eruptivgesteinen nicht unähnlich, wenn man sie unter dem Mikroskop betrachtete, sein Kopfschmerz, der stärker wurde, ein überwachsener Pfad, den er entlangging, dann, links und noch weit entfernt, die Öffnung des Steinbruchs, das Summen einer Pferdebremse, Margaret, eine Eidechse auf der bewachsenen Oberfläche eines Felsbrockens; und alle die Dinge, die er in dieser Woche gesehen hatte, die stampfenden Gattersägen, Tempel, Lavahänge, Faxe, polierte Oberflächen, Zusammenballungen von Kristallen, harte Schatten, regelmäßige Muster von Mikrobrüchen, all das glitt an seinen schmerzenden Augen vorbei, die schlecht sortierten Sedimente einer Woche voll heftiger Erosion.

Peter stolperte und fiel hin. Einen Augenblick lang lag er mit dem Gesicht nach unten in etwas, das sich anfühlte wie Disteln. Dann merkte er, daß das heftige Pochen in seinen Ohren nicht vom Pulsieren seines Blutes kam, sondern das Geräusch eines Lastwagens war. Das Fahrzeug rumpelte die Zufahrtstraße zum Steinbruch entlang, ein riesiger Felsblock lag einfach auf dem Anhänger, wurde von seinem ungeheuren Gewicht festgehalten. Er bemerkte die parallel verlaufenden Rillen der Bohrlöcher, den Pfeil, mit dem der Kristallisationsverlauf markiert war. Vier Männer saßen an den Felsblock gelehnt auf dem Anhänger und rauchten.

Er lag immer noch an der Stelle, an der er hingefallen war, schaute auf die Uhr und sah, daß es schon nach sechs war. Irgendwo hatte er eine Stunde verloren. Die Sonne stand immer noch hoch und heiß über dem Hang. Er stand auf. Der Belag der Zufahrtsstraße bestand aus Schotter, der aus dem Steinbruch stammte. Katzengold und Quarz glitzerten in den Steinen. Auf dem Parkplatz unter einer offenen Wand standen noch drei Autos. Peter unterdrückte die aufsteigende Übelkeit, ging zu der kleinen Baracke und machte die Tür auf. Es war niemand da. Er ging über den Boden aus Gußbeton zu dem Getränkeautomaten hinüber und entdeckte, daß er kein Kleingeld hatte. Aber es gab ein Stehklo, eine Dusche und ein Waschbecken. Er trank das Wasser, obwohl es bräunlich war. Seine Ängste hatten sich jetzt irgendwo im Hinterkopf miteinander verbunden, waren kein Aggregat mehr, sondern kompaktes Gestein, Teil seiner inneren Landschaft. Irgend etwas hatte sich verändert. Er kühlte sich Gesicht und Hals mit Wasser und spürte dabei die ungeheure Erleichterung, die man empfindet, wenn man auf die ganz elementaren Dinge zurückgeworfen wird: Durst, Selbsterhaltung.

Eine Fliege summte durch den Staub eines Lichtkegels. Im Büro des Betriebsleiters saß Peter an einem Tisch, auf dem ein kleiner Computermonitor stand. Die Pornofotos hingen immer noch an den Wänden, Geisterbilder einer nachgestellten Sinnlichkeit, deren Objekte nichts Persönliches mehr hatten. Er nahm den Telefonhörer ab und wählte die Nummer des

Hotels. Margaret war nicht da. Sie hatte keine Nachricht hinterlassen. Ein Mr. Murray Davidson habe gebeten, sich so bald wie möglich mit ihm in Verbindung zu setzen.

Zwei Männer in staubbedeckten Overalls kamen herein und unterhielten sich in ihrer Sprache. Der eine schaute ihn neugierig an, der andere sagte etwas, und sie nahmen ihre Taschen und gingen hinaus. Peter hatte den Hörer noch in der Hand, die Finger lagen auf den Wähltasten, und er dachte kurz daran, Murray anzurufen, hörte schon, wie ihre Stimmen sich miteinander vermischten, dachte an das Verhältnis, in dem sie zueinander standen. Aber das war ein Teil von ihm, den er jetzt keiner Berührung aussetzen wollte. Dadurch würde alles zu kompliziert werden. Und es war gut, daß Margaret nicht im Hotel war. Es war alles so aufgespalten, so verzettelt. In dem hellen Licht draußen setzte das Klopfen eines Dieselmotors ein.

Während er dasaß und wartete, schaltete er den Computer ein. Ein Menü führte zum nächsten. Jeder Block hatte einen Code, eine Kennzeichnung, und jeder Code führte zu einem Dokument, in dem auf einer dreidimensionalen Grafik die Abmessungen, der Kristallisationsverlauf, das Datum der Förderung, die optimale Position in der Gattersäge aufgeführt waren. Das war professioneller, als er gedacht hatte. Man hätte in einer äußerst aufwendigen und absolut sinnlosen Aktion wahrscheinlich sogar alle Platten aus Australien zurückholen und sie wieder genau an den Stellen im Steinbruch einsetzen können, von denen sie stammten. Aber natürlich wurde bei jedem Schneiden einer Platte immer mehr oder weniger auch derselbe Teil des Steins zu Staub. Und es war reiner Zufall, welcher Teil eine Platte wurde und welcher zu Staub. Man konnte die Dinge nicht wieder in ihren alten Zustand zurückversetzen.

Der Maschinenlärm wurde lauter und hörte dann ganz abrupt auf. Peter bemerkte, daß das Sonnenlicht nicht mehr direkt auf das schmutzverschmierte Fenster fiel. Die Fliegen im Zimmer wirkten verloren, mutlos. Drei Männer kamen herein, unterhielten sich laut, lachten; dann der Betriebsleiter. Wieder spürte Peter eine gewisse Zuneigung zu diesem untersetzten Mann, wie zu jemandem, in dem man einen Freund und Rivalen erkennt. Er trug eine Sonnenbrille, sein Hals war voll Schweiß und Staub, und er wirkte sehr stämmig in seinem grünen Overall.

»Ich habe Sie nicht erwartet«, sagte er. Aber er war nicht unfreundlich. »Sie sehen aus...« Er beendete den Satz nicht.

Peter sah sehr mitgenommen und verdreckt aus, seine Haare waren zerzaust, sein Hemd schmutzig. Er kam sich seltsam vor ohne sein Sakko. »Ich möchte mit Ihnen reden«, sagte er.

»Ich habe es eilig«, sagte der Betriebsleiter. Aber er setzte sich. »Meine Frau«, sagte er lächelnd. »Sie ist...«, er suchte nach einem Wort, »eifersüchtig.«

Peter fand, daß es dumm war, so etwas zu sagen. Der Mann nahm sich eine Zigarette aus einer Schachtel. Er bot Peter eine Zigarette an, aber Peter lehnte ab und wartete, bis der andere sich seine Zigarette angesteckt hatte. Dann sagte er ganz langsam und deutlich, so daß es kein Mißverständnis geben konnte: »Ich habe Ihnen doch gestern eine Platte gezeigt. Ein paar Stunden darauf hat sich alles verändert. Vollkommen verändert. Wieso?«

Er war sich sicher, daß der andere dieselbe Zuneigung empfand wie er. Sie waren beide Techniker, die beide mit politischem Taktieren nicht zurechtkamen, denen jedes Bedürfnis abging, andere zu manipulieren, die stolz darauf waren, einfache, praktische Arbeit zu tun. Der Betriebsleiter zögerte. »Wenn Sie Fragen haben, dann dürfen sie nicht so allgemein sein.«

Okay, dachte Peter und fragte: »Ist es möglich, daß ich heute vormittag um zehn Uhr Mrs. Owen noch lebend gesehen habe? Ja oder nein?«

Der Mann starrte vor sich hin.

»Lebend, unterwegs, nicht tot«, sagte Peter eindringlich. »Ungefähr um zehn, halb elf.« Er sah die Augen des anderen

Mannes, die durch die dunklen verschmierten Brillengläser fast ganz verdeckt wurden. Sie verrieten ihm nichts.

Peter wartete. »Ich habe nur den Eindruck, daß zwischen dem Augenblick, in dem ich Ihnen die Platte gezeigt habe, und dem Augenblick, in dem mir gesagt wurde, ich solle nach Hause gehen, eigentlich nicht genug Zeit war. Ich meine, genug Zeit, damit sich zwei Unternehmen darauf einigen, einen großen Konflikt außergerichtlich beizulegen. Dazu war nicht annähernd genug Zeit. Und dann muß Mr. Frye auch schon auf dem Weg von Australien hierher gewesen sein, aber davon hat mir niemand etwas gesagt. Und das ist ungewöhnlich. Weil er ja für unseren Klienten arbeitet.«

Der Betriebsleiter schüttelte den Kopf. »Ich kann Ihnen da nicht folgen. Meine Aufgabe hier ist es, Steine aus dem Berg da zu holen.« Er rutschte unruhig auf seinem Platz hin und her. Aber er war noch nicht so weit, daß er gehen wollte.

»Sie haben den Stein gesehen, durch den der Mann ums Leben gekommen ist«, sagte Peter, »und ich glaube, Sie müssen gewußt haben, daß es dieser Stein war.«

»Nein«, sagte der Mann einfach. »Nein, das stimmt nicht.« Er nahm seine Brille ab. Seine Augen lagen klein und dunkel in einem Netz aus kleinen Fältchen. »Das habe ich nicht gewußt.«

»Okay, aber als Sie es Ihrem Chef gesagt haben, hat er gewußt, was das für ein Stein ist. Er hat es schon vorher gewußt. Sonst hätte die Zeit nicht gereicht. Und in dem Augenblick, in dem er wußte, daß ich die Platte hatte, waren sowohl er als auch die Australier daran interessiert, daß ich sobald wie möglich abreise.«

»Wie soll ich das wissen?«

»Bitte«, sagte Peter, »bitte sagen Sie mir etwas, das mir weiterhilft.«

Der Mann kratzte sich in seinem schweißverklebten Haar. Er hatte den Nachmittag unter einem heißen Helm verbracht. Er lächelte nervös. »Mr. Nicholson, letzte Woche sagt man mir, daß Sie kommen, um sich den Steinbruch anzuschauen.

Man sagt mir, das ist eine Formalität. Man sagt mir, ich muß nicht dafür sorgen, daß alles gut aussieht, Sie wissen schon, daß alles sehr ordentlich aussieht, wie manchmal, wenn ein Kunde kommt.« Er unterbrach sich. »Dann, als Sie gekommen sind, sagt man mir, Sie kommen mit einem Mädchen. Sie sind nur an Ihrem Mädchen interessiert.«

Peter atmete schwer. Es stimmte, daß Murray ihn sonst nicht die Auslandsaufträge erledigen ließ. Es stimmte, daß die Leute vom Marlborough Place die persönlichen Klienten seines Seniorpartners waren. Aber er hatte diese glückliche Ausnahme dem Umstand zugeschrieben, daß anscheinend nichts, das mit Margaret zusammenhing, danebengehen konnte, daß es ihnen bestimmt war, diese Zeit zusammen zu verbringen. Er fragte: »Gab es denn irgendwas zu sehen? Etwas, das mir entgangen ist?«

»Nichts. Nein, wirklich nichts.«

»Aber...«

»Nichts. Ich weiß, daß wir hier mit veralteten Methoden arbeiten. Die Wand ist zu, zu...« Er hob die Hände und bewegte sie aufeinander zu, um Enge anzudeuten. »Und es gibt viele Verwerfungen in diesem Lager. Und die Phenocryste sind auch sehr groß für so einen Zweck.« Er schüttelte den Kopf. »Aber es gab wirklich nichts Wichtiges. Wir schneiden hier guten Stein.«

Peter glaubte ihm. »Aber Maifredi hat von dem anderen Stein gewußt?«

Der andere Mann zuckte die Achseln.

»Ich begreife nicht, warum ich hierher geschickt worden bin. Man hat mir gesagt, daß ich um jeden Preis etwas finden muß. Und jetzt sieht es so aus, als hätten alle gewußt, daß es nichts zu finden gab. Sogar die Australier.«

Der stämmige Mann lächelte und stand auf. »Umso besser für Sie«, sagte er. Und lachte. »Sie haben eine Woche mit Ihrer Freundin gehabt, ja? Und Sie mußten nichts tun. Das hätte ich auch gerne! Vielleicht hat man Sie deshalb hierher geschickt.«

Peter brachte kein Lächeln zustande.

Der Betriebsleiter zog eine Uhr aus der Tasche seines Overalls. Er mußte gehen. Das Abendessen wartete auf ihn. Seine Frau mochte es nicht, wenn er zu spät kam. Er fragte: »Sind Sie mit dem Auto da?«

Peter sagte, er habe es ein paar hundert Meter weiter unten an der Straße abgestellt.

Sie waren vielleicht schon zwanzig Schritt auseinander, als der Mann stehenblieb und ihm etwas zurief. Er stützte sich auf einen staubigen weißen Golf und kratzte sich im Nacken. »Okay, Mr. Nicholson, ich habe schon einmal so einen Stein gesehen. Verstehen Sie? So einen Stein, wie Sie ihn gebracht haben. Das war in der Werkhalle. Aber das war vor mehr als einem Jahr. Ich weiß nicht, ob es derselbe ist. Sie bringen ihn vom Kontinent und schneiden ihn für den Nahen Osten. Ein ganz normaler Auftrag. Ich weiß nicht, ob es derselbe ist.« Er drehte sich um und stieg in seinen Wagen.

Tag fünf

ABEND

Halb acht. Die Konturen das Hangs hoben sich deutlich ab, als der Planet sich aus dem Licht der Sonne drehte. Die Silhouette der alten Erhebung stand – trotz der Erosion von Jahrtausenden, die sie wieder in das flache Meer zurückzerren wollte – zerklüftet und kompakt vor dem Himmel. Peter fiel auf, daß das Grundwasser tiefe Rillen in die Zufahrtsstraße gegraben hatte. Sommerstürme vielleicht, Güsse während der langsamen Bewegung, der Reduktion auf die Rumpfebene zu, die nach der völligen Erosion übrigbleiben würde. So ein Regen hätte ihm jetzt gutgetan. Er und Margaret waren viel im Regen spazierengegangen, nach der Arbeit oder in der Mittagspause, wenn sie nicht wußten, wo sie hingehen sollten und nicht in Pubs herumsitzen wollten. Mit Anna hatte er das auch getan, vor vielen Jahren. Es gab ein Foto, auf dem sie fröhlich einen roten Schirm über seinen Kopf hielt, während er mit dem Hammer einem präkambrischen Quarzit zu Leibe rückte. Später entwickelte sie eine Abneigung gegen den Regen. Letztes Jahr im Lake District hatte sie kaum einmal das Cottage verlassen. Er war mit den Kindern über paläozoische Massive gestiefelt, hatte ihnen vom Zechstein-Meer und seinem Zurückweichen erzählt – Kinder stapften gerne in Pfützen herum. Sie waren immer noch nah an einer reinen Energiequelle, an etwas Unbestimmtem, aus dem noch alles werden konnte. Sie waren noch in der Nähe der Quelle, so daß die unvermeidlichen Sedimente sich noch nicht abgelagert hatten. Sie sahen ihr Spiegelbild in den Schlammpfützen und stapften hinein. Das Bild zersprang. Sie kicherten. Sie bauten Dämme aus Kieselsteinen, von denen sie wußten, daß sie wieder weggespült wurden, Burgen aus feuchtem Sand. Vielleicht war das auch ein Grund dafür gewesen, warum er das Erdbeben-Puzzle gekauft hatte. Es paßte eher für Kinder als herrschaftliche Häuser und goldene Kutschen.

Nur Verliebte und Kinder waren glücklich, wenn sie im Regen spazierengehen konnten. Später lernte man, sich gegen den langsamen Verschleiß durch den Regen zu schützen. Man kaufte Häuser und Möbel, kümmerte sich um Rentenversicherungen.

Was würde wohl ohne ihn aus den Kindern werden? Was hatte er ihnen angetan, oder ihnen versagt? Ein ungeborenes Kind, mit dem man Spaziergänge durch den Regen machte? Was würde seine Abwesenheit bedeuten? Peter beschleunigte seinen Schritt auf dem steinigen Weg nach unten.

Er war erschöpft, dachte an Küsse, Margarets Küsse, ihre tiefe, leise Stimme, die ihn am Telefon so in ihren Bann zog. Wenn sie anrief, verschwand immer das Büro um ihn herum. Kein Wunder daß die anderen etwas gemerkt hatten. Alles, die vielen Dinge, alles löste sich in ihren Küssen auf. Als wäre ihr Speichel ein ganz besonderes Lösungsmittel. Das Licht in ihren Augen gab nicht den Blick auf die Welt frei, sondern lud dazu ein, sich in einer anderen Welt zu verlieren. Er blieb stehen, schaute einen Augenblick lang auf und wäre dabei fast ohnmächtig geworden. Und er spürte, daß die Liebe nicht so sehr die einfache Selbstauslöschung im sexuellen Akt war, sondern der Weg, auf dem man dahin gelangte: der unvergleichliche Pfad zu einer gewöhnlichen Ekstase. So wie das Leben seinen Wert nicht dadurch bekam, ob man früh oder spät starb, sondern durch all das, was einen an sein Ende geführt hatte. Mit Theas vollkommenem Körper hatte er nichts anderes gemacht, als einen Schalter ein- und auszuschalten, Leben-Tod, Leben-Tod, wie sie gesagt hatte, das betäubende Dröhnen einer Maschine, das alles durchdrang, ein-aus, ein-aus, hin und her, lauter und lauter, ohne jede Individualität, das wilde Arbeiten der Gattersägen, die sich durch den Stein gruben, und die Sägeblätter sprangen in ihrem riesigen Rahmen vor und zurück, das rhythmische Spritzen der Kalklösung mit dem Stahlschrot, und alles wurde immer lauter und lauter, betäubte einen beinahe. Um Gottes willen! Peter schüttelte den Kopf mit einer heftigen Bewegung, hatte Angst, verrückt zu werden, als ein Hubschrauber dröhnend über die zweidimensionale Silhouette des Hügels flog.

Er streckte sich auf den Steinen am unteren Ende der Böschung aus. Ob der Hubschrauber nach ihm suchte oder nicht, er wollte jedenfalls nicht gefunden werden. Die Maschine flog über ihn hinweg, ihre Rotorblätter zerschnitten den Himmel. Der Lärm war so laut, daß Peter weder denken noch fühlen konnte. Ein Luftstrom drückte ihn fest an den Fels. Dann war der Hubschrauber verschwunden. Und an der nächsten Kurve hörte Peter gerade noch rechtzeitig, wie jemand einen Wagen in einen anderen Gang schaltete, sprang von der Straße und versteckte sich in dem Geröll unterhalb der Straße. Thea und Frye fuhren mit hoher Geschwindigkeit in Richtung Steinbruch.

Er blieb zusammengekauert liegen. Zehn Minuten lang, zwanzig. Das Geröll war ziemlich ungewöhnlich. Es war zu kompakt, die einzelnen Stücke hatten eine zu gleichmäßige Größe, wie Felsbrocken, mit denen eine riesige Straße gepflastert war. Er betrachtete die Topographie und überlegte sich, daß das alles wohl Teil eines primitiven Rollsystems war, mit dessen Hilfe Felsbrocken aus dem Steinbruch von der Bergspitze heruntergeschafft wurden, bevor das unwegsame Gelände für das jetzt naheliegende Transportmittel, den Lastwagen, zugänglich gemacht worden war. Man hatte die Felsblöcke wohl mit Hilfe eines Systems von Seilen, Holzrollen und Winden über das kompakte Geröll gezogen. Niemand hatte wohl die Todesfälle allzu genau untersucht, die auf herunterrutschende Felsblöcke zurückzuführen waren. Es war selbstverständlich gewesen, daß man einen Preis zahlen mußte, wenn man Stein gewinnen und ihm die gewünschte Form geben wollte: Esel, die in Seilkolonnen zu Tode geschleift wurden, und Knochen, die unter Steinen zerdrückt wurden, die man ohnehin hauptsächlich für Gräber und Kirchen brauchte. Wie der Altaraufbau, den er auf der Insel gesehen hatte, als er fast etwas zu Margaret gesagt hätte. Was hatte er denn sagen wollen? Welches Opfer hatte er bringen wollen? Gab es irgend etwas, das er jemandem sagen konnte und wodurch sich sein Leben verändern würde? Oder hatte er es vielleicht schon genug verändert?

Der Hubschrauber umkreiste weiter oben langsam die Bergspitze und war dann wieder verschwunden.

Peter entschied sich, an der Stelle sitzen zu bleiben, an der er sich befand. Er wollte warten, bis die Dunkelheit einsetzte. Es wäre nützlich, wenn er in der Zwischenzeit ein bißchen schlafen könnte. Aber er war ganz ungewöhnlich klar im Kopf. Obwohl darauf wohl kein Verlaß war. Seine Gedanken rasten zu schnell durch seinen Kopf. Und er hätte jetzt gerne seinen Computer gehabt, damit er seine Gedanken in sichtbaren Wörtern und Sätzen vor sich hätte aufreihen können. Er fühlte sich immer so sicher und kompetent, wenn er seine Gedanken aus dem fließenden, abstrakten Zustand in seinem Kopf löste und sie aufschrieb. Der Betriebsleiter hatte ihm helfen wollen, war aber von den Zwängen abhängig, die ihm Loyalität und Angst auferlegten. Deshalb hatte er etwas angeboten, das nicht mehr war als ein einzelner Kieselstein, von dem er hoffte und gleichzeitig nicht hoffte, daß er dem Geologen als Anhaltspunkt genügen würde, um das ganze Gelände zu rekonstruieren. Aber was war diese verborgene Landschaft? Das Unternehmen hatte einen ähnlichen Stein für ein anderes Projekt bearbeitet, diesmal im Nahen Osten. Die klimatischen Bedingungen in situ, wenigstens was Windfaktor und Mindesttemperaturen anging, waren weniger aggressiv. Das Ankersystem bestand höchstwahrscheinlich aus den herkömmlichen Dübelbefestigungen am oberen und unteren Plattenrand. Das stellte keine besonderen Ansprüche an das Material. Und die Tatsache, daß der Stein vom Festland gekommen war, konnte kaum überraschen, wenn man die hohe Kapazität der Sägerei und Schleiferei in der Werkhalle bedachte. Es war völlig klar, daß die Fördermenge der eigenen Steinbrüche die Werkhalle nicht immer auslasten konnte.

Aber was hatte das alles mit Marlborough Place zu tun?

Und was hatte Marlborough Place mit Peter Nicholson zu tun? Nichts. Wie bei einem willensschwachen Spieler war seine Unfähigkeit, den Tisch zu verlassen, nichts anderes als die Angst davor, nach Hause zu kommen. Zu sich selber.

Oder steckte da wirklich irgendeine Form von Pflichtgefühl dahinter?

Oder hing es damit zusammen, daß Margaret gesagt hatte, er solle sich integer verhalten? Tat er es, weil er sie beeindrukken wollte? Um sie für sich zu gewinnen?

Aber das spielte keine Rolle. Er hatte eine Entschuldigung. Er war müde, aber nicht unglücklich. Wenigstens war das Ungeheuer der Routine bezwungen, krümmte sich im Staub. Obwohl er nicht geschlafen hatte, fühlte er sich munter, als er in der aufkommenden Dunkelheit aufstand.

Weil er sich ziemlich sicher war, daß die alte Rollschneise die Straße an verschiedenen Punkten kreuzen würde, ließ Peter sich auf der Bahn nach unten gleiten, wo vor ihm schon riesige Steinmassen nach unten gerollt waren, die von Scharen starker Männer geschoben und gebremst worden waren. Deshalb hielt er das erste Donnergrollen für einen Steinschlag. Er kauerte sich zusammen, legte die Arme schützend – und sinnlos – um den Kopf und ähnelte einer kleinen Figur, die auf dem Erdbeben-Puzzle geschickt aus vier Teilen zusammengesetzt war. Aber nichts passierte. Über ihm auf der Straße zerschnitten Autoscheinwerfer die Landschaft. Im Wetterleuchten erschien die Silhouette einer Hügelkette. Grillen zirpten mit mechanischer Monotonie in dem festen, dicken Gras zwischen den Steinen.

Er stand auf und ging weiter, schätzte Entfernungen, versuchte sich zu erinnern. In den Jahren, die er mit der Vermessung der Schwere und des Magnetfeldes zugebracht hatte, hatte er ein gutes Auge für die Landschaft erworben. Er konnte die Bewegungen der Berge interpretieren, sogar mit einiger Wahrscheinlichkeit sagen, was sich auf der anderen Seite befand. Wenn es nur mit Menschen auch so einfach wäre. Am Ende des Rollsystems überquerte er die Straße zum Steinbruch. Er hatte den Weg über eine Meile abgekürzt. Dann donnerte es wieder, als würde eine große Granitkugel über eine Stahlrampe hinunterrollen. Aber kein Anzeichen von Regen. Ein Stück Mond blinkte an einem wolkenlosen Himmel, und Tausende von Sternen luden Peter ein, über unvorstellbare Entfernungen hinweg Formen und Gesichter zu entdekken. Er starrte lange in den Himmel. Wie er erwartet hatte, fand er an der nächsten Kurve die Fortsetzung des Rollsystems wieder. Die Steine hatten eine weißliche Farbe.

Menschen. Um zum Beispiel die Bouguer-Anomalie zu berechnen, nahm man einfach den Wert, in dem die Schwerkraft von einem festgesetzten Normalwert abwich, berücksichtigte dabei topographische und geographische Faktoren, und der Rest mußte dann dem entsprechen, was unter dem Boden verborgen war: Leichtigkeit, wo man Dichte erwartete, oder umgekehrt, was auch sehr gut möglich war. Irgend etwas war da anders als erwartet: anderes Gestein, ein Salzdom, ein verborgener Bergrücken. Aber konnte man das mit seiner Frau machen, mit seinem Chef? Wenn man Herkunft, Alter, Geschlecht, Klasse, Umwelt berücksichtigte, mußte dann jede Eigenart, die dann noch blieb ... diese bestimmte Person sein? Peter stolperte und fiel hin. Ein heftiger Schmerz im Knie, und er hielt den Atem an. Er hatte Murray bestimmt falsch verstanden, obwohl er schon seit fast sechs Jahren mit ihm zusammenarbeitete. Die Firma bekam in diesem Fall sicher irgendwelche Geldzuwendungen, die über das normale Honorar hinausgingen. Und hätte er durch irgendeine Untersuchung herausfinden können, wie schwierig Anna nach ihrem zweiten Kind werden würde? Oder welch kostbare Dinge hinter Margarets seltsam assymmetrischem Gesicht verborgen waren? Er spürte einen Stich im Knie, mußte sich einen Augenblick setzen und sein Hosenbein hochkrempeln.

Fast direkt über seinem Kopf spaltete ein Blitz den Himmel. Eine Wolkenbank hatte sich gebildet. Und plötzlich dieser ohrenbetäubende Donner. Die Grillen verstummten. Als die ersten Regentropfen auf die Felsen fielen, mußte Peter sich auf einen gefährlichen Abstieg einstellen.

Er setzte langsam seinen Weg fort. Von der Zeit, die sie im Wagen für die Strecke gebraucht hatten, schätzte er die Entfernung auf fünf bis sechs Kilometer, aber er ging jetzt im Dunkeln durchs Gelände, rutschte in dem schweren Regen auf Felsblöcken aus und hatte mit seinem gestauchten Knie zu tun. Der felsige Boden gluckste vor Nässe, und die Luft war schwer von der frischen Feuchtigkeit des Sommers. Er mußte die Straße noch zweimal überqueren, und dann hörte er zuerst die Geräusche, bevor er das Gebäude sah: zuerst das dumpfe Geräusch der Sägerahmen, dann das Kreischen des gequälten Steins. Er kletterte über eine kleine Erhebung, und der Lärm wurde lauter. Er kam den Hang direkt über dem Hof herunter, der aus irgendeinem Grund, den er nicht verstand, mit einem einsachtzig hohen Drahtzaun umgeben war, eher eine symbolische Maßnahme als eine nützliche Investition, denn Peter kletterte sogar in dem traurigen Zustand, in dem er sich befand, im Nu darüber.

Die Steinblöcke bildeten ein Gitter aus Gängen und Inseln, die in der Dunkelheit weißlich schimmerten. Jeweils vier Blöcke standen zusammen, bildeten ein Quadrat, und jeder der Blöcke lag auf hölzernen Distanzstücken. Zwischen den Blöcken war etwa ein halber Meter Abstand für den Gabelstapler. Dann ein Gang und dann wieder vier Blöcke. Oder manchmal mehr, wenn die Steine übereinandergestapelt waren, so wie Bauklötze von Kindern und Totempfähle. Weiße Linien zogen sich kreuz und quer über den Boden. Jede Insel hatte einen eigenen Code von Buchstaben und Zahlen.

Peter humpelte vorsichtig an den Steinen vorbei. Der Mond war jetzt verdeckt, und es gab keine Schatten, nur ein dunkler Schimmer, wenn der Schein einer Lampe an der offenen Seite der Halle auf Regentropfen oder Oberflächenwasser fiel. Ihm war jetzt in seinem nassen Hemd sehr kalt.

Eine Gestalt löste sich aus der Dunkelheit. Er hatte vorsichtshalber vor ein paar Minuten einen Stein aufgehoben, damit er sich im Notfall verteidigen konnte. Und gerade noch rechtzeitig rief ihre Stimme: »Peter.«

Alle Minerale haben eine Kristallstruktur, aber sie kommen nicht unbedingt als geometrische Kristalle vor. Alle haben die Möglichkeit, ihre Atomstruktur in den glatten Oberflächen und symmetrischen Winkeln von Prismen, Pyramiden und Pinakoiden darzustellen. Aber die Natur ist so reich, neigt zur Überfülle. Und nur aus wenigem wird das, was es hätte werden können. Und selbst dann kann sich Identität auf verschiedene Weise ausdrücken: in verschiedenen Modifikationen wie Graphit und Diamant. So viel hängt von der Umgebung ab, vom Druck, vom Vorhandensein von Wasser, von der Dynamik des Erhitzens und Abkühlens. Wenn Peter mit Anna, seinem Job, seinen Kindern jemals er selber gewesen war – und er war sicher niemand anders –, dann war das trotzdem ein anderes, weniger großartiges Ich als das, das er in der kurzen Begegnung mit Margaret entdeckt hatte. Und wenn er sie jetzt in diesem unangenehmen schweren Regen und mit den sandigen nassen Sachen, die er anhatte, umarmte, dann war er sofort wieder ganz belebt von Selbstvertrauen, dem Gefühl, ein ganzer, ein richtiger Mensch zu sein, das sie ihm gab – ein Gefühl, das ihn jedesmal wieder überraschte –, und einen Augenblick lang dachte er, wenn er diese ganze Sache jetzt zu Ende bringen könnte, seine Integrität beweisen könnte, seinen Wert, seine Ehrenhaftigkeit, dann hätte er irgendwie – obwohl sie nein gesagt hatte – einen Anspruch darauf, daß sie für immer bei ihm bliebe, daß er immer diese Kraft der Verwandlung spürte, die sie besaß. Aber sie sagte: »Ich hab einen Wagen, Peter. Laß uns zum Hotel zurückfahren.«

Sie trug ein weißes Seidentuch um ihr nasses Haar, ihr T-Shirt klebte an ihren Brüsten und Schultern. »Ich hab mir schon gedacht, daß du hierher kommen würdest«, sagte sie. »Ich weiß nicht, warum, aber ich hab es gewußt.« Dann fragte sie, ob er gehört habe, daß Hazel Owen tot sei. Man hatte sie gebeten, die Leiche zu identifizieren. Es sei schrecklich gewesen. Peter umarmte sie wieder und fragte: »Hat sie ein Band um den Hals gehabt?«

»Was?« Die Leiche sei vom Meer und den Felsen furchtbar geschunden und entstellt gewesen. Das Gesicht sei fast nicht mehr zu erkennen gewesen. »Wieso fragst du?«

Er schüttelte den Kopf. »Und Wendy?«

Sie hatten sie noch nicht gefunden. Margaret hatte sich gedacht, sie könne das Mädchen vielleicht auch hier in der Werkhalle finden. Vielleicht dachte sie, ihre Mutter sei hierhergekommen. »Komm, wir gehen in den Wagen«, sagte sie. »Laß uns fahren. Es ist unsere letzte Nacht. Das war ein schrecklicher Tag.«

Ihre letzte Nacht. Er lehnte mit dem Rücken an einem Felsblock. Vor der offenen Wand der Halle war der Fußboden auf zwanzig Metern betoniert. Die Gattersägen waren auf Automatik geschaltet und gruben sich in die Dunkelheit. Von den Maschinen führten Gleise auf den Betonboden hinaus, so daß die Rollwagen auf den Hof geschoben werden konnten, um die nächste Ladung bei den Kränen abzuholen. Das unaufhörliche Kreischen der Sägeblätter zwang die beiden, beim Reden mit den Lippen ganz dicht ans Ohr des anderen zu gehen.

Er sagte: »Weißt du, ich will da hinein, in die Büros. Da ist noch etwas, eine einzige Sache, die ich herausfinden muß.«

Auf ihrem Gesicht lag ein fragender Ausdruck.

»Dann fliegen wir nach Hause, und ich werde dich bitten, mit mir zu leben. Okay?«

Sie schwieg. Im Licht weit entfernter Blitze glitzerten die Regentropfen auf ihrem Gesicht. Sie sagte: »Laß uns jetzt nicht darüber reden«, und streckte die Arme aus, um ihn zu küssen. Er hatte das merkwürdige Gefühl, sich langsam aufzulösen. Trennung war wie der Schock beim Aufwachen. Er schaute sie lange an. Wahrscheinlich gab es und würde es immer Millionen von Mädchen geben, die so waren wie sie: so wie es Millionen von Jahren gab, Millionen von Mineralkombinationen, die sich in beständigem Fluß befanden, dieser schwindelerregende Überfluß. Dennoch gab er sich gleichzeitig der Illusion hin, daß niemand so gut zu ihm paßte.

Zwei, drei Minuten lang genossen sie dann im Regen das Gefühl, daß alles erst noch geklärt werden mußte, küßten sich, stießen sich mit den Armen voneinander ab, zogen den anderen wieder zu sich heran und umarmten sich wieder, bis sie sagte: »Peter, ich hab mit meinem Leben noch gar nichts angefangen. Ich bin noch nicht soweit. Ich will nicht, daß du wegen mir deine Familie verläßt. Das ist zuviel.«

Margaret ging voraus. Damit er wußte, wo der Wagen stand. Sie gingen um eine Ecke und sahen, daß das Tor für die Fußgänger offen war. Hundert Meter weiter führte eine schmale Spur in die Büsche. Sie hatte ausgerechnet einen Mercedes gemietet, auf seine Hotelrechnung. Das hätte ihn eigentlich beunruhigen müssen. Peter humpelte auf den Wagen zu. Sein Knie schmerzte und war ganz steif, weil er jetzt ein paar Minuten gestanden war.

Im Wagen umarmten sie sich wieder. Der Regen trommelte gleichmäßig auf die Windschutzscheibe, und wenn es blitzte, leuchteten ihre Umrisse auf, die Umrisse zweier immer heftiger sich umschlingender Körper. Sie war wohl entschlossen, mit ihm zu schlafen, ihn nicht davonlaufen zu lassen. Ihre Bewegungen hatten die ruhige Zielstrebigkeit einer Liebe, die sich ihrer selbst ganz sicher ist, trotz der Situation, trotz seines schmutzigen, nassen, schweißverklebten Hemds, trotz der Dinge, die sie erst einen Augenblick zuvor gesagt hatte. Sie küßten sich in dem Wagen, der alleine zwischen hohen Myrtensträuchern stand, ein paar hundert Meter von der Halle entfernt. Sie hatten so oft in Autos miteinander geschlafen. Eigentlich mochten sie diese Ungeschütztheit, das Gefühl, jeden Augenblick überrascht werden zu können. Das war die Natur ihrer Beziehung. Und es war immer einfacher gewesen, als über eine unwahrscheinliche Zukunft zu reden.

Sie schob den Sitz zurück, knöpfte seine Sachen auf, lachte, als er ihr von dem Sakko erzählte, das er weggeworfen hatte. Seine Büroexistenz, sagte er. So wie er seine ganze Vergangenheit abwerfen konnte. Und er konnte das. Nein, ihr gefiel, daß er zuverlässig sei, gesetzt, sagte sie. »Und doch ist darunter so ein Vulkan.« Ihr gefiel diese Verkleidung. Sie sagte: »Du bist die Stelle, an der der Vulkan aus dem Meer kommt«, weil sie gerne Sachen sagte, die keinen Sinn ergaben. »Mir hat das sehr gefallen, wie du geschwommen bist«, flüsterte er. »Als du untergetaucht und dann wieder hochgekommen bist und dein Haar zurückgeworfen hast.« So rot, und die vielen Tropfen, die glitzernd durch die Luft flogen. Dahinter nichts als das Meer. Aber jetzt hatte sie sein blutendes Knie entdeckt. »Du armer Kleiner!« Sie nahm ihr Kopftuch ab und band es um die Wunde.

Jetzt berührten sie sich gegenseitig, verschafften sich Lust, lachten über die Probleme mit der Sitzjustierung, während ihr Atem warm über die Polsterung strich. Und jetzt begann ihr Flüstern erst richtig, so wie sich das zwischen ihnen entwickelt hatte. Ihre Stimmen waren bei der Liebe genauso wichtig wie ihre Körper, sie hatten den Mund am Ohr des anderen, ermutigten ihn, lobten ihn, beteten ihn an, und die Temperatur der Sprache stieg und verschmolz schließlich Obszönitäten, Gebete, banale Dinge, als gäbe es im tiefen Untergrund ihrer Liebe kein physikalisches Gesetz, nach dem diese Dinge getrennt existieren mußten. War das vielleicht das Wunder, auf das er immer gewartet hatte? Dieses Gefühl, wiedererschaffen zu werden, neu gemacht zu werden, wenn alles andere zerbrach, wenn sie von allen möglichen Gefahren bedroht wurden? Diese Sandburg, die sie immer wieder zusammen gegen die andrängende Flut verteidigen, immer wieder neu aufbauen mußten.

Danach war es still. An den beschlagenen Scheiben lief der Regen herunter, leuchtete manchmal im Scheinwerferlicht vorbeifahrender Autos auf. Sie saßen ruhig da. Ein Wagen fuhr auf das Gelände.

»Ist das der Schichtwechsel für die beiden Aufseher?« Es war Mitternacht.

»Kannst du denn nicht einfach die andere Platte mit nach London nehmen und sie da testen? Das würde doch sicher reichen.«

»Und Wendy? Du hast dir doch solche Sorgen um sie gemacht.«

Sie mache sich immer noch Sorgen, sagte sie. Aber das Mädchen sei verschwunden, und man könne sich nicht mehr um sie kümmern. Und ihre Mutter war tot. Die Polizei würde sie schon finden und nach Hause schicken. »Komm, wir fahren einfach wieder zurück«, sagte sie bittend. »Komm doch, Peter.«

Er erzählte ihr von dem anderen Stein, den der Betriebsleiter erwähnt hatte und der für den Nahen Osten bestimmt war. Es gab so viel, das nicht zusammenpaßte. Diese ganze Reise war ein ausgeklügeltes Täuschungsmanöver gewesen. Aber er wußte nicht, wer eigentlich zum Narren gehalten werden sollte.

Sie sagte, natürlich sei es wichtig, welche Platten an der Fassade hingen, aber er brauche doch sicher nur eine Aufsichtsbehörde davon zu unterrichten. Im dunklen Licht des Wagens war ihr Gesicht verschwommen und fast unsichtbar, und gerade deshalb klang ihre Stimme umso eindringlicher. Sie habe ein wenig Angst, sagte sie. Sie habe heute die erste Leiche ihres Lebens gesehen. Die Leiche von jemandem, mit dem sie sich noch am Tag zuvor unterhalten habe. »Und wenn Hazel von den Klippen gestoßen worden ist?«

»Daran hab ich auch schon gedacht.« Peter sagte zögernd: »Sie haben nicht gesagt, wann sie genau gestorben ist? Um welche Uhrzeit?«

»Nein.«

Dann erklärte er, warum er nach dem Band gefragt hatte; er erzählte ihr von den beiden Gestalten, die aufs Meer hinausgeschaut hatten, und daß er Angst gehabt habe, verrückt zu werden.

»Das ist ja unheimlich.« Margaret war nervös, fühlte sich seltsam hier in der Dunkelheit des Mietwagens, auf dessen Dach der Regen niederprasselte. Sie lachte unsicher. »Hat man schon von Fällen gehört, in denen Geister Tausende von Kilometern zurücklegen, Peter?«

Aber er sagte, sie sei es wahrscheinlich gar nicht gewesen. Nur jemand in einem schwarzen Kleid, der Angst vor einem Sonnenbrand hatte.

»Aber du hast doch gesagt, du hättest ihre Handtasche wiedererkannt?«

Auch die Körperhaltung, sagte er. Das kurze, schlecht geschnittene Haar. Dann – so wie man endlich das Offensichtliche wahrnimmt – ging ihm auf, daß der Anblick dieser Gestalt am Strand der eigentliche Grund dafür war, warum er in dieser Sache weitergemacht hatte. Daß sie da aufs Meer hinausgeschaut hatte, zu der Vulkaninsel hinüber, das war ein Zeichen, das Hazel ihm gegeben hatte. Und es war auch ein Zeichen, daß sie ihrer Tochter gesagt hatte, sie solle sich ausgerechnet an ihn wenden. Und es war ein Zeichen, daß sie ihm die Platte mit dem Blut ihres Mannes gegeben hatte.

»Laß uns gehen, Peter. Bitte.«

Er sagte: »Hör mal, ich weiß, wo das Büro ist. Das kann nicht allzu schwer sein. Gib mir eine Stunde.« Als er draußen stand, wandte er sich noch einmal um, bedeutete ihr, sie solle das Fenster herunterlassen, und sagte: »Überleg dir schon mal, in was für einem Vorort du leben willst.« Ihre Augen hatten die schimmernde Schwärze der Nacht. »Ich liebe dich, Margaret«, sagte er. »Ich liebe dich wirklich.«

Die Dunkelheit, der Regen, der unaufhörliche Lärm der Maschinen: sie hatten wohl etwas gemeinsam, sie waren Elemente, die sich der Definition entzogen. Aber jetzt würde Peter Nicholson da hineingehen und etwas holen, das wichtig war, das zählte, mit dem die Landschaft vermessen, Ordnung in das Durcheinander gebracht wurde.

Wasser lief durch die Wagenspur zwischen den Büschen.

Schlamm spritzte ihm auf die Knöchel. Sein Knie fühlte sich unter dem fest anliegenden Kopftuch steif an. Kein Band für einen Athleten. Er kam an die Stelle, wo der Steinbelag der Zufahrtsstraße mit dem Asphalt der Straße zusammentraf, auf der die Autos und die Arbeiter aus der Stadt kamen. Ein riesiger Berg von Sägeschlamm ragte vor ihm in die Nacht. Man sah die Umrisse der Förderbänder, mit denen er aus der Halle geschafft wurde. Er blieb stehen. Alles, alle Formen und Flächen, wurde nur von einer einzigen Lampe beleuchtet, einer Bogenlampe über dem Parkplatz der Werkhalle.

Es ging kein Wind, und Peter humpelte durch den Regen, überquerte die Zufahrtsstraße, ging durch das Tor und kam an die Seite der Halle, die zum Hof hin offen war. Unvermittelt bohrte sich der Lärm der Gattersägen in seinen Kopf, pochte und heulte. Ohne Schutz war das schmerzhaft. Das Geräusch lastete auf Ohren und Kopf. Man konnte nicht mehr denken. Er mußte stehenbleiben, mußte sich konzentrieren, um sich wieder zu fangen.

Der Nachtwächter war wohl in der schalldichten Kabine des Vorarbeiters, aus der ein Lichtstrahl drang. Peters Hand glitt an dem Geländer entlang, mit dem der Gefahrenbereich um eine Säge markiert war. Die Maschine mußte nicht sehen können, um mit millimetergenauer Präzision diese Platten zu schneiden. Nur ein schwaches Schimmern von dunklem Metall war zu sehen. Das riesige Antriebsrad drehte sich in seiner Vertiefung, die Pleuelstange verwandelte Rotation in das Hin und Her des Sägerahmens. Hydraulische Spanner sorgten für einen Druck von acht Tonnen auf jedem Sägeblatt. Der Steinblock lag geisterhaft weiß auf seinem Rollwagen. Es war ein heller Granit, und die vielen Sägeblätter hatten sich schon halb hindurchgearbeitet. Peter hätte sich den Stein gerne näher angesehen, aber wenn man sich einmal hinter dem Geländer befand, war man den Tonnen von Metall ausgesetzt, das sich rhythmisch bewegte. Über der Säge befanden sich Düsen, durch die ein gleichmäßiger Strom von Wasser, Kalk und Schrot kam, der unten in der Grube gesammelt wurde, um gefiltert und wiederaufbereitet zu werden. Ein Steinsplitter löste sich und prallte von einer Säule ab. Nach internationaler Vorschrift hätte das ganze Ding abgedeckt sein müssen.

Er ging rasch an den Sägen entlang und ging dann, um nicht am Büro des Vorarbeiters vorbei zu müssen, zu den Schleif- und Bohrmaschinen hinüber, wo es relativ still war. Nur die Sägen liefen nachts. Aber wenn man einen Pfosten anfaßte, spürte man trotzdem eine heftige Vibration. Soviel Energie wurde in so heftige Erschütterung verwandelt. Das war der Preis für alle diese Quadrate und rechten Winkel. In seinem Kopf dröhnte es. Dann war er an der anderen Seite der Halle neben der Tür, die zu den Büros führte. Sie war nicht abgesperrt. Er ging hinein und ließ die Tür hinter sich zufallen. Es bestand keine Gefahr, daß ihn jemand hörte.

Eine schmale Treppe führte nach oben. Schallisolierung reduzierte den Lärm auf ein leises Brüllen. Er ertastete sich seinen Weg durch die Dunkelheit, machte eine Tür auf. In der Nachtbeleuchtung, die aus einem Fenster gegenüber kam, sah man Teile einer Laboreinrichtung, ein Gesteinsmikroskop auf einem Experimentiertisch, Klammern, Rahmen und Gewichte für einfache mechanische Tests, ein Reißbrett. Das hätte ein Bild aus dem Traum sein können, den er vor fast vierundzwanzig Jahren gehabt hatte. Natürlich träumte man mehr, wenn man unter Druck stand. Und daß er diese geisterhaften Gestalten am Strand gesehen hatte, war auch eine Art Tagtraum gewesen. Mehr war das nicht. Etwas zwischen den Partikeln, aus denen das Ich zusammengesetzt war. Die Wahrheit war, daß er sich hier in einer Welt der Dinge befand, in der er sich sicher fühlen konnte. Gedanken wie die Vorstellung, daß etwas Böses im Stein säße, nahmen sich hier ziemlich abstrus aus.

Trotzdem kam ihm alles sehr bekannt vor, als er das Licht anmachte und zum Mikroskop hinüberging. Eine dünnes Granitpräparat lag auf dem Drehtisch. Er zögerte. Er beugte sich vor, hatte aber plötzlich Angst, jetzt bei klarem Bewußtsein durch das Okular zu schauen und das Gesicht dieses Mannes im Katzengold und im Quarz zu sehen: Biotit die Augen, die Wunde Magnetit. Und jetzt könnte er nicht aufwachen und sich in einer anderen Welt wiederfinden. Fasziniert von dem Instrument beugte er sich vor und dachte einen Augenblick lang, daß man es absichtlich für ihn hingestellt hatte. Dann wich er mit einem Ruck zurück. Deshalb war er nicht gekommen. Und es war unglaublich dumm, das Licht anzumachen! Er schaute nach oben und war völlig überrascht, als er sein Spiegelbild in einem großen schwarzen Grabstein aus poliertem schwarzem Glas sah: das nasse Hemd, die zerzausten Haare, das Kindergesicht. Er ging schnell zum Schalter, machte das Licht aus, ging zur Tür hinaus, zog sie zu und stand in der tiefen Dunkelheit des Flurs. Er mußte einen Computer finden und ihm die Information entlocken, auf die der Betriebsleiter angespielt hatte: die Stornierung des Auftrags für den Nahen Osten, die Verarbeitung eines minderwertigen Steins für das Projekt Marlborough Place.

Er ging weiter, tastete im Dunkeln nach Türen. Sie mußten alle an der rechten Seite sein, weil die Wand links von ihm die Büros von der Sägerei trennte. Er drehte an einem Türgriff und machte die Tür auf. Aber es dauerte so lange, bis er sich orientieren konnten, bis die Dinge einen Sinn ergaben. Er mußte riechen, tasten und fand dann schließlich eine Rolle Toilettenpapier. Hinter der nächsten Tür nahm er den abgestandenen Geruch von Papier und Putzsachen wahr: irgendein Kabuff. Ein paar Schritte weiter Glas an der Wand, hinter dem sich wohl ein Feuerlöscher befand. Er hätte eine Taschenlampe mitbringen sollen. Dann, als er die vielleicht vorletzte Tür aufmachte, ein großes Fenster, das auf den Parkplatz hinausging, und das Licht der Bogenlampe da draußen genügte, daß er die Dinge im Zimmer wahrnehmen konnte – drei Schreibtische, Stühle, die üblichen Bürosachen wie Tintenlöscher, Schreibmaschinen, Wandkalender.

Von diesem Büro führte eine Tür in das wahrscheinlich letzte Zimmer auf dem Flur. Er ging zu der Tür, und dabei fiel ihm auf, daß man hier, wo es Granit in Hülle und Fülle gab, einen Boden aus billigem Agglomerat verlegt hatte. Vielleicht bestand alles, was er im Leben gemacht hatte, darin, sich in eine Position zu bringen, in der er dafür bezahlt wurde, daß ihm solche Dinge auffielen. Man verkaufte seine Fähigkeit, eine Matrix von der anderen zu unterscheiden. Und dann entdeckte man, daß man das nicht sehen sollte, was nicht genehm war.

Aber jetzt war er da. Das war das Büro des Betriebsleiters. Ein paar Annehmlichkeiten deuteten darauf hin – gerahmte Bilder, ein großer, schwarzer Sessel, der große Schreibtisch mit der spiegelglatten Auflage. Aber bevor er sich an den Computer setzte, ging Peter durch das Zimmer, um zu überprüfen, ob die Tür zum Flur nicht abgesperrt war. Sie war offen. Und gegenüber auf der anderen Seite des Flurs sah er den schwachen Schimmer eines Türgriffs. Noch eine Tür.

Es war, als würde man in einer einfachen chemischen Formel ein Element entdecken, das man nicht erwartete. Wie war das möglich? Eine Tür, die direkt in die Halle führte? Und so hoch oben? Wozu? In der Dunkelheit sah er ein Hinweisschild in dieser Sprache, die er nie verstehen würde. Die Sprache, in der Thea geantwortet hatte, als er das Wort Pflicht benutzt hatte.

Peter ging über den Flur und drehte an dem Türgriff. Die Tür war unendlich schwer, weil sie – wie ihm auffiel – isoliert und fast dreißig Zentimeter dick war. Sobald er sie aufmachte schwoll das Hintergrundgeräusch zu einem stampfenden Lärm. Nach der Tür kam ein guter Meter freier Raum – das war die doppelte Wand – und dann eine zweite, kleinere Metalltür. Sie war verriegelt. Er schob die Riegel zurück. Die Tür ging schwer auf, und sie öffnete sich nach innen, so daß zwischen den beiden Türen nur sehr wenig Platz war und man sich nicht leicht hindurchzwängen konnte. Peter ging durch die Tür und stand auf dem ersten Abschnitt der eisernen Beobachtungsbrücke, die nur etwa dreißig Zentimeter über den Gattersägen quer über die gesamte Halle lief. Natürlich. Da waren sie, dröhnten in der Dunkelheit unter ihm, und keine zwanzig Meter entfernt sah man im fahlen Licht hinter dem dicken Glas der Kabine des Vorarbeiters die übereinandergeschlagenen Beine eines Mannes auf einem Schaltpult, den Umschlag einer aufgeschlagenen Zeitschrift. Peter zog sich rasch zurück, und gerade, als er den unteren Riegel wieder zurückschob, sah er einen winzigen schwarzen Stoffetzen, der sich in dem Metallgehäuse verfangen hatte.

Einen Augenblick später war er wieder im Büro des Betriebsleiters. Wieder warf er einen Blick auf den Computer. Wieder fand er einen Grund, das Gerät noch nicht einzuschalten. Er ging zurück in das große Büro, nahm einen Bogen Geschäftspapier aus der Schubladenbox neben einer Schreibmaschine und suchte sich einen Kugelschreiber. Er schrieb:

»Bin in den Büros der Werkhalle unterhalb des Steinbruchs von Palinu (siehe auch Briefpapier). Vierzig Minuten nach Mitternacht, 18./19. Juli. Habe gerade entdeckt, daß Hazel Owen irgendwann an dem Tag oder in der Nacht, bevor sie starb, hier war. Ein Stück Stoff, das bestimmt von ihrem Kleid stammt, hat sich in der Tür verfangen, die von den Büros zur Beobachtungsbrücke über den Gattersägen führt. Einzige Erklärung, daß sie diesen Weg genommen hat, dürfte sein, daß sie in den Büros eingesperrt worden ist. Wenn man die Büros über die Brücke verläßt, muß man etwa viereinhalb Meter tief auf den Boden der Halle springen. Oder man muß auf einen der Blöcke über den Sägeblättern hinunterklettern.«

Peter hörte auf zu schreiben. Das plötzliche heftige Hin und Her des Sägerahmens, als sie den Halt verlor, muß so ähnlich gewesen sein wie das Krachen der Brandung gegen Granitklippen.

»Werde im Computer der Firma nach Informationen suchen, die sich auf den fragwürdigen Stein beziehen, der für Teile der Fassade von Marlborough Place verwendet wurde. Irgendwelche Entdeckungen werde ich in einem weiteren Fax mitteilen, bevor ich dieses Büro verlasse. Das hier nur für den Fall, daß mir etwas zustößt.

PETER NICHOLSON.«

Wenn doch die Polizei bloß eine öffentlich bekannte Faxnummer hätte. Wenn er es an Anna schicken würde, bekäme sie einen Nervenzusammenbruch. Er entschied sich für sein eigenes Büro in London und tippte die Nummer ein. Der Firmenname erschien auf dem Display. Die Maschine summte, übermittelte sein nervöses Gekritzel über zweitausend Meilen von Kabel hinweg. Er starrte das Gerät an, dachte an Murray und wie unnachgiebig er am Telefon war, als sie am Vormittag miteinander gesprochen hatten. Nein, er sollte die Last verteilen, eine Art Sicherheitsnetz schaffen. Er rief das Hotel an, ließ sich die Faxnummer geben und schickte eine zweite Kopie ab, auf deren Kopf er in Blockschrift Margarets Namen geschrieben hatte. Das mußte genügen.

Kadmos der Phönizier entwarf als erster eine Stadt, deren geometrisches Muster dem Himmel entsprechen sollte. Das war derselbe Kadmos, der die Buchstaben des Alphabets nach Griechenland brachte. Er nahm verschiedenfarbige Steine von den Bergen des Kithairon, des Helikon und des Theumesus und türmte sie aufeinander, um die Sterne darzustellen. Später wies ihn der unerbittliche Dionysos aus dem wunderbar geordneten Theben und zerstörte die Stadt dann durch ein Erdbeben. Aber erst mit Ödipus, dem Rätsellöser, geschah es, daß ein Held aus Versehen jemanden tötete. Der Mensch mit dem klarsten Verstand fühlte sich in seiner Klarheit so sicher, daß er seinen Vater nicht erkannte. Oder gab es ein perverses Prinzip hinter all dem – zuerst bei Kadmos, dann viel grauenhafter bei Ödipus –, nachdem galt: je klüger ein Mann sich in dem abgesteckten Quadrat, dem ihm zugewiesenen Feld seines Lebens zurechtfand, desto schlimmer traf ihn das Schicksal, wenn die Lose aus der Urne geworfen wurden? Doppelte Nemesis, eine Vendetta der Nemesis oder Wiederherstellung des isostatischen Gleichgewichts? Als er schließlich die Datei fand, nach der er suchte, ging Peter bei seinen Berechnungen sehr rasch und intelligent zu Werke: die Oberfläche, die verkleidet werden mußte, die Größe der Platten, die Möglichkeit einer Nachbearbeitung. Ausschlaggebend war: Die Stärke der Platten war dieselbe, die Verankerung war konventionell und ließ den Stein unversehrt, was die Bruchhäufigkeit auf einem erträglichen Niveau hielt. Das Bestimmungsland war Kuwait, und der Versand sollte in nur zwei Lieferungen erfolgen: die erste sollte am 1. August 1990 eintreffen und die zweite nur einen Monat später. So daß zum Zeitpunkt des irakischen Einmarsches die Firma die erste Lieferung schon auf den Weg gebracht und die Blöcke für die zweite Lieferung schon erhalten hatte. Das bedeutete, die Firma stand mit einer beträchtlichen Menge unverkäuflichem Stein da, und zwar genau in dem Moment, in dem der Weltmarkt zusammenbrach, genau in dem Moment – falls er sich recht erinnerte –, in dem Marlborough Place große Mengen meist akzeptablen, wenn auch nicht idealen Steins zurückwies, weil man die Mikrofrakturen zu Unrecht für gefährlich hielt.

Peter ging noch einmal die Materialangaben durch. Alles hing miteinander zusammen. Und das war so befriedigend, daß er ganz aufgeregt wurde und sich sehr klug vorkam. Jetzt mußte nur noch geklärt werden, wer auf der australischen Seite die Entscheidung mitgetragen hatte, diesen minderwertigen Stein zu verwenden, und wer – nach Owens Tod und der daraus folgenden kostspieligen Verzögerung – unter Vorspiegelung von Schadensansprüchen gegen den Lieferanten hereingelegt werden mußte. Schadensansprüche, die gar keinen Erfolg haben sollten, aber wahrscheinlich dazu dienten, jemand anderem gegenüber guten Willen zu zeigen. Ein Kampf zwischen Bauunternehmer und Bauherr? Oder Korruption innerhalb der Baufirma? Frye? Da war jemand sich seiner Sache so sicher gewesen, daß er anordnete, Peter solle eine ganze Woche auf der Insel bleiben. Da war jemand überzeugt, daß er nichts finden und ein Gutachten erstellen würde, das nicht mehr enthielt als ein bißchen Gemäkel über Mikrofrakturen und schlechte Arbeitsmoral – Argumente, die dann ein anderer Gutachter mit Recht als unerheblich zurückweisen konnte. Und als Maifredi den Bauherrn anrief, um gegen seinen Besuch zu protestieren? War das nicht mehr als ein geschickter

Trick, um den Bauherrn zu überzeugen, daß die Baufirma die Untersuchung ernst nahm, ein Trick, um die Aufmerksamkeit von dem Stein abzulenken, mit dem schon fünf Stockwerke verkleidet waren, von dem Stein, der das Bauunternehmen vielleicht vor der Zahlung einer verheerend hohen Entschädigungssumme für die verzögerte Fertigstellung bewahrte? Er mußte jetzt die entsprechende Telexrolle finden. September, Oktober 1990. Irgendwo um diese Zeit herum. So kam es, daß Peter vom Monitor aufstand und das kleine Mädchen in der Tür stehen sah.

Einen Augenblick lang glaubte er an eine Halluzination. Oder einen Geist. Sie war ganz naß und sah im grünen Licht des Computers ganz mitgenommen, ganz schrecklich aus.

»Ich hab gedacht, die Mama ist hier«, sagte sie ganz ruhig.

Er mußte sich wieder setzen. Er spürte in dem einen Knie einen entsetzlichen Schmerz, und das andere gab einfach nach. Er schüttelte den Kopf. »Du hast mich erschreckt.«

Sie lachte. »Wieso denn?«

»Ich hab gedacht, ich wäre alleine.«

»Ich hab Ihnen zugeschaut. Sie waren sehr beschäftigt.«

»Ist dir denn nicht kalt?«

»Nein. Der Regen ist ziemlich warm.«

»Alle haben Angst um dich gehabt, weil du verschwunden bist.«

»Ich hab gedacht, die Mama muß hier sein. Ich hab gedacht, es ist einfacher, wenn ich hierher komme und nicht Sie oder die Polizei. Ich bring sie dazu, daß sie nach Hause fährt.«

Er holte tief Luft, aber dann brachte er nicht den Mut auf, es ihr zu sagen. Es war alles so seltsam in diesem graugrünen Licht.

»Wie bist du denn überhaupt hierher gekommen?«

»Zu Fuß. Ich war schon zweimal mit der Mama hier.«

»Und niemand hat dich gesehen?«

»Ich bin unsichtbar, wenn ich meinen Jade festhalte.«

Er schaute sie an. Alles, was sie hatte, war ihre weiße Bluse und ihre rosafarbener Rock, die an einem Körper klebten, der so dünn war wie der Körper seiner Tochter.

»Hör mal, geh nach draußen, geh zu Margaret im Auto.« Er erklärte ihr, wie sie die Stelle finden konnte. »Sag ihr, daß ich noch ungefähr eine halbe Stunde brauche.«

»Wieso kann ich denn nicht bei Ihnen bleiben?«

»Weil ich schon viel länger weg bin, als ich gesagt habe. Wenn du nicht zu ihr gehst und ihr Bescheid sagst, dann kommt sie auch noch hier hoch.«

Das Mädchen rührte sich nicht. Er stand auf und ließ den Computer eingeschaltet, damit er besser sehen konnte. Die Telexrollen waren wahrscheinlich im Zimmer der Sekretärin.

»Du gehst also nicht?«

Sie schüttelte den Kopf. Dann trat sie beiseite und ließ ihn durch die Tür in das Hauptbüro. Er mußte sich beeilen. Er machte sich daran, im Halbdunkel Schränke aufzumachen und die Schubladen von Aktenschränken herauszuziehen. Das Mädchen saß auf einem Schreibtisch, ließ die Beine baumeln und schaute ihm zu. Bis er sie, ohne es zu wollen, fragte. »Hat dein Vater am Arm eine Tätowierung gehabt?« Im selben Augenblick fand er eine Schublade voll Telexrollen.

»Nein. Wieso denn?«

Er war so erleichtert, daß er überhaupt keine Antwort gab. Er hatte am Strand lediglich zwei Fremde gesehen. Und jetzt schaute er sich lediglich ein paar Telexe an, bevor er morgen nach Hause flog.

Sie lachte. »Aber er hat immer gesagt, daß die Narbe an seinem Arm aussieht wie ein Vogel. Er hat sich die Narbe geholt, als er einmal irgendwo eingeschlossen war. Er hat gesagt, es kribbelt, wenn ich sie küsse.«

Peter schloß die Augen. Das undeutliche Licht hinter den Augenlidern gab ihm das Gefühl, als ginge Fremdes und Vertrautes ineinander über.

Er drehte sich um. »Deine Mutter ist tot«, sagte er. »Sie ist ungefähr fünf Meilen von hier von einer Klippe gestürzt.«

Das Mädchen saß reglos da und starrte ins Halbdunkel.

»Hör mal, ich weiß, das muß schrecklich sein, und ich hätte es dir nicht einfach so sagen sollen, aber geh jetzt bitte zu Margaret hinunter, und ich komme bald nach, und dann finden wir eine Möglichkeit, wie du nach Hause kommst.«

»Meinen Sie damit, die Mama hat sich umgebracht?«

»Es sieht so aus.«

Das Mädchen schüttelte ganz ruhig den Kopf. »Nein, nein, das hätte sie nicht getan. Die Mama hätte das nicht getan. Nein, nein. Sie hat gesagt, sie würde sie alle in die Luft sprengen. Sie hat nie gesagt…«

Man hörte plötzlich ein lautes Surren, und der Monitor im anderen Zimmer ging aus. Die Bogenlampe draußen glühte nur noch ganz leicht und erlosch. Einen Augenblick lang glaubte er an einen Stromausfall, aber dann merkte er, daß er immer noch das schwache Pochen der Gattersägen hören konnte.

Er fand das Mädchen in der Dunkelheit, weil ihr Gesicht so bleich war, nahm sie bei der Hand und zog sie in die Richtung, in der die Tür zum Büro des Betriebsleiters sich aus der Dunkelheit herausschälte. Sie stießen gegen einen niedrigen Schrank. Dann gingen sie um den großen Schreibtisch herum. Er drückte sie auf den Boden und kauerte sich neben sie.

Nichts. Er horchte gespannt in die Dunkelheit. Hörte nur das Trommeln der Maschinen, den Klang von Motoren in einem Schiff. Der Steinboden war kalt. Staub und Glätte. Der Geruch von Papier, kalter Zigarrenrauch.

»Hör gut zu«, sagte er zu ihr. Ihr kleiner Körper zitterte. Sie hielten sich an den Händen. So schnell die Sekunden vor einer Stunde im Wagen vergangen waren, so langsam verrannen sie jetzt. Nichts. Vielleicht war es wirklich irgendein Stromausfall. Und es gab verschiedene Stromquellen.

Er flüsterte: »Hat sie das zu dir gesagt?«

»Was?«

»Daß sie etwas in die Luft sprengen wollte.«

Das kleine Mädchen schwieg. In der Dunkelheit, die sie umgab, ließen sich die Dinge im Zimmer an ihrer verschiedenen Dichte ausmachen: der Schreibtisch, der Raum darüber, eine Art dunkler Firnis, wo vielleicht ein Schrank stand. Er veränderte seine Körperstellung ein bißchen, um sein Knie zu entlasten, und warf dabei einen Papierkorb um, aus dem etwas herausrollte, anscheinend eine Dose, und über den Boden schepperte, und Peter spürte, wie der Schreck sich durch die Nerven seines Körpers ausbreitete.

Das Mädchen zog mit einem lauten Geräusch die Luft ein.

»Pst!«

Die Dose stieß gegen einen Gegenstand, und es war wieder ruhig. Peter hielt sich ganz ruhig und wartete. Vielleicht konnten sie gleich wieder aufstehen. Inzwischen sagte er: »Hör mal, Sprengstoff ist schwer zu bekommen und kompliziert. Sie hätte nie etwas in die Luft jagen können. Sie hat bloß übertrieben. Und als ihr das klar wurde, hat sie wahrscheinlich einfach aufgegeben. Sie war verzweifelt.«

Das Mädchen schüttelte den Kopf. Das drängende Flüstern ihrer Kinderstimme erinnerte ihn an seine eigenen Kinder, wenn sie in ihrem Haus in Barnet im Dunkeln Verstecken spielten. »Wissen Sie noch, wie sie an dem Vormittag, als wir Sie zum erstenmal gesehen haben, zum Steinbruch gelaufen ist, und wie alle hinter ihr hergelaufen sind, falls sie ums Leben kommen würde?«

»Ja.«

»Da hab ich eine von den Schachteln aus dem Transporter geholt, als gerade niemand hingeschaut hat. Sie hat gesagt, daß ich das tun soll.«

»Was war in der Schachtel?«

»Das Zeug, mit dem sie den Fels sprengen wollte. Dann hat sie die Schachtel in ihre große Handtasche getan.«

Die Handtasche, in der sie am nächsten Morgen beim Frühstück so nachlässig herumgekramt hatte. Er erinnerte sich noch an das kleine Handbuch, Die Anwendung von BRG Pentaerythrit...

»Die Mama ist ein bißchen verrückt«, flüsterte sie.

Dann waren Schritte zu hören, vielleicht von der Treppe her, Stimmengemurmel. Peter wurde ganz starr. Sie mußten das Leuchten des Monitors durch das Fenster gesehen haben und hatten sofort den Strom abgedreht, um seine Informationsquelle unschädlich zu machen. Vielleicht hatten sie unten an der Treppe gewartet, ob er vielleicht herunterkäme. Er beugte sich zum warmen Ohr des Mädchens vor und sagte: »Wenn es soweit ist, dann laufe ich durch die Tür da. Ich mach ein bißchen Krach. Sie laufen bestimmt hinter mir her. Und du läufst wieder so zurück, wie du hergekommen bist, und gehst zu Margaret. Nicht vergessen – durch das Tor und hinter zur Straße. Links ist eine Wagenspur.«

Die Schritte hatten auf dem Flur aufgehört. Im dumpfen Rhythmus der Sägen war nicht zu verstehen, was die Stimmen da draußen sagten. Aber für einen kurzen Augenblick tauchte der Umriß der Tür im Licht einer Taschenlampe auf und verschwand wieder.

»An der Stelle ist auch ein Telegraphenmast«, sagte Peter. »Direkt an der Ecke.«

Das Mädchen flüsterte: »Schon gut, ich hab Sie vorhin da gesehen.«

»Wann?«

»Als Sie sich im Auto geküßt haben.«

Er wandte sich ihr zu und sah in das blasse, ungeformte Gesicht. Jedesmal, wenn er sich einbildete, er habe etwas aus dem allgemeinen Zusammenhang herausgelöst und könne es verbergen, jedesmal stellte sich dann heraus, daß alle davon wußten. Das war eine explosive Mischung. Er schüttelte den Kopf. Theas Stimme rief durch die Dunkelheit: »Peter. Wir wissen, daß du irgendwo in diesen Zimmern bist. Bitte komm raus, damit wir vernünftig über alles reden können.«

Wieder tauchte der Türrahmen im Licht der Taschenlampe auf, die im Flur jemand angeknipst hatte. Aber sie blieben an der Treppe, falls er sich in einem der vorderen Zimmer versteckt hatte. Sie wollten nicht, daß er hinter ihrem Rücken nach draußen entkam.

»Zähl bis zehn, und dann los.«

Er stand auf, stieß absichtlich den Papierkorb um, ging durch die Tür, die direkt auf den Flur führte, ging über den Flur, wurde für eine Sekunde vom Strahl einer starken Taschenlampe getroffen und drückte dann mit aller Kraft die isolierte Tür auf. Plötzlich kamen sie angelaufen. »Nicholson!« Das war Fryes Stimme. »Warten Sie, wir haben einen besseren Vorschlag für Sie. Etwas, das Sie akzeptieren können.«

Es gelang Peter, die schwere Tür hinter sich zuzumachen, und jetzt mühte er sich in völliger Dunkelheit mit den Riegeln der anderen Tür ab und mußte sich dabei mit dem Körper gegen die erste Tür stemmen, die sie schon aufzumachen versuchten. Und genau, als er im tosenden Lärm draußen auf der Brücke stand, sah er wie die schmale Gestalt des Mädchens durch die Tür fast direkt unter ihm nach draußen schlüpfte und im dunklen Regen hinter den Sägen verschwand.

Es kommt uns oft so vor, daß das Gedächtnis manchmal nur noch einen kleinen Stoß benötigte, und wir könnten uns an unseren Ursprung erinnern und an alles, was ist: wenn wir nur einen kleinen Schlüssel hätten, der uns helfen könnte, einen Hinweis, den man uns in die Hand gäbe, wenn wir uns im Augenblick des Aufwachens tastend zu orientieren versuchen oder einen Geruch festhalten wollen, der eine vergessene Landschaft beschwört und dann wieder verschwunden ist. Peter schaute in die ungeheuere Dunkelheit der Halle hinauf und wußte, daß er hier schon einmal gewesen war, daß sich ein Zugang zu etwas auftun könnte, so wie man oft nachts am Ufer steht und das Gefühl hat, sich an andere Meere zu erinnern.

Oder vielleicht war er in Wahrheit während seines ganzen Aufenthalts hier auf dieser Beobachtungsbrücke gestanden, über dem Donner dieser Maschinen, die das Denken zertrümmerten, die Berge zu polierten Fassadenverkleidungen schnitten und eine seltsame Faszination auf ihn ausübten, ähnlich dem Ruf der Brandung, die sich am Ufer brach, oder dem Schwindel auf Felsspitzen oder der plötzlichen Betörung durch Sirenen. Vielleicht hatte er, ohne es zu merken – während er hier gleichzeitig Untersuchender und Untersuchter war –, die ganze Woche lang nichts anderes getan, als auf dieser schmalen Brücke hin und her zu gehen und die Mechanik dieser gewaltigen Zerstörung da unten zu betrachten, wobei der Drang zu springen immer stärker geworden war.

Bündel von Kabeln hingen in der Dunkelheit, über seinem Kopf ein Gitter aus rostigen Winkeleisen. Staubige Luft strömte auf den Filter zu. Wenn man bedachte, daß er vier Nächte Schlaf verloren hatte, und wenn man den Druck bedachte, dem er von allen Seiten ausgesetzt war, Lust, Schmerz, Erinnerungen, Ängste, Pläne – seine Frau, sein Chef, seine Geliebte, Hazel, Thea, Maifredi –, dann war es ein kleines mechanisches Wunder, daß er überhaupt noch ganz war, noch nicht auseinandergefallen war, ganz zu schweigen davon, daß er hier in dieser Halle denken und handeln mußte, mitten in diesem durchdringenden Lärm, der alles Denken wegwischte wie große Sturzwellen am Strand, die die sonnenüberfluteten Dinge des Tages mit sich forttrugen: Gesichter im Sand, Fußabdrücke, die Kuhlen, in denen Kinder ihre Väter zum Spaß begruben. Wenn er doch bloß noch Zeit gehabt hätte, das zweite Fax abzuschicken. Damit wäre diese ganze Vertuschungsaktion aufgeflogen. Oder wenn er eine Faxnummer der Polizei gewußt hätte. Aber er war noch nicht geschlagen. Als er gesehen hatte, wie das Mädchen unten entkommen war, hatte er sogar noch die Geistesgegenwart besessen, umzukehren und die Metalltür nach innen aufzudrücken, so daß dadurch die andere, schwerere Tür in dem engen Raum zwischen den Wänden festklemmte. Sie bekamen sie jetzt nicht weiter als ein paar Zentimeter auf. Peter stützte sich mit dem Rücken am Türrahmen ab, drückte unter großen Schmerzen das Knie durch und blockierte die Tür.

»Nicholson.« Er konnte Fryes Ruf kaum hören. »Sind Sie verrückt geworden oder was?«

Er gab keine Antwort. Zeit war jetzt wichtig. Er betrachtete die Schwingbewegungen des Sägerahmens direkt unter sich, der jetzt fast schon ganz durch den Block gedrungen war. Die Platten standen parallel in hellen und dunklen Reihen nebeneinander. Er spürte, wie eine Schulter gegen die Tür drückte.

»Wir möchten dir ein Angebot machen«, rief Thea. »Wir wollen dir doch nichts tun.«

Er hatte immer noch Beine und Rücken durchgedrückt, um die Tür zu blockieren, legte sich die Hände wie einen Trichter um den Mund und beugte sich vor. »Habt ihr das auch zu Hazel Owen gesagt, als ihr sie auf die Sägen runtergestoßen habt?«

Niemand sagte etwas. Er sah das schwache Glühen des Neonlichts in der Kabine des Vorarbeiters. Wo jetzt vielleicht gerade ein Pornoheft gelesen wurde. Es war seltsam, daß solche ungeheueren Maschinen einen menschlichen Hüter brauchten. Nur noch ungefähr ein Zentimeter, und die Sägeblätter der ersten Säge unmittelbar unter ihm wären durch, der Sägerahmen würde den Endschalter auslösen, und der Stein war durchtrennt.

Er hörte Thea rufen.

»Kann kein verdammtes Wort verstehen«, brüllte er.

»Du hast recht, sie ist hier gestorben. Aber niemand hat sie umgebracht. Und jetzt mach bitte die Tür auf und laß uns mit dir reden.«

Wie lange würde das kleine Mädchen wohl brauchen, um Margaret zu finden? Und was würde Margaret unternehmen? Die Polizei zu holen, dauerte mindestens eine Stunde. Aber er spürte, daß seine Erregung größer war als seine Angst. Und er war unendlich zufrieden mit sich.

»Sie war einfach tot, oder?«

»Der Vorarbeiter hat sie am Morgen gefunden. Sie war zu dicht an eine der Maschinen herangekommen. Du kannst ihn ja fragen, wenn du willst.«

Ihre Stimmen drangen durch den Spalt, an dem die eine Tür die andere blockierte. Das Metall des Türrahmens, der sich in seinen Rücken grub, vibrierte von der Bewegung der Säge, die ihm am nächsten war.

»Warum also die Klippen?«

Aber auf einmal wurde ihm das fast Selbstverständliche klar. Es war einfach eine Offenbarung. Und eine Verlockung. Er war mit seinen Gedanken plötzlich woanders. Hörte Theas Antwort nicht.

Frye rief: »Hören Sie zu, wir sind bereit, etwas mit diesen Platten zu machen, wenn Sie darüber reden wollen. Machen Sie sich doch nicht lächerlich.«

Seine Augen suchten im donnernden Halbdunkel, in dem große Massen von Stahl in rasender Bewegung arbeiteten. Warum war er nicht schon vorher darauf gekommen? Denn sie war natürlich nicht hierher gekommen, um etwas zu suchen, sondern um ihre Rache auszuführen, die auch damit zusammenhing, daß sie aus irgendeinem Grund unfähig war, mit sich selber zu leben, eine Sperre, die sie nicht überwinden konnte. Er konnte das verstehen. Sie hatten beide Angst vor der Rückkehr in ein graues leidenschaftsloses Leben. Das hatte sie ja zusammengeführt. Und sie hatte gewußt, daß etwas passieren konnte, wenn sie hierher kam. Deshalb hatte sie ihre Tochter gewarnt. Obwohl sie irgendwie auch erwartet hatte, daß sie sich am nächsten Nachmittag auf dem Heimflug befinden würde. Die Koffer waren gepackt, die Buchungen bestätigt. Das kleine Mädchen hatte schon auf die Abreise gewartet.

Frye schrie: »Wir sind bereit, diese Platten wieder wegzumachen, wenn Sie mitspielen. Geben Sie uns ein Jahr. Wenn das Gebäude erst einmal offiziell übergeben ist und die Mieteinnahmen hereinkommen. Wir machen ein Stockwerk nach dem anderen. Das läuft über Wartung.«

Es war, als würde man versuchen, sich wieder an einen Traum zu erinnern, der sich nicht fassen läßt, und das wütende Werken der Gattersägen brach jeden möglichen Widerstand. Vielleicht hatte der Alptraum, den er vor zwei Tagen gehabt hatte, ihn in die helle Welt des Tages geschleudert wie ein Stück vulkanischer Asche, das nie etwas von der Explosion wissen würde, in der es entstanden war, dessen Struktur aber seine ganze Geschichte erzählte. Er erinnerte sich daran, daß er ans Fenster gegangen war, erinnerte sich an den Krach, den die Straßenreinigungsmaschine machte, als sie gegen den Bordstein stieß, und dann, als er den verhängnisvollen Stein hochhielt, explodierten im Sonnenlicht Farben auf der grauen Oberfläche. Was konnte die Explosion verursacht haben? Pentaerythrittetranitrat detonierte nicht unter zweihundert Grad.

»Wir machen eine Art Vakuumschicht an die Rückseite. Okay?« Frye brüllte, so laut er konnte. »Um Gottes willen, Nicholson, kommen Sie doch da raus, damit wir reden können. Wir wollen Ihre Meinung hören. Wir können das wieder in Ordnung bringen. Niemand tut irgend jemandem weh.«

Außer bei sehr großer Erschütterung. Er starrte nach oben, wo das Geflecht von Kabeln und Winkeleisen langsam im leeren Raum Gestalt annahm. Die Maschinen donnerten. Aber wie konnte eine Frau ohne technische Ausbildung so etwas schaffen? Ganz zu schweigen davon, daß sie einen Zeitschalter basteln mußte, damit sie am nächsten Nachmittag ihr Flugzeug besteigen konnte, mehr als zwölf Stunden, nachdem sie das Ding angebracht hatte.

Es war, als ob das Geräusch der zwanzig Sägerahmen jeden Gedanken in seinem Kopf lähmte, ihn hinderte, den naheliegendsten Schluß zu ziehen. Eine ganz normale Rechnung, die einfach nicht aufging. Es war genau so wie mit seinem ganzen Leben, das in seinen bekannten Größen – Frau, Geliebte, Kinder – banal war und dennoch in keiner Gleichung aufging. Er kam nicht vom Fleck. Er spürte die Vibrationen des unaufhörlich hämmernden Lärms in dem Türrahmen, in den er sich gezwängt hatte. Wenigstens würde die erste Säge jeden Moment aufhören.

Und jetzt, bei diesem letzten Gedanken, begriff er endlich.

»Wir wollen doch nur den Behörden im Moment nichts davon sagen. Sonst gehen wir bankrott.«

»Die Maschinen müssen abgeschaltet werden!« schrie Peter.

»Wir geben dir die Negative der Fotos.« Theas Stimme war kaum zu hören. »Das war zum Schluß noch ein schlechter Witz.«

»Ich hab gesagt, die Maschinen müssen abgeschaltet werden.«

»Kommen Sie doch einfach heraus. Wir können hier miteinander reden.«

Aber Peter war schon von der Tür weggegangen. Er verlor in dem ungeheueren Lärm die Orientierung. Er beugte sich über die Brücke in den dunklen Raum. Die Maschine kreischte laut. Schwer zu sagen, aber bei dem Block fehlte sicher nur noch ein Zentimeter. Wie lang war er wohl auf diesem Rahmen da gelegen, wenn die Arbeitsgeschwindigkeit bei ungefähr acht Zentimetern in der Stunde lag?

Dann, als Frye und Thea merkten, daß die Tür sich öffnen ließ und auf die Brücke herauskamen, schaute Peter nach unten und sah zwei andere Gestalten, die vom Hof in die Halle liefen. Er sah Margarets Gesicht, das hell schimmerte wie eine Perle, und die Figur des kleinen Mädchens, die wie eine Stoffpuppe wirkte.

Er begann zu schreien. Jetzt begriff er alles: die Alpträume, sein Schwindelgefühl, die endlosen Berechnungen, die Art, auf die sich heimlich immer alles in etwas anderes verwandelt hatte, ohne daß er es überhaupt bemerkte. Und über allem diese schreckliche Kraft der Verführung, die Faszination, die von so einem komplizierten Mechanismus ausging, der sich erst jetzt als Falle entpuppte. Aber dennoch soviel attraktiver als das ruhige Leben, zu dem er zurückkehren müßte, das die Alternative dazu war.

Er stieg über das Geländer. Seine Stimme ging in dem hämmernden Lärm unter, und Margaret und Wendy dachten, er riefe um Hilfe, als sie seinen offenen Mund sahen, und liefen schnell durch die Halle zu ihm herüber. Er winkte ihnen verzweifelt zu, bedeutete ihnen, daß sie weggehen sollten, während er jetzt außerhalb des Schutzgeländers stand und nach unten schaute, wo er hinspringen konnte, ohne sich zu verletzen.

Frye versuchte ihn festzuhalten. »Sie sind verrückt. Das überleben Sie nicht.«

Er sprang auf die Maschine hinunter.

Margaret blieb starr stehen. Sie war vielleicht noch vier oder fünf Meter entfernt. Er sah ihre schlanke Gestalt vor sich, sah ihre Angst und mußte sich dann mit einem schnellen Sprung vor dem herannahenden Sägerahmen retten. »Lauf!« schrie er. Er verlor durch den plötzlichen Spannungsabfall, als die Pleuelstange die Richtung änderte, das Gleichgewicht, aber wie ein Kind, das die letzten paar Schritte eines Hügels ganz schnell hinunterläuft, rannte er auf einem schmalen Balken über der Maschine entlang und sprang die viereinhalb Meter auf den Boden der Halle hinunter. Ein stechender Schmerz schoß vom Knie nach oben. Sein Kopf schlug gegen den Betonsockel. In der Luft lag der beißende Geruch von nassem Kalk und Metallschrot. Als sei er direkt in einen Traum gesprungen, in dem Verstand, Klang und Farbe zu einem schrillen Katastrophengefühl verschmolzen. Und doch war, wie so oft in seinen Träumen, immer noch etwas in ihm, das mit der stillen Klarheit alter Helden denken konnte: daß das hier idiotisch sei, unnötig, daß irgendwo auf einem Schaltpult ein Hebel zum Ausschalten sein mußte, und daß er jetzt bloß aufzustehen und danach zu suchen brauche.

Aber jetzt war Margaret so nah – es war nicht einmal mehr Zeit, ihr zu sagen, sie solle gehen –, Margaret, die ihn hierher gebracht hatte, die selber eine Art Explosion auf dem öden Gelände seiner Routine war, Margaret, die nie mit ihm leben würde, so wie er nie diese vernichtenden Worte zu seiner Frau sagen würde, zu seiner Familie. Er hatte das die ganze Zeit über gewußt, sogar als er sich voller Ernst seinen Phantasien und Anträgen hingab; er hatte immer gewußt, daß es nie geschehen würde, daß das nicht die Lösung der Gleichung sein würde.

Als er sich auf den Rücken rollte, um näher an den Block heranzukommen, sah er über sich Theas vollkommen geformtes Gesicht, das von der Brücke herunterschaute. Dann tauchte Fryes Schatten auf und zog sie schnell weg.

Er gelang ihm, die Hand zwischen den Rost des Rollwagens und die letzten ungeschnittenen Millimeter des Blocks zu schieben, der auf vier Holzbalken ruhte, durch die drei schmale Hohlräume entstanden. Darüber erhoben sich die dünnen Platten, deren Schicksal vollkommene Gleichförmigkeit war.

Sein Gesicht war ganz naß von Wasser und Kalk, die heftig aus den Düsen spritzten, und er zwängte den Ellbogen in den Hohlraum. Das Ungeheuer war jetzt über ihm, die kreischenden Sägeblätter nur ein paar Zentimeter von ihm entfernt. Wenn sie den Stein ganz durchtrennt hatten, dann würden sie durch das Holz dringen und den Endschalter auslösen.

Wo war denn Margaret? Hatte Wendy ihn verstanden und sie weggezogen? Was für eine dumme Rache das doch war! Vollkommen sinnlos, es an diesen blinden Maschinen auszulassen. Außer es sollte eine Art Paß in das unvermeidliche Danach sein, eine Geste, mit der sie sich befreite. Seine Finger tasteten den Hohlraum ab. Aber hier war nichts. Mühsam zog er die Hand wieder heraus. Die Sägeblätter waren schon fast durch. Sie waren ihr Zünder. Er sollte jetzt aufstehen und davonlaufen. Das war die Botschaft von Maifredis Vase. »Ich habe es gesehen, laß uns laufen.« Aber er wußte, daß er hier war, weil er hier sein wollte.

Er zwängte den Arm in den zweiten Hohlraum. Ja, ja, da war der aufgeweichte Karton, ein großer Packen. Geschafft. Zieh ihn heraus. Er steckte ganz locker da drin. Harmlos, bis sich das Gewicht auf ihn senkte. Und dann war da auch noch ein Licht, ein Licht, das vielleicht das Sonnenlicht war, vor dem er die ganze Woche die Augen abgewandt hatte, Licht von einer Intensität, die alle Vorstellung überstieg, Licht, das keine Details zum Vorschein brachte, oder wenigstens nicht auf diese kurze Entfernung, sondern das alles in seinem zerstörerischen Glanz verbarg: die zerberstenden Platten, die Stahlsplitter und die Betonbrocken, die plötzliche ungeheure Ausdehnung eines einzigen Punkts in einer riesigen Explosion von Energie, die Ausdehnung von Gas, der nichts Widerstand leisten konnte, nicht das Kristallgitter im Stein, nicht das Gußeisen der Gattersäge und auch nicht der Beton ihres Sockels.

Und am wenigsten das Blut und die Knochen eines menschlichen Körpers, dessen Hand in das Herz dieses Lichts griff.

Dann die Vernichtung, das Geräusch herabfallender Teile und Bruchstücke, eine riesige Staubwolke, als sei bei einem Szenenwechsel ein Vorhang hochgezogen worden, während sich dahinter, in schrecklicher Metamorphose, die Bruchstücke ihren vorläufigen Ort suchten: das schwer beschädigte Antriebsrad war auf den Hof hinausgeschleudert worden, ein Sägeblatt steckte in dem zerstörten Dach, Splitter von grauem Stein, ein abgetrenntes Bein mit einem Kopftuch auf dem Förderband der Polieranlage. Und als der Staub sich legte, war alles, alle Trümmer noch vorhanden, auch wenn vielleicht Blut verdampft war, wenn Fleisch und Hirn zu Schleim geschmolzen waren. Nein, es konnte alles identifiziert werden, die Zähne (an einem fehlte ein Stück) wurden numeriert und mit dem Patientenblatt verglichen, die Knochenstücke in einer großen Schachtel gesammelt. Nur das Bewußtsein war verschwunden, war dem Zugriff und den Normierungen der Wissenschaft entzogen. Ein Bewußtsein, das man auf Fotos nicht finden konnte und das sich nur teilweise in alten Briefen ausdrückte, ein Bewußtsein, das nicht besonders deutlich, wenn auch intensiv im Gedächtnis einer hübschen rothaarigen jungen Frau weiterlebte, die am darauffolgenden Nachmittag, den Arm in einer Schlinge, schnell durch die Tür der Ankunftshalle des Flughafens Gatwick ging, ohne eine andere Frau hinter der Absperrung wahrzunehmen, die nur für einen kurzen Augenblick in ihrem Blickfeld war und die ganz andere Erinnerungen in sich bewahrte. Keine davon hatte etwas mit Peter Nicholson zu tun.